ZHENGQUAN
FALÜ
SHIWU

证券法律实务

马树立 主编

苏州大学出版社
Soochow University Press

图书在版编目(CIP)数据

证券法律实务 / 马树立主编. -- 苏州：苏州大学出版社, 2025.3. -- ISBN 978-7-5672-5099-4

Ⅰ. D922.287.4

中国国家版本馆 CIP 数据核字第 2025MP3042 号

| 书　　名：证券法律实务 |
| ZHENGQUAN FALÜ SHIWU |

主　　编：马树立
责任编辑：刘荣珍
助理编辑：施子星
装帧设计：吴　钰
出版发行：苏州大学出版社（Soochow University Press）
社　　址：苏州市十梓街1号
邮　　编：215006
印　　刷：苏州工业园区美柯乐制版印务有限责任公司
邮购热线：0512-67480030
销售热线：0512-67481020
开　　本：700 mm×1 000 mm　1/16　印张：15.5　字数：286千
版　　次：2025年3月第1版
印　　次：2025年3月第1次印刷
书　　号：ISBN 978-7-5672-5099-4
定　　价：58.00元

若有印装错误，本社负责调换
苏州大学出版社营销部　电话：0512-67481020
苏州大学出版社网址　http://www.sudapress.com
苏州大学出版社邮箱　sdcbs@suda.edu.cn

《证券法律实务》
编写人员名单

主　　编：马树立

副主编：王凯诚

编　　委：王凯诚　王夕星　阮军胜

　　　　　吴明霞　张羽曦　周赛男

　　　　　杨春宇

序言

改革开放以来，我国经济取得了40余年的持续高速增长，在党的带领下，我国经济社会发生了翻天覆地的历史性变化，中华民族实现了从站起来、富起来到强起来的伟大飞跃。伴随着改革开放的浪潮，我国的证券市场也经历了从无到有的发展历程，从1984年上海飞乐音响公司发行第一张股票，到1990年上海证券交易所、深圳证券交易所成立，再到现如今北京证券交易所成立、全面实行股票发行注册制改革，我国的证券市场从稚嫩逐渐走向了成熟。

随着全面实行股票发行注册制改革的正式启动，我国上市公司数量已突破5 000家，这就对上市公司证券业务管理规范提出了要求。证券业务管理规范要立足于《中华人民共和国证券法》（以下简称《证券法》），要符合证券领域数量众多的部门规章、交易所和协会的自律规则，要上市公司进行长远规划。对于上市公司来说，建立以信息披露为核心、符合上市公司实际情况且行之有效的证券业务管理规范已经迫在眉睫。

证券业务管理规范缺失的后果便是证券违法和诉讼纠纷的发生，近年来，证券市场发生的违法违规行为及其造成的负面社会影响引起了社会各界的关注，由信息披露违法行为所引发的行政处罚与证券虚假陈述责任纠纷层出不穷，围绕证券发行、交易的证券犯罪也逐渐滋生，投资者权益受到损害，涉案人员面临承担刑事责任的风险，我国证券市场的稳定性遭受了冲击。

本书立足于《证券法》，从证券市场信息披露、投资者保护、证券诉讼等方面展开论述。本书由四章构成，第一章主要介绍了证券市场信息披露的基本情况、上市公司信息披露事务规范、我国证券市场监管现状、备受关注的 ESG（Environmental, Social and Governance）信息披露以及信息披露违法行政责任，包括行政处罚的种类、方式、程序等。第二章详细介绍了目前备受关注的证券虚假陈述责任纠纷，从立法背景与过程，证券虚假陈述行为的构成要件，证券虚假陈述的诉讼制度和程序性规定、"三日一价"、损失赔偿的因素等方面全面分析证券虚假陈述责任纠纷案件的特点和办案实务要点。第三章详细阐述了投资者保护体系，从"退市金钰案"入手，介绍了投资者适当性制度、公开征集股东权利制度、现金股利分配制度、债券投资者保护制度、先行赔付制度、证券纠纷调解制度，以及投资者保护机构支持诉讼、股东代表诉讼与代表人诉讼等。第四章对证券刑事犯罪中涉及的几种罪名进行分析，包括欺诈发行证券罪，违规披露、不披露重要信息罪，擅自发行股票、公司、企业债券罪，内幕交易、泄露内幕信息罪，利用未公开信息交易罪，背信损害上市公司利益罪，操纵证券、期货市场罪。

文所以载道也，本书通过对证券市场信息披露、投资者保护、证券诉讼进行理论与实务上的分析，向读者传达笔者对于我国证券法律实务的一家之言，感谢笔者团队的鼎力支持。限于笔者的水平和经历，本书难免存在纰漏之处，欢迎各位读者对本书进行批评指正，在此谨表谢意！

是为序！

马树立
二〇二四年十二月

目　录

第一章　证券市场的"紧箍咒"
——信息披露　/ 001

一、证券市场信息披露的基本情况　/ 002

二、上市公司信息披露事务规范　/ 012

三、我国证券市场监管现状　/ 013

四、ESG 信息披露　/ 019

五、信息披露违法行政责任概述　/ 025

第二章　证券市场的"红线"
——证券虚假陈述责任纠纷　/ 043

一、立法背景与过程　/ 044

二、证券虚假陈述行为的构成要件　/ 051

三、证券虚假陈述的诉讼制度和程序性规定　/ 065

四、证券虚假陈述的"三日一价"　/ 081

五、证券虚假陈述损失赔偿的因素　/ 094

第三章　证券市场的"保护伞"
——投资者保护体系　/ 129

一、从"退市金钰案"说起　/ 130

二、投资者适当性制度　/ 136

三、公开征集股东权利制度　/ 142

四、现金股利分配制度　/ 145

五、债券投资者保护制度　/ 147

六、先行赔付制度　/ 158

七、证券纠纷调解制度　/ 160

八、投资者保护机构　/ 163

第四章　证券市场的"底线"
——证券刑事犯罪　/ 171

一、欺诈发行证券罪　/ 174

二、违规披露、不披露重要信息罪　/ 181

三、擅自发行股票、公司、企业债券罪　/ 188

四、内幕交易、泄露内幕信息罪　/ 196

五、利用未公开信息交易罪　/ 211

六、背信损害上市公司利益罪　/ 222

七、操纵证券、期货市场罪　/ 228

第一章 证券市场的"紧箍咒"
——信息披露

一、证券市场信息披露的基本情况

（一）概述

证券市场信息披露制度是保护投资者合法权益、维护市场秩序、提高市场透明度的重要举措。我国证券市场信息披露制度的建立可以追溯到改革开放初期，特别是自 2001 年实施《证券法》以来。通过制定信息披露制度相关的法律法规和规范，我国证券市场逐步建立起完善的信息披露制度，这一方面为投资者提供了一定的保护，另一方面也促进了市场的稳定和发展。

证券市场的交易行为中，投资者主要通过上市公司及时准确的信息披露获取证券信息，了解公司财务数据、经营情况和未来发展前景。而公司和投资者信息的不对称与有效民事法律行为对双方意思表示真实的要求之间的矛盾，公司信息控制权掌握在少数控股股东手中与大部分投资者单纯根据所披露的信息而作出资金决策之间的矛盾，要求证券信息应当按照法律规定进行披露。较 2014 年原修订的《证券法》，2019 年新修订的《证券法》将信息披露制度的内容由"持续信息公开"一节扩展至"信息披露"专章，信息披露制度的重要性进一步凸显。证券信息披露制度能够极大地增强证券发行和证券交易的透明度，让整个证券市场信息在阳光下流通。

实践中，公司作为信息强势方违反信息披露要求，尤其是其财务造假等恶性信息披露违法行为，对证券市场和中小投资者的影响极大。近几年爆出的多起证券市场大案要案中，公司、实际控制人及中介机构对投资者进行了巨额赔偿。多起全国证券虚假陈述典型案件的赔偿情况让资本市场深刻警醒。

（二）信息披露义务人

根据中国证券市场相关法律法规，信息披露义务人主要包括以下几类。

上市公司：作为证券市场的主体之一，上市公司是最主要的信息披露义务人。上市公司需要及时、准确地向投资者和社会公众披露公司经营管理情况、财务状况、投资项目及其他相关信息。

董事、监事、高级管理人员和其他关联方人员：董事、监事、高级管理人员和其他关联方人员也具有信息披露的义务。若公司出现股份变动等需要披露的情况，他们应按照规定及时履行信息披露义务。

中介机构：中介机构包括会计师事务所、资产评估机构、律师事务所、保荐机构等专业服务机构。他们在参与上市公司的财务审计、资产评估、法律事务、保荐等过程中，有信息披露的辅助义务。他们通过提供专业意见和服务，确保披露的信息真实可靠。

证券市场运营机构和监管机构：作为证券市场的运营机构和监管机构，证券交易所和中国证券监督管理委员会（以下简称"中国证监会"）也承担着信息披露的义务。证券交易所制定信息披露规则并监督其执行，规范上市公司的信息披露行为；中国证监会负责监管和执法，确保信息披露的规范性和及时性。

综上所述，信息披露义务人主要包括上市公司及其董事、监事、高级管理人员和其他关联方人员、中介机构及证券市场运营机构和监管机构。这些主体在信息披露过程中各自承担着不同的责任和义务，共同维护证券市场的公平、公正、透明运行。

（三）信息披露要求

1. 及时性

信息披露的及时性是指上市公司应在规定的时间内及时披露公司经营管理情况、财务状况、投资项目及其他相关信息，确保投资者和社会公众能够及时获得相关信息。在保证信息披露的及时性方面，我国的相关法律法规和监管规定提出了明确的要求。

定期报告：上市公司应当披露的定期报告包括年度报告、中期报告。定期报告应在规定的时间内披露，并通过指定的信息披露渠道和媒体发布，确保信息的及时传递。

临时报告：对于可能对公司股价产生较大影响的重大事件，上市公司应及时发布临时报告，向投资者和社会公众披露相关信息。临时报告应在重大事件发生之日起 48 小时内发布，并及时通知证券交易所，在指定的媒体和信息平台进行公开发布。

信息披露渠道：上市公司应确保信息披露的有效传递和公开透明，通过证券交易所的网站和符合中国证监会规定条件的媒体等渠道及时向投资者和社会公众披露相关信息。

信息披露监管：中国证监会承担着信息披露的监管职责，对上市公司的信息披露进行监督和检查，确保信息披露规范及时。

责任追究：对于未按时履行信息披露义务的上市公司或相关责任人，监管机构将依法进行处罚和惩戒，包括责令改正、罚款、取消资格等。

总的来说，信息披露的及时性是保护投资者权益、维护市场秩序的重要要求。法律法规通过规定明确的时间表、临时报告要求、信息披露渠道和监管等制度，确保上市公司及相关主体能够及时履行信息披露义务，保证投资者能够基于真实、准确的信息进行投资决策。

2. 真实、准确、完整，简明清晰、通俗易懂，不得有虚假记载、误导性陈述或者重大遗漏

在信息披露中，真实、准确、完整是核心原则，简明清晰、通俗易懂是表达方式的要求，而不得有虚假记载、误导性陈述或者重大遗漏则是道德和法律规定的要求。

真实：信息披露必须基于真实的情况，确保披露内容真实可靠，不得隐瞒重要信息或编造虚假情况。

准确：信息披露要求确保披露内容准确无误，避免出现错误或失实表述，提供精确的数据、事实和观点，以准确地反映公司的经营状况和财务状况。

完整：信息披露要求全面披露与投资者决策相关的重要事实、风险因素和关键数据，确保投资者能够全面地了解公司的经营状况和发展前景。

简明清晰、通俗易懂：信息披露的表述要简明清晰，采用通俗易懂的语言，避免使用复杂的专业术语，确保投资者能够理解和识别重要信息。

不得有虚假记载、误导性陈述或者重大遗漏：信息披露要避免虚假记载、误导性陈述或者重大遗漏，不得故意歪曲事实、误导投资者的决策，也不得有意遗漏可能对投资者决策产生直接或间接影响的重要信息。

这些原则和规定旨在维护投资者的合法权益，提高市场透明度和公众信任度，保护市场健康运行。信息披露应本着诚实守信的原则，确保投资者能够基于真实、准确、完整的信息作出明智的投资决策。

3. 同时性

信息披露的同时性，意味着信息在发布时应该尽量保持即时或迅速的特征，同时向所有投资者披露，以便投资者和社会公众能够及时了解相关信息并作出相应决策。在信息披露的同时性方面，有以下一些相关要求和实践做法。

快速披露：上市公司在发生重大事件后应立即披露相关信息，尽量在事件发生后24—48小时内以临时报告的形式发布该信息，确保投资者和

公众能够迅速获知。

直播披露：一些重要事件的披露可以通过直播或在线发布等方式，即时向投资者和公众传递信息，例如举行发布会、在线发布业绩报告等。

信息披露平台：上市公司通过指定的信息披露平台发布信息，确保即时传递信息给投资者和公众，同时通过该平台保持信息披露的统一性和一致性。

披露时间表：证券交易所规定了上市公司的定期报告和信息披露时间表，确保信息披露的频率与时限，并促使上市公司及时披露相关信息。

监管机制：证监会对信息披露进行监管，要求上市公司及其相关人员及时按法规规定履行信息披露义务，确保信息的即时准确披露。

综上所述，同时性在信息披露中具有重要意义。通过快速披露、直播披露、信息披露平台和监管机制，确保信息可以即时、准确地传递给投资者和社会公众，为他们提供即时的决策依据，同时维护市场的公平性和透明度。这有助于提高市场效率，保护投资者权益，提升投资者信心和促进市场稳定发展。

（四）证券信息披露

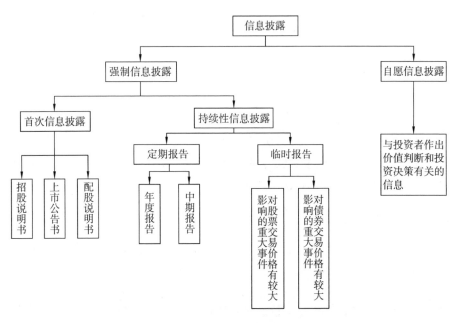

证券信息披露架构图

1. 首次信息披露

（1）招股说明书

招股说明书是上市公司向社会公开募集股份时或公司经批准向社会公开发行新股时，向社会公开的说明文书。在招股说明书中，公司要向社会公众介绍公司概况，让社会公众了解发起人和即将要发行股票的公司的情况，说明公司发行股票的相关事宜。《公开发行证券的公司信息披露内容与格式准则第57号——招股说明书》（以下简称《招股书准则》）以整合首发信息披露规则，统一信息披露要求，设置一般规定和特别规定，为起草准则，整合了主板、科创板及创业板三个板块招股说明书信息披露规则，同时作出特别规定，体现不同板块定位及特别风险提示等内容。《招股书准则》从发行人基本情况、业务与技术、财务会计信息与管理层分析、募集资金运用与未来发展规划、公司治理与独立性及投资者保护等方面作出一般规定。

《招股书准则》第三条第二款作出兜底性规定："本准则某些具体要求对发行人确实不适用的，发行人可根据实际情况，在不影响披露内容完整性前提下作适当调整，并在提交申请时作出说明。"

《招股书准则》第十七条规定："招股说明书扉页应列表载明下列内容：

（一）发行股票类型；

（二）发行股数，股东公开发售股数（如有）；

（三）每股面值；

（四）每股发行价格；

（五）预计发行日期；

（六）拟上市的证券交易所和板块；

（七）发行后总股本，发行境外上市外资股的还应披露境内上市流通的股份数量和境外上市流通的股份数量；

（八）保荐人、主承销商；

（九）招股说明书签署日期。

发行人股东公开发售股份的，应载明发行人拟发行新股和股东拟公开发售股份的数量，提示股东公开发售股份所得资金不归发行人所有。"

（2）上市公告书

上市公告书即发行人在股票上市之前，向社会公众公告发行与上市有关的事项所形成的文件。与招股说明书相比，其内容侧重于公司的上市信息，主要内容包括：声明；发行公司概况；股票发行及承销情况；董事、监事及高级管理人员持股情况；公司设立情况；关联企业及关联交易情况；股本结构及大股东持股情况；公司财务会计情况；董事会上市承诺；重要事项提示。

上市公告书的内容涵盖了招股说明书的基本内容和公司近期的重要信息，因此，上市公告书要与招股说明书相对照来看。上海证券交易所发布的《上海证券交易所证券发行与承销规则适用指引第1号——证券上市公告书内容与格式》对上市公告书的内容和格式进行了规范指引。

（3）配股说明书

配股是公司增资扩股的一项重大行为，必须如实向社会公众公布有关信息。配股说明书是公司配股时向政府有关部门、证券主管部门、证券交易所报送及公布的详尽说明配股事项的法律文件。配股说明书的有效期不超过6个月，自配股说明书签署之日起计算，上市公司不得使用过期的配股说明书配售股票。

2. 持续性信息披露

（1）定期披露

《证券法》第七十九条规定，上市公司、公司债券上市交易的公司、股票在国务院批准的其他全国性证券交易场所交易的公司，应当按照国务院证券监督管理机构和证券交易场所规定的内容和格式编制定期报告，并按照规定报送和公告。其中，定期报告分为年度报告、中期报告。上市公司如未在规定期限内披露年度报告和中期报告的，中国证监会应当立即立案调查。

① 年度报告

年度报告由上市公司在每一会计年度结束之日起四个月内报送并公告披露（1月1日至4月30日）。年度报告分为年报预披露和正式披露。

年报预披露有业绩预告和业绩快报。其中，业绩预告主要为当期净利润的预计，是对公司当期业绩的"预测"。而业绩快报可以提高信息披露的及时性和公平性，内容上对比业绩预告也更加全面。虽然业绩快报财务数据非最终审计数据，但其真实性比业绩预告更高。

正式披露的年报信息除业绩外，还有公司财务状况、经营管理情况、分配预案等；业绩快报只有业绩情况及重要的财务指标，并且相关数据还未经审计。

正式披露的年度报告涉及上市公司的重要信息，如公司基本情况；主要会计数据和财务指标；公司股票、债券发行及变动情况，报告期末股票、债券总额和股东总数，公司前十大股东持股情况；持股百分之五以上股东、控股股东及实际控制人情况；董事、监事、高级管理人员的任职情况、持股变动情况、年度报酬情况；董事会报告；管理层讨论与分析；报告期内重大事件及对公司的影响；财务会计报告和审计报告全文等信息。

② 中期报告

从全年看，中期报告涉及的内容有承上启下的价值，涵盖了公司概况、近三年经济效益状况与后三年经济效益预测、上半年财务报表（通常包括资产负债表、损益表和财务指标分析）、公司上半年的经营状况回顾与下半年的经营状况展望、重大事件披露。

季度报告和月度报告内容较少，仅简要说明上市公司近期的重要事项，其重要程度远远低于中期报告和年度报告。

与定期报告相比，不定期报告没有固定的时间，其披露的内容往往是涉及公司重大变动的信息。比如，当董事会、监事会或股东大会作出决议时，要发布重大事件临时公告；经董事会批准，公司资产、所有者损益有所变动时，要发布公司收购公告；当上市公司出现其他各项重大事件，如风险提示、诉讼或仲裁等内容时，要发布公告及时披露。

（2）临时披露

① 对股票交易价格有较大影响的重大事件

《证券法》第八十条规定："发生可能对上市公司、股票在国务院批准的其他全国性证券交易场所交易的公司的股票交易价格产生较大影响的重大事件，投资者尚未得知时，公司应当立即将有关该重大事件的情况向国务院证券监督管理机构和证券交易场所报送临时报告，并予公告，说明事件的起因、目前的状态和可能产生的法律后果。

前款所称重大事件包括：

（一）公司的经营方针和经营范围的重大变化；

（二）公司的重大投资行为，公司在一年内购买、出售重大资产超过公司资产总额百分之三十，或者公司营业用主要资产的抵押、质押、出售或者报废一次超过该资产的百分之三十；

（三）公司订立重要合同、提供重大担保或者从事关联交易，可能对公司的资产、负债、权益和经营成果产生重要影响；

（四）公司发生重大债务和未能清偿到期重大债务的违约情况；

（五）公司发生重大亏损或者重大损失；

（六）公司生产经营的外部条件发生的重大变化；

（七）公司的董事、三分之一以上监事或者经理发生变动，董事长或者经理无法履行职责；

（八）持有公司百分之五以上股份的股东或者实际控制人持有股份或者控制公司的情况发生较大变化，公司的实际控制人及其控制的其他企业从事与公司相同或者相似业务的情况发生较大变化；

（九）公司分配股利、增资的计划，公司股权结构的重要变化，公司减资、合并、分立、解散及申请破产的决定，或者依法进入破产程序、被责令关闭；

（十）涉及公司的重大诉讼、仲裁，股东大会、董事会决议被依法撤销或者宣告无效；

（十一）公司涉嫌犯罪被依法立案调查，公司的控股股东、实际控制人、董事、监事、高级管理人员涉嫌犯罪被依法采取强制措施；

（十二）国务院证券监督管理机构规定的其他事项。

公司的控股股东或者实际控制人对重大事件的发生、进展产生较大影响的，应当及时将其知悉的有关情况书面告知公司，并配合公司履行信息披露义务。"

② 对债券交易价格有较大影响的重大事件

因股票和债券的性质不同，投资者对于二者的侧重点也不同，股票的投资者侧重于公司的盈利能力，债券的投资者侧重于公司的偿债能力。因此，《证券法》第八十条和八十一条对于重大事件的定性有所不同。

《证券法》第八十一条规定："发生可能对上市交易公司债券的交易价格产生较大影响的重大事件，投资者尚未得知时，公司应当立即将有关该重大事件的情况向国务院证券监督管理机构和证券交易场所报送临时报告，并予公告，说明事件的起因、目前的状态和可能产生的法律后果。

前款所称重大事件包括：

（一）公司股权结构或者生产经营状况发生重大变化；

（二）公司债券信用评级发生变化；

（三）公司重大资产抵押、质押、出售、转让、报废；

（四）公司发生未能清偿到期债务的情况；

（五）公司新增借款或者对外提供担保超过上年末净资产的百分之二十；

（六）公司放弃债权或者财产超过上年末净资产的百分之十；

（七）公司发生超过上年末净资产百分之十的重大损失；

（八）公司分配股利，作出减资、合并、分立、解散及申请破产的决定，或者依法进入破产程序、被责令关闭；

（九）涉及公司的重大诉讼、仲裁；

（十）公司涉嫌犯罪被依法立案调查，公司的控股股东、实际控制人、董事、监事、高级管理人员涉嫌犯罪被依法采取强制措施；

（十一）国务院证券监督管理机构规定的其他事项。"

（3）收购报告书（新增）

新《上市公司信息披露管理办法》第七条规定，信息披露文件包括定期报告、临时报告、招股说明书、募集说明书、上市公告书、收购报告书等。较 2007 年《上市公司信息披露管理办法》增加收购报告书。

2022 年 1 月 5 日施行的《公开发行证券的公司信息披露内容与格式准则第 17 号——要约收购报告书》保护投资者的合法权益，维护证券市场秩序，规范要约收购活动中的信息披露行为。

3. 自愿信息披露

2019 年修订的《证券法》首次引入了自愿信息披露的概念，在法律层面正式确立了自愿信息披露制度。《证券法》第八十四条规定，除依法需要披露的信息之外，信息披露义务人可以自愿披露与投资者作出价值判断和投资决策有关的信息，但不得与依法披露的信息相冲突，不得误导投资者。发行人及其控股股东、实际控制人、董事、监事、高级管理人员等作出公开承诺的，应当披露。不履行承诺给投资者造成损失的，应当依法承担赔偿责任。

2020 年 9 月，上海证券交易所发布了《上海证券交易所科创板上市公司自律监管规则适用指引第 2 号——自愿信息披露》，建议科创公司建立自愿信息披露管理制度，统筹管理自愿披露信息的确定、公告编写、内容审核与发布决策。该指引指出，自愿信息披露一般包含以下类型：战略信息、财务信息、预测信息、研发信息、业务信息、行业信息、社会责任信息。公司董事、监事和高级管理人员应采取必要的措施促使自愿信息披露的管理制度得到有效执行，以确保公司开展自愿信息披露符合法律规则的要求。

2021 年修订《上市公司信息披露管理办法》同步引入自愿信息披露制度，第五条规定，除依法需要披露的信息之外，信息披露义务人可以自愿披露与投资者作出价值判断和投资决策有关的信息，但不得与依法披露的信息相冲突，不得误导投资者。信息披露义务人自愿披露的信息应当真实、准确、完整。自愿性信息披露应当遵守公平原则，保持信息披露的持续性和一致性，不得进行选择性披露。信息披露义务人不得利用自愿披露的信息不当影响公司证券及其衍生品种交易价格，不得利用自愿性信息披露从事市场操纵等违法违规行为。

（五）信息披露渠道

《上市公司信息披露管理办法》第八条第一款及第二款规定，依法披露的信息，应当在证券交易所的网站和符合中国证监会规定条件的媒体发布，同时将其置备于上市公司住所、证券交易所，供社会公众查阅。信息披露文件的全文应当在证券交易所的网站和符合中国证监会规定条件的报刊依法开办的网站披露，定期报告、收购报告书等信息披露文件的摘要应当在证券交易所的网站和符合中国证监会规定条件的报刊披露。

因此，依法披露的信息应当在上述规定的媒体内发布。那么，公司的官网、官方微信公众号是否属于该类媒介？

答案是否定的。某设计公司因在官方网站、官方微信公众号发布战略合作协议而被监管部门作出警示。2022年2月，中国证监会广东监管局对该设计公司出具警示函，载明该公司通过官方网站、官方微信公众号发布消息称与某公司签订战略合作协议，但未按照规定在证券交易所的网站和符合中国证监会规定条件的媒体发布前述信息，且相关信息披露不完整、风险提示不充分。上述行为违反了《上市公司信息披露管理办法》第三条、第八条的规定，故广东监管局决定采取出具警示函的行政监管措施。中国证监会指定的信息披露渠道包括《中国证券报》《上海证券报》《证券时报》《证券日报》等报刊；投资者也可登录深圳证券交易所、上海证券交易所、巨潮资讯网等官方网站查询上市公司披露信息。

2020年，中国证监会、国家新闻出版署公布《关于证券市场信息披露媒体条件的规定》，第二条就信息披露媒介的要求作出进一步规定："从事证券市场信息披露业务的媒体应当符合以下条件：（一）由中央新闻单位主管、经国家新闻出版署批准从事经济类新闻采访报道的日报以及其依法开办的互联网站；或者是在本规定发布之前，已经具有依法依规从事证券市场信息披露业务经验的日报以及其依法开办的互联网站；（二）上一年度经国家新闻出版署核验合格；（三）近三年内未因业务行为受过中国证监会或国家新闻出版署行政处罚。"

二、上市公司信息披露事务规范

（一）信息披露事务管理制度设计要点

《上市公司信息披露管理办法》第三十条规定，上市公司应当制定信息披露事务管理制度……经公司董事会审议通过，报注册地证监局和证券交易所备案。参考上海证券交易所发布的《上海证券交易所上市公司信息披露事务管理制度指引》及《上海证券交易所上市公司自律监管指引第2号——信息披露事务管理》、深圳证券交易所发布的《深圳证券交易所上市公司自律监管指引第3号——行业信息披露（2023年修订）》及《深圳证券交易所上市公司自律监管指引第5号——信息披露事务管理》，上市公司制定的一套信息披露事务管理制度，应当适用于如下人员和机构：公司董事会秘书和信息披露事务管理部门、公司董事和董事会、公司监事和监事会、公司高级管理人员、公司总部各部门以及各分公司和子公司的负责人、公司控股股东和持股5%以上的大股东、其他负有信息披露职责的公司人员和部门。

"信息披露事务管理制度应当包括：

（一）明确上市公司应当披露的信息，确定披露标准；

（二）未公开信息的传递、审核、披露流程；

（三）信息披露事务管理部门及其负责人在信息披露中的职责；

（四）董事和董事会、监事和监事会、高级管理人员等的报告、审议和披露的职责；

（五）董事、监事、高级管理人员履行职责的记录和保管制度；

（六）未公开信息的保密措施，内幕信息知情人登记管理制度，内幕信息知情人的范围和保密责任；

（七）财务管理和会计核算的内部控制及监督机制；

（八）对外发布信息的申请、审核、发布流程；与投资者、中介机构、媒体等的信息沟通制度；

（九）信息披露相关文件、资料的档案管理；

（十）涉及子公司的信息披露事务管理和报告制度；

（十一）未按规定披露信息的责任追究机制，对违反规定人员的处理措施。"

（二）董监高的信息披露义务

与 2007 年《上海证券交易所上市公司信息披露事务管理制度指引》相比，2022 年《上海证券交易所上市公司自律监管指引第 2 号——信息披露事务管理》明确董事长对公司信息披露事务管理承担首要责任，删除总经理作为第一责任人的规定，且增加了独立董事对信息披露事务管理制度实施情况的监督。

董监高的勤勉义务贯穿于《中华人民共和国公司法》（以下简称《公司法》）、《证券法》等法律规定，《上市公司章程指引（2022 年修正）》第九十八条规定："董事应当遵守法律、行政法规和本章程，对公司负有下列勤勉义务：

（一）应谨慎、认真、勤勉地行使公司赋予的权利，以保证公司的商业行为符合国家法律、行政法规以及国家各项经济政策的要求，商业活动不超过营业执照规定的业务范围；

（二）应公平对待所有股东；

（三）及时了解公司业务经营管理状况；

（四）应当对公司定期报告签署书面确认意见。保证公司所披露的信息真实、准确、完整；

（五）应当如实向监事会提供有关情况和资料，不得妨碍监事会或者监事行使职权；

（六）法律、行政法规、部门规章及本章程规定的其他勤勉义务。"

三、我国证券市场监管现状

（一）我国证券市场监管体系

证券市场监管体系是证券市场各监管部门职责划分的具体体现，目前我国证券市场监管体系分为两个层次：中国证监会作为国务院证券监督管理机构，是全国证券期货市场的主管部门，依法对全国证券期货市场实行集中统一的监督管理；中国证券业协会和证券交易所等行业自律组织对会员实施自律管理。因此，我国证券市场监管实行集中统一监管和市场自律管理相结合的监管体系。

1. 中国证监会的集中统一监管

中国证监会是国务院直属正部级事业单位,经国务院授权,中国证监会及其派出机构依法负责统一监督管理全国证券期货市场,维护证券期货市场秩序,保障其合法运行。中国证监会主要承担以下职责:依法制定有关证券市场监督管理的规章、规则,并依法行使审批或者核准权;依法对证券的发行、上市、交易、登记、存管、结算进行监督管理;依法对证券发行人、上市公司、证券公司、证券投资基金管理公司、证券服务机构、证券交易所、证券登记结算机构的证券业务活动进行监督管理;依法制定从事证券业务人员的资格标准和行为准则,并监督实施;依法监督检查证券发行、上市和交易的信息公开情况;依法对中国证券业协会的活动进行指导和监督;依法对违反证券市场监督管理法律、行政法规的行为进行查处;法律、行政法规规定的其他职责。

2023 年上半年,证监会和地方证监局开出 181 张行政处罚决定书(以下简称"罚单"),合计罚没金额 24.216 3 亿元,罚没款金额已经接近 2022 年全年(26.67 亿元)。其中,信息披露违法、内幕交易、私募基金违法位居前三位,分别开出罚单 82 张、29 张和 26 张。监管部门处罚呈现广覆盖的特点,在依旧以虚假陈述为主的罚单中,债券信息披露违法处罚数量增多,强监管信号明显。[①] 证监会根据证券市场的新形势,以强监管、零容忍、保护投资者的监管理念,拓宽打击范围,涵盖各类新型违法行为。

2. 证券业协会的自律管理

中国证券业协会(以下简称"中证协")和各地方证券业协会是证券行业的自律性组织。中证协实行会员制,会员主要是各证券公司、期货公司或从事证券行业的服务机构。《证券法》第一百六十六条规定:"证券业协会履行下列职责:

(一)教育和组织会员及其从业人员遵守证券法律、行政法规,组织开展证券行业诚信建设,督促证券行业履行社会责任;

(二)依法维护会员的合法权益,向证券监督管理机构反映会员的建议和要求;

(三)督促会员开展投资者教育和保护活动,维护投资者合法权益;

(四)制定和实施证券行业自律规则,监督、检查会员及其从业人员

---

① 证券日报:《上半年证监会开出 181 张罚单 私募违法违规罚单明显增多》,载中国证券业协会网站 2023 年 7 月 3 日, https://www.sac.net.cn/tzzzj/zxsd/xscyw/202307/t20230703_60677.html。

行为，对违反法律、行政法规、自律规则或者协会章程的，按照规定给予纪律处分或者实施其他自律管理措施；

（五）制定证券行业业务规范，组织从业人员的业务培训；

（六）组织会员就证券行业的发展、运作及有关内容进行研究，收集整理、发布证券相关信息，提供会员服务，组织行业交流，引导行业创新发展；

（七）对会员之间、会员与客户之间发生的证券业务纠纷进行调解；

（八）证券业协会章程规定的其他职责。"

3. 证券交易所的自律管理

证券交易所是为证券集中交易提供场所和设施，组织和监督证券交易，实行自律管理的法人。进入证券交易所参与集中交易的，必须是证券交易所的会员。我国证券交易所分为上海证券交易所、深圳证券交易所和北京证券交易所。证券交易所的主要职责如下：提供证券交易的场所、设施和服务；制定和修改证券交易所的业务规则；依法审核公开发行证券申请；审核、安排证券上市交易，决定证券终止上市和重新上市；提供非公开发行证券转让服务；组织和监督证券交易；对会员进行监管；对证券上市交易公司及相关信息披露义务人进行监管；对证券服务机构为证券上市、交易等提供服务的行为进行监管；管理和公布市场信息；开展投资者教育和保护；法律、行政法规规定的以及中国证监会许可、授权或者委托的其他职能。

（二）我国证券市场监管体制

证券市场监管体制是证券监管的职责划分和权力划分的方式和组织制度，是基于我国国情的产物。证券市场监管体制的有效性和规范性是决定证券市场有序和稳定的重要基础。一国证券市场监管体制的形成是由该国政治、经济、文化传统及证券市场的发育程度等多种因素决定的。

证券市场监管体制是整个证券法律制度体系十分重要的组成部分。各国证券市场监管体制因其对证券监管手段功能的认识不同以及法律传统不同而各不相同，且随着证券市场的发展变化而不断发展完善。我国的证券市场监管体制也历经改革，尤其是《证券法》修订之后，证券市场监管体制的完善将更加迫切。

1. 传统证券市场监管体制的模式分类

按照监管主体分类，传统的证券法研究习惯把各国证券市场监管体制分为集中型监管、自律型监管、中间型监管三种模式。

(1) 集中型监管模式

这种模式是指由政府下属的部门，或由直接隶属于立法机关的国家证券监管机构对证券市场进行集中统一监管，而各种自律性组织，如证券交易所、行业协会等只起协助作用。集中型监管模式以美国、日本、韩国、新加坡等国为代表。

(2) 自律型监管模式

这种模式一般有两种特点：第一，通常没有制定直接的证券市场管理法规，而是通过一些间接法规来制约证券市场的活动；第二，没有设立全国性的证券管理机构，而是靠证券市场的参与者，如证券交易所、证券业协会等进行自我监管。英国是自律型监管模式的典型代表，我国的香港地区也是采用此种监管模式。

(3) 中间型监管模式

中间型监管模式是介于集中型监管模式和自律型监管模式之间的一种模式，它既强调集中统一的立法监管，又强调自律型监管，可以说是集中型和自律型两种监管模式相互协调、渗透的产物。中间型监管模式有时也被称为分级监管体制，包括二级监管和三级监管两种类型。二级监管是指中央政府和自律机构相结合的监管，三级监管是指中央、地方两级政府和自律机构相结合的监管。德国是中间型监管模式的典型代表，此外，意大利、泰国、约旦等国也采取这种监管模式。

2. 我国证券市场监管体制的发展历程

我国证券市场监管体制的演变与我国经济体制的发展是同步进行的。中国证券市场监管体制经历了从无到有、从简单到复杂、从幼稚到成熟的发展过程。

(1) 财政部独立管理阶段（1981年—1985年）

这一阶段，证券的形式主要是国库券。国库券的发行主要由财政部来组织和管理，受计划经济体制的影响，国人普遍缺乏投资观念与投资热情，国库券的发行必须通过行政摊派的办法来实现。

(2) 中国人民银行主管阶段（1986年—1992年10月）

这一阶段，形成了以中国人民银行为主的证券市场监管体制。中国人民银行监管我国证券市场的阶段是我国证券市场初步形成规模的阶段。

(3) 国务院证券委员会主管阶段（1992年10月—1998年8月）

这一阶段，国务院证券委员会对证券市场进行统一管理。中国证监会是国务院证券委员会的执行机构，依法对证券市场进行监管。后中国证监会与国务院证券委员会合并，中国证监会成为正部级事业单位，专司全国证券、期货市场的监管职能。

（4）中国证监会主管阶段（1998年至今）

1998年是中国证券市场发展史上十分重要的一年。根据1997年11月中央金融工作决定，国务院对我国证券监管体制进行了重大改革：一是撤销了国务院证券委，其原有职责由中国证监会行使；二是中国证监会对全国证券监管机构实行直领导，即省一级人民政府原有的证券监管办公室或证监会不再作为省级人民政府的一个职能部门，而是人、财、物全部收归中国证监会统一领导，原有部分省会城市的证管办或证监会并入省证管办并实行垂直领导。①

3. 我国证券市场监管机构设置

我国证券市场经过20多年的发展，逐步形成了以国务院证券监督管理机构及其派出机构、证券交易所、证券业协会和证券投资者保护基金为一体的监管体系和自律管理体系。

我国证券市场监管机构是国务院证券监督管理机构。国务院证券监督管理机构由中国证监会及其派出机构组成。

（1）中国证监会

中国证监会是国务院直属事业单位，是全国证券、期货市场的主管部门，依照法律、法规和国务院授权，统一监督管理全国证券期货市场，维护证券期货市场秩序，保障其合法运行。

（2）中国证监会派出机构

中国证监会在省、自治区、直辖市和计划单列市设立了36个证券监管局，以及上海、深圳证券监管专员办事处。

4. 我国证券市场的自律管理

我国证券市场的自律管理是指证券交易所、证券业协会、证券登记结算公司等对其所负责的证券相关人员、相关活动和相关对象进行管理。

（1）证券交易所的自律管理

证券交易所是一线监管者，《证券法》在保留证券交易所的上述职能的同时，还授予证券交易所以下监管权力：实时监控证券交易，对异常交易情况提出报告；审核证券上市交易申请；决定终止证券上市交易等。

除此以外，证券交易所对证券交易活动、会员单位以及上市公司也负有管理责任。

---

① 海威、沈承红主编：《金融学概论》，中央广播电视大学出版社2014年版，第281-282页。

（2）中国证券业协会的自律管理

中国证券业协会是社会团体法人，是依法注册的具有独立法人地位的、由经营证券业务的金融机构自愿组成的行业性自律组织。证券业协会的自律管理表现为以下几个方面。

第一，对会员单位的自律管理。中国证券业协会对加入协会的证券公司进行会员自律管理：规范业务，制定业务指引；规范发展，促进行业创新，增强行业竞争力；制定行业公约，促进公平竞争。

第二，对从业人员的自律管理。中国证券业协会对从业人员进行严格的管理，从而为证券市场提供高效的服务；对从业人员进行资格管理与职业培训；为特殊岗位的从业人员提供专业的资质测试和职业培训；制定从业人员的行为准则和道德规范；建立证券业从业人员诚信信息管理系统，对证券业从业人员诚信信息进行日常管理等。

（3）证券登记结算公司的自律管理

中国证券市场实行中央登记制度，即证券登记结算业务全部由中国证券登记结算有限公司承接，中国证券登记结算有限公司提供证券交易所上市证券的存管、清算和登记服务，确保每一份证券都有明确的所有权记录。按照《证券登记结算管理办法》，证券登记结算机构实行行业自律管理。

（三）注册制对于证券市场监管的影响

从注册制的实际运行情况来看，注册制施行以来，首次公开发行股票（IPO）的企业数量明显增多，发行审核股票的周期缩短，审核尺度从宽松变为严格，过审率先升后降。

1. 审核周期明显缩短

（1）科创板与主板的审核周期比较

科创板作为注册制试点的先行者，其审核效率相较于主板有了显著提升。一是审核流程优化。科创板注册制下，审核流程更加高效、透明。证券交易所负责审核企业的信息披露质量和发行条件，证监会负责科创板股票发行注册并对交易所的审核工作进行监督。这种分工使得审核过程更加明确、高效。二是审核时间缩短。科创板项目从受理到注册生效的平均间隔时间相较于主板大幅缩短。

（2）创业板实施注册制前后的审核效率变化

一是审核速度加快。创业板注册制下，审核速度明显加快。发行审核周期缩短至平均300天，这使得更多企业能够更快地进入资本市场。二是审核质量提升。在提升审核速度的同时，创业板也注重审核质量的提升。通过强化信息披露、压实中介机构责任等措施，确保上市企业的质量和透明度。

（3）审核周期的细分与效率提升

首先，注册制下，信息披露质量是审核的关键。企业需要更加全面、准确地披露信息，以便监管部门和投资者了解企业的真实情况。这有助于减少审核过程中的不确定性，提高审核效率；其次，中介机构在 IPO 过程中的作用越来越重要。中介机构需要对企业的信息披露内容进行审慎核查，确保信息的真实性和准确性。这有助于减轻监管部门的审核负担，提高审核效率。再次，监管部门的审核理念从对企业的投资价值判断转变为对信息披露的完整性、真实性和准确性的审核。这种转变使得审核过程更加高效、公正。

2. 过审率出现先升后降

随着注册制的深入实施推行，申请上市的公司开始变得良莠不齐，为履行监管职能，对上市公司的质量严格把关，监管层只能对审核逐步收紧。但即使审核已经收紧，依然有很多企业前仆后继想要进入证券市场。中国证监会充分考虑当前市场形势，完善一、二级市场逆周期调节机制，未来将阶段性收紧 IPO 节奏和引导上市公司合理确定再融资规模。虽然阶段性收紧 IPO 节奏并不等于暂停 IPO，但是现阶段过审率肯定是大幅度下降的。

过审率下降可能引发市场对监管趋严的担忧，进而影响投资者信心。这种担忧可能导致资金流出市场，对股价构成压力。过审率下降还意味着新股上市减少，这可能使得市场资金更加集中于现有股票，尤其是那些业绩稳定、估值合理的蓝筹股。这有助于提升这些股票的估值和市场表现。

总体而言，IPO 节奏调整在调控股价、调整市场情绪以及保护投资者利益等方面具有一定的积极作用。

四、ESG 信息披露

（一）概述

ESG 是 Environmental（环境）、Social（社会）和 Governance（治理）三个英文单词的首字母的合称。目前，ESG 主要运用于投资领域，已成为影响投资决策的重要参考。其从环境、社会、公司治理三个非财务维度来评价企业的指标，评估企业（投资对象）在促进经济可持续发展、履行社会责任等方面的贡献。

（二）ESG 体系

ESG 体系包含三个方面，分别是 ESG 信息披露、ESG 评价和 ESG 投资。其中 ESG 信息披露是开展 ESG 评价和 ESG 投资的基础。

ESG 信息披露：参照一定的标准和指标体系，对企业在 ESG 方面的实施情况进行披露。

ESG 评价：由国际主导或国内相关的 ESG 评价机构对企业 ESG 实施情况进行打分评级，过程一般包括 ESG 数据搜集（主要来源 ESG 信息披露）、相关责任议题的衡量、关键指标的评分、ESG 评级最终结果的确定。

ESG 投资：投资者在投资决策过程中既考虑财务因素，又考虑 ESG 因素，对 ESG 评级良好的公司往往会给予特别的关注。

（三）ESG 作用

ESG 概念最早由联合国环境规划署于 2004 年提出。自 2014 年开始，ESG 资产管理规模以每年 25% 的速度增长。目前，越来越多的公司、投资者，甚至是监管机构都开始关注 ESG，全球范围内各大证券交易所也已在 ESG 方面布局。例如，欧盟在 2014 年颁布准则，要求拥有 500 名以上员工的公众利益实体都必须在其经审计的年度报告中披露 ESG 信息；香港交易所在 2011 年 12 月发布《环境、社会及管治报告指引》，鼓励上市公司自愿发布 ESG 报告，并于 2015 年 12 月所修订了该指引，将 ESG 信息披露的原则改为"不遵守就解释"。

ESG 注重可持续发展，倡导企业在运营过程中更加注重环境友好（E）、社会责任（S）以及公司治理（G）。基于 ESG 评价，投资者可以通过观测企业 ESG 绩效，评估其投资行为和企业（投资对象）在促进经济可持续发展、履行社会责任等方面的贡献，找到既创造经济效益又创造社会价值、具有可持续成长能力的投资标的。与传统财务指标不同，ESG 从环境、社会绩效以及公司治理的角度去审视公司应对风险、长期发展的能力，是一种新兴的企业评价方式。于企业而言，ESG 理念也是一种更加先进、更加合理、更加具有大局观和全面性的公司治理思路。

ESG 报告是企业将其开展环境、社会、公司治理的理念、战略、方法及经营活动在环境、社会等维度产生的影响定期向利益相关方进行披露的沟通方式，正如企业财务绩效以财务报告的形式进行对外披露一样，企业将在环境、社会责任、公司治理方面的工作与表现，以非财务报告的形式对外展示。①

（四）我国推进 ESG 投资的进展

2018 年前，我国要求企业发布的信息大多为单项。2007 年，原国家环保总局发布《环境信息公开办法（试行）》，鼓励企业自愿通过媒体、互联网或年度环境报告方式公开相关信息；2008 年，发布《关于加强上市公司环境保护监督管理工作的指导意见》。2010 年，原环境保护部发布《上市公司环境信息披露指南（征求意见稿）》。2021 年 5 月，生态环境部发布《环境信息依法披露制度改革方案》；12 月，发布《企业环境信息依法披露管理办法》；2022 年 1 月，发布《企业环境信息依法披露格式准则》。不但要求相关企业披露环境信息，还要求上市公司、发债企业等披露融资所投项目的应对气候变化、生态环境保护等相关信息。

随着全球对可持续发展和对企业社会责任的日益重视，中国的监管机构也在积极推动企业披露规范的 ESG 信息。近年来中国监管机构在 ESG 信息披露方面采取了以下措施。

1. 国务院国有资产监督管理委员会的举措

2007 年，国务院国有资产监督管理委员会（以下简称"国资委"）发布《关于中央企业履行社会责任的指导意见》，要求中央企业建立社会责任报告制度，公布企业履行社会责任的现状、规划和措施，完善社会责任沟通方式和对话机制，及时了解和回应利益相关者的意见建议，主动接受利益相关者和社会的监督。

2022 年，国资委成立科技创新局及社会责任局，指导推动企业积极践行 ESG 理念，主动适应、引领国际规则标准的制定。国资委在《提高央企控股上市公司质量工作方案》中提出，中央企业集团公司要统筹推动上市公司完整、准确、全面贯彻新发展理念，进一步完善环境、社会责任和公司治理（ESG）工作机制，提升 ESG 绩效，在资本市场中发挥带头示范作用；立足国有企业实际，积极参与构建具有中国特色的 ESG 信息披露规则、ESG 绩效评级和 ESG 投资指引，为中国 ESG 发展贡献力量。推动央企控股上市公司 ESG 专业治理能力、风险管理能力不断提高；推动

---

① 刘俊海：《论公司 ESG 信息披露的制度设计：保护消费者等利益相关者的新视角》，载《法律适用》2023 年第 5 期，第 19 页。

更多央企控股上市公司披露 ESG 专项报告，力争到 2023 年相关专项报告披露"全覆盖"。

2. 中国人民银行的举措

中国人民银行制定标准指引和信息披露规范，鼓励和引导金融机构开展融资主体 ESG 评价及其应用。2016 年，中国人民银行与财政部等七部委联合发布《关于构建绿色金融体系的指导意见》，将构建绿色金融体系上升为国家战略。此后，中国人民银行陆续发布绿色金融和 ESG 政策指引，为绿色金融和 ESG 投资提供政策框架；发布绿色债券支持项目目录，为中国绿色债券提供可操作的政策框架；规范银行业企业融资主体 ESG 评价，鼓励银行业金融机构将 ESG 标准融入信贷流程管理。2021 年，中国人民银行发布《金融机构环境信息披露指南》，指导金融机构识别、量化、管理环境相关金融风险。

3. 原银保监会的举措

2013 年，原银监会发布《商业银行公司治理指引》，明确商业银行经济、社会与环境责任信息披露的内容。2019 年，原银保监会发布《中国银保监会关于推动银行业和保险业高质量发展的指导意见》，要求银行业金融机构建立健全环境与社会风险管理体系。2022 年，原银保监会发布《银行业保险业绿色金融指引》，将 ESG 风险管理能力建设放在突出位置。

4. 中国证监会的举措

2002 年，中国证监会发布《上市公司治理准则》，对上市公司治理信息披露的范围作出明确规定。2018 年，中国证监会修订《上市公司治理准则》，规定上市公司应按照要求披露环境信息、履行社会责任及公司治理信息。2021 年，中国证监会修订年度报告和半年度报告的内容与格式准则，将环境保护和社会责任信息整合为"环境和社会责任"一节。2022 年发文，进一步增加了对上市公司 ESG 信息披露的要求。

综上所述，中国的监管机构在推动 ESG 信息披露方面采取了多项举措，旨在提高企业的 ESG 透明度，促进可持续发展。这些举措不仅有利于企业自身的长期发展，也有助于投资者作出更加明智的投资决策。未来，随着全球对 ESG 议题的持续关注，中国的监管机构和企业将继续加强 ESG 信息披露和管理工作，为推动全球可持续发展贡献力量。

（五）公司应当披露的 ESG 信息

关于环境信息。我国公司既要关注公司承诺的气候中性目标导向型的长期愿景，更要聚焦细致精准的公司实际状况。公司应披露确保商业模式与经营战略符合经济可持续转型要求的路线图、时间表与实际进展。既要披露温室气体排放的水平与范围，也要披露公司抵消排放的具体措施与实际效果。

关于社会信息。公司要重点聚焦核心利益相关者，包括职工、消费者、用户、供应商、债权人、当地社区、公司影响所及的生态环境与自然资源。公司外部性涉及的核心利益相关者的多元核心利益都应被精准识别，全面纳入ESG信息披露体系；应细化相关信息子范畴，避免内容与环境信息的重叠。

关于治理信息。我国公司应披露四类治理信息：ESG友好型的股东大会运作信息；董事会组成的多元化、运作的民主化与ESG友好型决策的落实情况；董监高与管理层的ESG薪酬；职工代表通过职代会、工会、职工董事与职工监事参与公司民主治理的情况。[1]

（六）公司披露ESG信息的基本原则

第一，真实性、准确性、完整性原则。公司ESG信息与财务信息同等重要，应遵循相同的法律规则与技术标准，不得造假。第二，整体性原则。ESG信息与财务信息是不可分割的统一整体，应同步披露，其中ESG与广义的公司社会责任或利益相关者理论无本质差异。第三，双面重要性原则。公司要报告企业活动对ESG信息以及ESG信息对企业生存与发展的重要影响，两者缺一不可。第四，回顾性与前瞻性并重原则。公司既要披露现已取得ESG风险管理绩效的历史性、回顾性信息，也要披露拟采取ESG措施的战略性、前瞻性信息（如计划与承诺）。第五，量能披露的原则（比例性原则）。信息披露义务与信息占有能力成正比，信息披露内容取决于公司的商业模式、经营规模、复杂程度、产业性质与专业能力。公司承受的ESG风险越大、提供的ESG福祉越多，信息披露义务越强。第六，共性与个性兼顾的原则。ESG信息具有三维性，ESG信息披露要兼顾通用标准与行业标准，也要鼓励公司自我加压，更要鼓励跨行业的ESG信息披露制度竞争。第七，全球性（国际性）原则。ESG信息披露标准应尽量借鉴与吸收国际公认的一般原则与制度框架，如《联合国可持续发展目标》等。同时，我国应积极参与并引领全球ESG信息披露标准的一体化进程。第八，可计量、可溯源与可验证的原则。ESG信息披露应尽量

---

[1] 刘俊海：《论公司ESG信息披露的制度设计：保护消费者等利益相关者的新视角》，载《法律适用》2023年第5期，第22页。

采取货币化指标,每一项 ESG 信息,无论定性还是定量,都应有真实、合法、关联、充分的证据链予以证明。可以关注欧盟有关自然资本会计制度的改革动态,我国财政部也应参酌《自然资本议定书》及相关公司试点经验,研究制定 ESG 友好型会计准则。

(七) 公司披露 ESG 信息时虚假陈述的民事责任

在实践中,滥用或炒作 ESG 概念的绿色造假或"漂绿"现象时有发生。ESG 报告在我国尚属新生事物,既要重视对信息披露义务人的道德警示,也应明确 ESG 信息虚假陈述的民事责任。

第一,上市公司财务信息与 ESG 信息虚假陈述的民事责任同频共振。近年来,国际资本市场中的理性投资者已经开始认同 ESG 投资的商业价值与社会责任的兼容性,股价的涨跌风险已经吸纳了 ESG 信息,并以 ESG 信息的真实性为前提。而《证券法》与《关于审理证券市场虚假陈述侵权民事赔偿案件的若干规定》(以下简称《虚假陈述司法解释》)并未充分考虑 ESG 投资浪潮对虚假陈述民事责任制度的冲击与影响。

第二,ESG 信息虚假陈述与受害者投资决定、损失之间的交易因果关系的认定具有特殊性。在投资决定方面,法院在适用《虚假陈述司法解释》第十一条中的"诱多"或"诱空"时应当因人制宜。首先,要允许原告自由选择作为参照系的理性人标准,即 ESG 友好型或股价收益导向型理性投资者。其次,若原告自我识别为 ESG 友好型投资者,法院就应将其识别为此类理性投资者;反之亦然。最后,在分配举证责任时,被告应按与原告不同的投资逻辑承担自证清白的举证责任。但 ESG 友好型原告有义务就其 ESG 友好型投资理念与交易因果关系之间的逻辑联系作出合理解释;否则,法院仍应回归传统投资者模式下的因果关系识别规则。在损失方面,ESG 信息虚假陈述与受害者投资损失之间的因果关系的认定需要考虑原告的不同角色定位,法院应采取 ESG 友好型的裁判理念。

第三,ESG 信息虚假陈述人对投资者之外的利益相关者遭受的损失承担赔偿责任。以有机食品的虚假宣传为例,其符合股东近期利益,但损害消费者等各类利益相关者的权益。滞后于利益相关者而主张维权的投资者并不必然属于 ESG 友好型投资者。因此,法院对两类因果关系的识别仍应采取财务信息虚假陈述场景下的裁判思维。

五、信息披露违法行政责任概述

（一）信息披露违法行政处罚案件概况

2021年全年，涉及上市公司等信息披露违法的行政处罚案件有100余例，其中涉及50多家上市公司责任主体、400多名个人责任主体；2022年全年，涉及上市公司信息等披露违法的行政处罚案件有130多例，其中涉及80多家上市公司责任主体、400多名个人责任主体。2023年度信息披露违法处罚案件总量仍处在高位，中国证监会及各派出机构全年作出行政处罚的信息披露违法案件达180多例，涉及控股股东、实际控制人的案例有50多个，涉及董监高的案例有150多个，涉及董监高之外其他人员的案例有约20个。2024年上半年，中国证监会将信息披露违法行为列为执法重点，共查办相关案件190多件，共处罚责任主体280多人（家）次。

（二）信息披露违法行政处罚种类

《中华人民共和国行政处罚法》（以下简称《行政处罚法》）第九条规定了行政处罚的种类：警告、通报批评；罚款、没收违法所得、没收非法财物；暂扣许可证件、降低资质等级、吊销许可证件；限制开展生产经营活动、责令停产停业、责令关闭、限制从业；行政拘留；法律、行政法规规定的其他行政处罚。《证券法》第十三章"法律责任"规定了证券法领域内相关违法行为应承担的行政责任，主要有罚款、警告、没收违法所得、暂停或撤销相关业务许可、责令关闭或禁止从事相关业务等。

除上述列举的行政处罚种类外，《证券法》在"法律责任"章节中规定："违反法律、行政法规或者国务院证券监督管理机构的有关规定，情节严重的，国务院证券监督管理机构可以对有关责任人员采取证券市场禁入的措施。"根据该规定，中国证监会及其派出机构有权对违反法律、行政法规或者证监会有关规定的有关责任人员采取证券市场禁入措施。虽行政机关在实际执法中将市场禁入与行政处罚区别对待，但从理论分析及立法目的来看，市场禁入是以限制违法行为人基本权利为制裁手段的一种行政处罚类型。① 行政法理论学界亦倾向于将市场禁入的性质归属为行政处罚范畴。②

此外，中国证监会发布的《证券市场禁入规定》进一步明确了市场禁入种类、交易类禁入规则，以及市场禁入对象和适用情形。

首先，《证券市场禁入规定》第四条第一款规定了两种市场禁入种类：一是不得从事证券业务、证券服务业务，不得担任证券发行人的董事、监事、高级管理人员；二是不得在证券交易场所交易证券。

其次，《证券市场禁入规定》第三条完善了市场禁入对象，将禁入对象从"上市公司"董监高扩大至"证券发行人"董监高，还增加了兜底条款，将执法单位认定负有直接责任的主管人员和其他直接责任人员也纳入禁入范围。证券公司、证券服务机构、债券受托管理人都被列入禁入范围，包括其工作人员。公募基金、私募基金从业人员，律师事务所，会计师事务所正式被纳入市场禁入对象。新增证券交易场所进行投资的自然人或者机构投资者的交易决策人，编造、传播虚假信息或者误导性信息的有关责任人员，执法单位及相关自律组织的工作人员为禁入对象。

再次，《证券市场禁入规定》第四条第二款明确了禁入措施的裁量要件，执法单位可以根据有关责任人员的身份职责、违法行为类型、违法行为的社会危害性和违法情节严重的程度，单独或者合并适用前款规定的不同种类的市场禁入措施。

（三）信息披露违法行为

根据《信息披露违法行为行政责任认定规则》第二章"信息披露违法行为认定"，以及2022年《最高人民法院关于审理证券市场虚假陈述侵权民事赔偿案件的若干规定》第二节"虚假陈述的认定"的规定，信息披露违法行为主要有虚假记载、重大遗漏、误导性陈述以及未按照规定披露信息，具体如下。

1. 虚假记载

虚假记载是指信息披露义务人披露的信息中对相关财务数据进行重大不实记载，或者对其他重要信息作出与真实情况不符的描述。《信息披露

---

① 沈福俊、许海建：《证券市场禁入制度合法性考察及其控制路径》，载《上海财经大学学报》2019年第21卷第5期，第146页。
② 王楠：《证券市场禁入法律性质及适用的制度辨析》，载《现代管理科学》2019年第1期，第57页。

违法行为行政责任认定规则》则对虚假记载几个常见情形进行了列举，如业务不入账、虚构业务入账、不按照相关规定进行会计核算和编制财务会计报告等，以上几种情形均属于财务造假类。财务造假是虚假记载中的高发性方式，在证监会发布的案例中，就有多起系财务造假类的虚假记载案件。典型案例如 A 公司通过虚构销售合同、伪造物流单据和验收单据入账、安排资金回款、提前确认收入等方式虚增营业收入、利润，在 2017 至 2020 年的四年间，累计虚增收入近 7.5 亿元，虚增利润近 3.7 亿元。A 公司的造假行为从首发上市一直持续到上市后，导致其公开披露的招股说明书及 2019 年年度报告、2020 年年度报告均存在虚假记载。A 公司的前述行为构成欺诈发行和信息披露违法。[1]

2. 重大遗漏

重大遗漏是指信息披露义务人违反关于信息披露的规定，对重大事件或者重要事项等应当披露的信息未予披露。根据《信息披露违法行为行政责任认定规则》第十条规定，信息披露义务人在信息披露文件中未按照法律、行政法规、规章和规范性文件以及证券交易所业务规则关于重大事件或者重要事项信息披露要求披露信息，遗漏重大事项的，应当认定构成所披露的信息有重大遗漏的信息披露违法行为。认定该违法行为最重要的一点是如何认定"重大"。《证券法》第八十条、第八十一条与《上市公司信息披露管理办法》第二十二条对投资者尚未得知的、可能对上市公司、股票在国务院批准的其他全国性证券交易场所交易的公司的股票交易价格、上市公司证券及其衍生品种交易价格及上市交易公司债券的交易价格产生较大影响的"重大事件"进行了较为全面的列举。如某公司未在相关定期报告中披露对外担保情形及相关借贷、担保的诉讼事项，导致该公司在相关定期报告中遗漏披露涉案重大事项。该公司辩称相关对外担保签署系公司实际控制人的个人行为，不构成公司行为，其超越权限签署的合同无效，对公司而言不存在担保行为，因而不存在信息披露义务。但中国证监会北京监管局认为，担保合同的效力问题系民事范畴，该公司后续是否需真正承担担保责任，是否因承担担保责任而遭受损失，均不影响其应当履行的信息披露义务。

3. 误导性陈述

误导性陈述是指信息披露义务人披露的信息隐瞒了与之相关的部分重要事实，或者未及时披露相关更正、确认信息，致使已经披露的信息因不

---

[1] 《中国证监会行政处罚决定书》（〔2023〕30 号）。

完整、不准确而具有误导性。相较于虚假记载与重大遗漏，误导性陈述的界定较难，我国《证券法》一直未对误导性陈述进行明确定义，2003年最高人民法院发布的《最高人民法院关于审理证券市场因虚假陈述引发的民事赔偿案件的若干规定》对误导性陈述作了明确定义：误导性陈述指虚假陈述行为人在信息披露文件中或者通过媒体，作出使投资人对其投资行为发生错误判断并产生重大影响的陈述。后2011年证监会发布的《信息披露违法行为行政责任认定规则》进行了更细致的规定，信息披露义务人在信息披露文件中或者通过其他信息发布渠道、载体，作出不完整、不准确陈述，致使或者可能致使投资者对其投资行为发生错误判断的，应当认定构成所披露的信息有误导性陈述的信息披露违法行为。该规定明确了信息披露义务人不仅仅是在法定披露文件中需要保证陈述完整准确，如定期报告、临时报告等，通过一些其他渠道与载体发布的信息也必须保持陈述完整准确。该项规定在某种程度上扩大了误导性陈述的认定范围。除上述定义外，认定误导性陈述仍需综合考虑。信息披露义务人如何披露信息可能会被认定为误导性陈述？如信息披露义务人直接披露不真实的信息可能被认定为虚假记载，披露不完整的信息可能被认定为重大遗漏，只有信息披露义务人在保证披露的信息基本真实、完整的前提下，使用了误导性的手段或方式导致基本真实、完整的信息不能准确传达给投资者才可能会被认定为误导性陈述[①]。

  误导性陈述类的信息披露违法案件相对较少，证监会发布的《2021年证监稽查20起典型违法案例》与《2022年证监稽查20起典型违法案例》中均未有相关案例体现，纵览2021年全年行政处罚案件，A公司披露违法违规案中有两处构成误导性陈述。一是A公司披露某公司是国内少数掌握商用最高安全等级国密商用算法芯片技术的公司。经查，该商用最高安全等级国密商用算法芯片技术的所有权不属于该公司，该公司需经授权使用并支付授权费。二是A公司在对深圳证券交易所的回复中描述某公司近一年又一期亏损的原因是"投入上亿元资金进行新一代高性能、高安全企业级和行业级存储控制芯片的研发，研发费用投入大"。经查，该公司投入的上亿元资金，主要是用于支付IP技术的授权费用，并非进行自主产品研发。因此，A公司披露的公告中关于某公司掌握商用技术情况的描述不严谨，夸大了标的公司的技术优势，严重影响投资者对收购事项及

---

① 王通平、钱松军：《论证券市场信息披露误导性陈述的界定》，载《证券法律与监管》2016年第9期，第75-76页。

标的公司未来整体发展趋势的判断，其未客观、准确、严谨地反映某公司的亏损原因，严重影响投资者对标的公司科研实力及未来盈利情况的判断，均构成了误导性陈述。

4. 未按照规定披露信息

相较于其他三种方式，"未按照规定披露信息"概念更为笼统，只要信息披露义务人未按照法律、行政法规、规章和规范性文件及证券交易所业务规则规定的期限、方式等要求及时、公平披露信息就可被认定为信息披露违法。其中，多数未按照规定披露信息的案件均属于未及时在法定期限内披露，可见及时性在信息披露中的重要意义。及时性主要包括两方面：一是在法定期限内披露定期报告，二是重大事项在法律规定的期限内及时披露临时报告。① 典型案例如 A 公司发布无法在规定期限内披露定期报告的风险提示公告，称公司预计披露 2022 年年度报告的时间为 2023 年 4 月 28 日，但因公司尚未聘请 2022 年年审会计师事务所，无法在规定期限内披露 2022 年年度定期报告及 2023 年一季度财务报告，且公司已触及重大违法强制退市情形，于 2023 年 4 月 24 日起停牌。A 公司未在法定期限内披露 2022 年年度报告，并于 2023 年 7 月 7 日终止上市。②

（四）信息披露违法行政责任认定

1. 归责原则

信息披露违法行政处罚的归责原则最主要是对信息披露违法行为人的主观状态是否构成行政处罚责任的必要条件进行研究。2017 年《行政处罚法》中并未释明行政处罚的成立是否包括违法行为人的主观过错要件，后 2021 年修订的《行政处罚法》新增了"当事人有证据足以证明没有主观过错的，不予行政处罚"，明确了行为人的主观过错将直接影响行政处罚的结果。

《证券法》在信息披露违法行政处罚责任上确立了无过错责任和过错责任两种归责方式。无过错责任主要表现在《证券法》第一百九十七条、第二百一十一条等，只要违法行为人存在特定违法行为即可被认定为信息披露违法，行政机关无须考虑违法行为人的主观过错，如未按照规定报送有关报告，未报送、提供信息和资料等。虽《证券法》中未直接规定违法

---

① 赖冠能、孙素香：《重磅！证监会信息披露违法行政处罚实务解析（上）：基于近五年行政处罚大数据》，载微信公众号"证券金融诉讼实务"，2019 年 6 月 28 日。

② 《中国证券监督管理委员会广东监管局行政处罚决定书》（〔2023〕44 号）。

行为人的主观过错,但从法律条文的具体表述中可以推断出,构成行政处罚仍需考量行为人的主观心理状态,如在《证券法》第一百八十一条、第一百八十五条等条文中,均规定了发行人的控股股东、实际控制人组织、指使从事前款违法行为,应当对其进行行政处罚。"组织、指使"等词已体现行为人对该违法行为的发生具有积极推动作用,且故意导致违法结果的发生。因此,《证券法》在行为人主观状态层面有了较为明确的规定。①

除《证券法》与《行政处罚法》外,《信息披露违法行为行政责任认定规则》则更具体地规范了信息披露违法的归责原则。该规则初步确立了主观归责原则,涉及信息披露违法的行为认定及责任认定等事项,将责任主体划分为信息披露义务人与信息披露违法行为责任人员,并对上述两类责任主体的责任认定分别进行情形细分,当信息披露义务人构成信息披露违法,应从客观方面和主观方面综合审查。其中,客观方面主要包含七种情形,主观方面主要包含五种情形。而当信息披露违法行为责任人员发生信息披露违法行为时,要将其是否勤勉尽责以及是否具有过错作为处罚实施考量因素。《上市公司信息披露管理办法》也将勤勉尽责作为是否处罚的因素,如第五十一条第一款规定,上市公司董事、监事、高级管理人员应当对公司信息披露的真实性、准确性、完整性、及时性、公平性负责,但有充分证据表明其已经履行勤勉尽责义务的除外。

此外,法院也将被处罚人忠实、勤勉、尽责作为判断行政处罚是否合法的重要依据,如最高人民法院《关于审理证券行政处罚案件证据若干问题的座谈会纪要》中"关于上市公司信息披露违法责任人的证明问题":监管机构根据《证券法》第六十八条、第一百九十三条规定,结合上市公司董事、监事、高级管理人员与信息披露违法行为之间履行职责的关联程度,认定其为直接负责的主管人员或者其他直接责任人员并给予处罚,被处罚人不服提起诉讼的,应当提供其对该信息披露行为已尽忠实、勤勉义务等证据。

2. 责任主体认定

信息披露违法的责任主体,即证监会对信息披露违法行为作出行政处罚的相对人,主要有信息披露义务人与信息披露违法行为责任人员两类。

对于信息披露义务人,《证券法》设立了信息披露专章,其中规定了信息披露义务人包含发行人及法律、行政法规和国务院证券监督管理机构

---

① 许海建:《证券领域信息披露违法行政处罚归责原则》,载《海峡法学》2019 年第 3 期,第 86 页。

规定的其他信息披露义务人。同时《上市公司信息披露管理办法》《信息披露违法行为行政责任认定规则》细化了信息披露义务人的范围，如《上市公司信息披露管理办法》第六十二条规定，信息披露义务人是指上市公司及其董事、监事、高级管理人员、股东、实际控制人，收购人，重大资产重组、再融资、重大交易有关各方等自然人、单位及其相关人员，破产管理人及其成员，以及法律、行政法规和中国证监会规定的其他承担信息披露义务的主体。《信息披露违法行为行政责任认定规则》第一条，将发行人、上市公司及其控股股东、实际控制人、收购人等信息披露义务人统称为信息披露义务人。

对于信息披露违法行为责任人员，《证券法》和《上市公司信息披露管理办法》都未对其进行明确定义，《信息披露违法行为行政责任认定规则》则是在第十五条和第十七条进行了明确规定，如第十五条规定，对负有保证信息披露真实、准确、完整、及时和公平义务的董事、监事、高级管理人员，应当视情形认定其为直接负责的主管人员或者其他直接责任人员；第十七条规定，董事、监事、高级管理人员之外的其他人员，确有证据证明其行为与信息披露违法行为具有直接因果关系，包括实际承担或者履行董事、监事或者高级管理人员的职责，组织、参与、实施了公司信息披露违法行为或者直接导致信息披露违法的，应当视情形认定其为直接负责的主管人员或者其他直接责任人员。但实践中对于应当认定为哪一类责任人员仍要"视情形认定"。

综上，信息披露义务人指依据法律法规和其他规范性文件，负有对外披露或报送信息义务的主体，既包括单位，如上市公司，也包括自然人，如股东、实际控制人。而信息披露违法行为责任人员是指对前述信息披露义务人违反信息披露义务直接负责的主管人员和其他直接责任人员，如上市公司的董监高，以及负有责任的控股股东、实际控制人或其负责人等。①

此外，中介机构也可能构成信息披露违法行为责任主体，如《证券法》第二百一十三条规定，证券服务机构违反本法第一百六十三条的规定，未勤勉尽责，所制作、出具的文件有虚假记载、误导性陈述或者重大遗漏的，责令改正，没收业务收入，并处以业务收入一倍以上十倍以下的罚款，没有业务收入或者业务收入不足五十万元的，处以五十万元以上五百万元以下的罚款；情节严重的，并处暂停或者禁止从事证券服务业务。

---

① 张崇胜：《信息披露违法行为中责任人员认定标准：基于证监会2015—2020年行政处罚决定的思考》，载《华北金融》2021年第1期，第64—66页。

《信息披露违法行为行政责任认定规则》第六条规定，在信息披露中保荐人、证券服务机构及其人员未勤勉尽责，或者制作、出具的文件有虚假记载、误导性陈述或者重大遗漏的，证监会依法认定其责任和予以行政处罚。

3. 认定标准及情形

《证券法》与《上市公司信息披露管理办法》对信息披露要求的规定相同，即披露的信息应当及时、真实、准确、完整，简明清晰、通俗易懂，不得有虚假记载、误导性陈述或者重大遗漏。且《上市公司信息披露管理办法》第六十二条对"及时"作了进一步解释，及时是指自起算日起或者触及披露时点的两个交易日内。而《信息披露违法行为行政责任认定规则》第七条与上述规定的表述略有不同：信息披露义务人未按照法律、行政法规、规章和规范性文件，以及证券交易所业务规则规定的信息披露期限、方式等要求及时、公平披露信息，应当认定构成未按照规定披露信息的信息披露违法行为。

《信息披露违法行为行政责任认定规则》在第二章中更详细地规定了信息披露违法的认定标准：一是信息披露义务人在信息披露文件中对所披露内容进行不真实记载，包括发生业务不入账、虚构业务入账、不按照相关规定进行会计核算和编制财务会计报告，以及其他在信息披露中记载的事实与真实情况不符的，应当认定构成所披露的信息有虚假记载的信息披露违法行为；二是信息披露义务人在信息披露文件中或者通过其他信息发布渠道、载体，作出不完整、不准确陈述，致使或者可能致使投资者对其投资行为发生错误判断的，应当认定构成所披露的信息有误导性陈述的信息披露违法行为；三是信息披露义务人在信息披露文件中未按照法律、行政法规、规章和规范性文件以及证券交易所业务规则关于重大事件或者重要事项信息披露要求披露信息，遗漏重大事项的，应当认定构成所披露的信息有重大遗漏的信息披露违法行为。

除上述的行为认定标准外，《信息披露违法行为行政责任认定规则》对于信息披露义务人的责任认定亦从客观与主观两方面列举了相关审查情形，如客观方面列举了六项需审查的情形：第一，违法披露信息包括重大差错更正信息中虚增或者虚减资产、营业收入及净利润的数额及其占当期所披露数的比重，是否因此资不抵债，是否因此发生盈亏变化，是否因此满足证券发行、股权激励计划实施、利润承诺条件，是否因此避免被特别处理，是否因此满足取消特别处理要求，是否因此满足恢复上市交易条件等；第二，未按照规定披露的重大担保、诉讼、仲裁、关联交易以及其他重大事项所涉及的数额及其占公司最近一期经审计总资产、净资产、营业收入的比重，未按照规定及时披露信息时间长短等；第三，信息披露违法所涉及事项对投资者投资判断的影响大小；第四，信息披露违法后果，包括是否导致欺诈发行、欺诈上市、骗取重大资产重组许可、收购要约豁免、暂停上市、终止上市，给上市公司、股东、债权人或者其他人造成直接损失数额大小，以及未按照规定披露信息造成该公司证券交易的异动程度等；第五，信息披露违法的次数，是否多次提供虚假或者隐瞒重要事实的财务会计报告，或者多次对依法应当披露的其他重要信息不按照规定披露；第六，社会影响的恶劣程度。主观方面则是从共谋或单位内部个人行为、故意或过失等方面列举了四项需审查的情形：第一，信息披露义务人为单位的，在单位内部是否存在违法共谋，信息披露违法所涉及的具体事项是不是经董事会、公司办公会等会议研究决定或者由负责人员决定实施的，是否只是单位内部个人行为造成的；第二，信息披露义务人的主观状态，信息披露违法是不是故意的欺诈行为，是不是不够谨慎、疏忽大意的过失行为；第三，信息披露违法行为发生后的态度，公司董事、监事、高级管理人员知道信息披露违法后是否继续掩饰，是否采取适当措施进行补救；第四，与证券监管机构的配合程度，当发现信息披露违法后，公司董事、监事、高级管理人员是否向证监会报告，是否在调查中积极配合，是否对调查机关欺诈、隐瞒，是否有干扰、阻碍调查情况。而对于其他违法行为引起信息披露义务人信息披露违法的，需要综合考虑信息披露义务人是否存在过错，是否因违法行为直接获益或避损，以及信息披露违法责任是否能被其他违法行为责任所吸收等因素。

《信息披露违法行为行政责任认定规则》第四章规定了信息披露违法行为责任人员的认定情形，将责任人员分为三类：一是董事、监事、高级管理人员；二是董事、监事、高级管理人员之外的其他人员；三是指使、直接授意、指挥信息披露义务人从事信息披露违法行为的控股股东、实际控制人。根据《信息披露违法行为行政责任认定规则》第十八条规定，仅有第三类指使、直接授意、指挥信息披露义务人从事信息披露违法行为的控股股东、实际控制人无须视情况认定是否构成信息披露违法，只要有证据证明控股股东、实际控制人存在指使、直接授意、指挥信息披露义务人，便可认定控股股东、实际控制人的信息披露违法责任。

《信息披露违法行为行政责任认定规则》第十九条规定，信息披露违法责任人员的责任大小，可从以下四个方面考虑责任人员与案件中认定的信息披露违法的事实、性质、情节、社会危害后果的关系，综合认定分析：第一，在信息披露违法行为发生过程中所起的作用。对于认定的信息披露违法事项是起主要作用还是次要作用，是否组织、策划、参与、实施信息披露违法行为，是积极参加还是被动参加。第二，知情程度和态度。对于信息披露违法所涉事项及其内容是否知情，是否反映、报告，是否采取措施有效避免或者减少损害后果，是否放任违法行为发生。第三，职务、具体职责及履行职责情况。认定的信息披露违法事项是否与责任人员的职务、具体职责存在直接关系，责任人员是否忠实、勤勉履行职责，有无懈怠、放弃履行职责，是否履行职责预防、发现和阻止信息披露违法行为发生。第四，专业背景。是否存在责任人员有专业背景，对于信息披露中与其专业背景有关违法事项应当发现而未予指出的情况，如专业会计人士对于会计问题、专业技术人员对于技术问题等未予指出。

4. 行政处罚的具体适用

《信息披露违法行为行政责任认定规则》第二十条至第二十三条明确了从轻或减轻处罚、不予处罚、不得单独作为不予处罚及应当从重处罚等情形，具体如下表1.6。

表1.6　行政处罚的具体适用

处罚情形	具体规定
从轻或者减轻处罚的考虑情形	（一）未直接参与信息披露违法行为； （二）在信息披露违法行为被发现前，及时主动要求公司采取纠正措施或者向证券监管机构报告； （三）在获悉公司信息披露违法后，向公司有关主管人员或者公司上级主管提出质疑并采取了适当措施； （四）配合证券监管机构调查且有立功表现； （五）受他人胁迫参与信息披露违法行为； （六）其他需要考虑的情形。
不予行政处罚的考虑情形	（一）当事人对认定的信息披露违法事项提出具体异议记载于董事会、监事会、公司办公会会议记录等，并在上述会议中投反对票的； （二）当事人在信息披露违法事实所涉及期间，由于不可抗力、失去人身自由等无法正常履行职责的； （三）对公司信息披露违法行为不负有主要责任的人员在公司信息披露违法行为发生后及时向公司和证券交易所、证券监管机构报告的； （四）其他需要考虑的情形。

续表

处罚情形	具体规定
不得单独作为不予处罚的情形	（一）不直接从事经营管理； （二）能力不足、无相关职业背景； （三）任职时间短、不了解情况； （四）相信专业机构或者专业人员出具的意见和报告； （五）受到股东、实际控制人控制或者其他外部干预。
应当从重处罚的情形	（一）不配合证券监管机构监管，或者拒绝、阻碍证券监管机构及其工作人员执法，甚至以暴力、威胁及其他手段干扰执法； （二）在信息披露违法案件中变造、隐瞒、毁灭证据，或者提供伪证，妨碍调查； （三）两次以上违反信息披露规定并受到行政处罚或者证券交易所纪律处分； （四）在信息披露上有不良诚信记录并记入证券期货诚信档案； （五）证监会认定的其他情形。

（五）行政处罚程序

根据 2013 年证监会发布的《中国证监会关于进一步加强稽查执法工作的意见》，证监会需提高监管工作发现违法违规线索的能力及拓宽发现违法违规线索的渠道，并且应设立违法违规线索处理中心，提高对内幕交易、操纵市场、虚假陈述等违法违规线索的监测能力和分析处理能力。即信息披露违法行政处罚程序开启的第一步是发现违法违规线索及处理违法违规线索。在分析、评估的基础上，根据线索清晰度、与立案标准的符合度等因素，将线索分为立案线索、待查线索和其他线索。对于立案线索，要及时开展立案调查；对于待查线索，要及时启动初步调查；对于其他线索，可转日常监管部门或有关单位处理。违法违规线索清楚的，应在 5 个工作日内向稽查执法部门移送，由稽查执法部门开展初步调查或立案调查。

对于触发立案标准的行为，应及时立案调查，稽查局和各派出机构均有立案权。根据《证券期货违法行为行政处罚办法》第六条规定，若符合以下条件且不存在依法不予行政处罚等情形的，应当立案：有明确的违法行为主体；有证明违法事实的证据；法律、法规、规章规定有明确的行政处罚法律责任；尚未超过二年行政处罚时效。涉及金融安全且有危害后果的，尚未超过五年行政处罚时效。

证监会实际处理行政处罚工作可分为两个阶段：第一阶段为案件调查

阶段，第二阶段为案件审理、听证阶段。案件调查由稽查部门负责，案件审理和听证工作由法律部门承担。

1. 案件的调查

证监会稽查部门负责立案和调查工作，保证全面查清有关事实，充分收集证据，把案件查准、查实。证监会履行职责可采取下列措施：第一，对证券发行人、证券公司、证券服务机构、证券交易场所、证券登记结算机构进行现场检查；第二，进入涉嫌违法行为发生场所调查取证；第三，询问当事人和与被调查事件有关的单位和个人，要求其对与被调查事件有关的事项作出说明；或者要求其按照指定的方式报送与被调查事件有关的文件和资料；第四，查阅、复制与被调查事件有关的财产权登记、通讯记录等文件和资料；第五，查阅、复制当事人和与被调查事件有关的单位和个人的证券交易记录、登记过户记录、财务会计资料及其他相关文件和资料；对可能被转移、隐匿或者毁损的文件和资料，可以予以封存、扣押；第六，查询当事人和与被调查事件有关的单位和个人的资金账户、证券账户、银行账户以及其他具有支付、托管、结算等功能的账户信息，可以对有关文件和资料进行复制；对有证据证明已经或者可能转移或者隐匿违法资金、证券等涉案财产或者隐匿、伪造、毁损重要证据的，经国务院证券监督管理机构主要负责人或者其授权的其他负责人批准，可以冻结或者查封，期限为六个月；因特殊原因需要延长的，每次延长期限不得超过三个月，冻结、查封期限最长不得超过二年；第七，在调查操纵证券市场、内幕交易等重大证券违法行为时，经国务院证券监督管理机构主要负责人或者其授权的其他负责人批准，可以限制被调查的当事人的证券买卖，但限制的期限不得超过三个月；案情复杂的，可以延长三个月；第八，通知出境入境管理机关依法阻止涉嫌违法人员、涉嫌违法单位的主管人员和其他直接责任人员出境。同时，为防范证券市场风险，维护市场秩序，国务院证券监督管理机构可以采取责令改正、监管谈话、出具警示函等措施。

此外，《证券期货违法行为行政处罚办法》第二十条至第二十六条进一步规定了执法措施及相关权限，包括冻结、查封、扣押、封存、限制出境、限制交易、要求有关主体报送文件资料等，并在第三十五条规定了中国证监会及其派出机构应当自立案之日起一年内作出行政处罚决定。有特殊情况需要延长的，应当报经单位负责人批准，每次延长期限不得超过六个月。因证券执法力量不足，2015年证监会还委托上海、深圳证券交易所对部分涉嫌欺诈发行、内幕交易、操纵市场、虚假陈述等违法行为，实施调查取证，采用一事一委托的方式，委托交易所对涉嫌重大、新型、跨市场等特定违法行为的案件，实施调查取证。

案件调查终结后，稽查部门应在事实清楚、证据充分的基础上，提出案件调查终结报告，连同全部案件卷宗材料一并移交法律部门，进入案件审理阶段。稽查部门提出案件调查终结报告，应详细写明案由、违法事实及相关证据，并对案件的定性提出初步意见。

2. 案件的审理

法律部门收到稽查部门移送的案件调查终结报告及全部案件卷宗材料后，经审查，认为案件事实不清、证据不足的，退回稽查部门补充调查。经审查，认为案件主要事实清楚、证据充分的，依法对当事人行为的法律性质、法律责任进行认定，提出案件审理报告，报证监会分管领导批准后提交行政处罚委员会审理。需提交行政处罚委员会审理的案件，由法律部门依据中国证监会行政处罚委员会的工作规则，负责组织、安排召开行政处罚委员会审理会，对案件进行讨论、审理。

行政处罚委员会对案件进行审理后，提出审理意见，报证监会分管领导批准。行政处罚委员会认为案件事实不清、证据不足的，由法律部门根据审理意见退回稽查部门补充调查；行政处罚委员会认为涉嫌构成犯罪的，由法律部门根据行政处罚委员会的审理意见交由稽查部门移送司法机关；行政处罚委员会认为违法行为不成立或虽构成违法但依法不予处罚，应当采取非行政处罚性监管措施的，由法律部门根据行政处罚委员会的审理意见交由有关部室处理；证券违法行为涉及违纪及其他违法行为的，由法律部门根据行政处罚委员会的审理意见移交各级纪检部门及政府有关执法部门处理。

对行政处罚委员会认为应当进行行政处罚的案件，法律部门根据行政处罚委员会的审理意见拟定行政处罚决定书，报证监会分管领导，建议进入告知、听证程序。

3. 行政处罚事先告知书的送达

根据《中华人民共和国行政处罚法》第四十四条及《证券期货违法行为行政处罚办法》第三十条规定，案件经行政处罚委员会审定后需要进行行政处罚的，在作出处罚决定前，应当告知当事人拟作出的行政处罚内容及事实、理由、依据，向当事人送达行政处罚事先告知书，其中包括以下四项内容：拟作出行政处罚的事实、理由和依据；拟作出的行政处罚决定；当事人依法享有陈述和申辩的权利；符合《中国证券监督管理委员会行政处罚听证规则》所规定条件的，当事人享有要求听证的权利。

4. 申辩及听证程序

根据《证券期货违法行为行政处罚办法》第三十一条及《中华人民共和国行政处罚法》第六十三条至六十五条，当事人要求陈述、申辩但未要求听证的，应当在行政处罚事先告知书送达后五日内提出，并在行政处罚事先告知书送达后十五日内提出陈述、申辩意见。当事人要求听证的，应当在行政机关告知后五日内提出，按照听证相关规定办理。案件依法需要听证且当事人要求举行听证的，由法律部门负责安排听证时间、地点，书面通知当事人或者其代理人。

听证会结束，听证会成员应当进行合议，对原拟作出的行政处罚决定提出书面听证复核意见。

经听证、合议，拟被行政处罚的当事人及其代理人提出的申辩理由和证据足以推翻原拟作出的处罚决定的，由听证会提出要求行政处罚委员会重新审理的听证复核意见，由行政处罚委员会重新作出审理意见。当事人申辩理由虽然成立，但不影响原拟作出处罚决定所认定主要违法事实的成立和案件定性的，听证会可以不提出重新审理的意见，在听证复核意见中提出对原拟作出的处罚决定进行部分调整的建议，报证监会分管领导批准。如果当事人的申辩理由不成立，听证会应当提出维持原拟作出行政处罚决定的听证复核意见。

5. 行政处罚决定书的签发与送达

对于已经依法履行听证程序的行政处罚案件，由法律部门根据行政处罚委员会最终作出的审理意见制作正式行政处罚决定书并附行政处罚建议报告及有关证据材料，报证监会分管领导，建议证监会领导签发行政处罚决定书。对于依法不需要进行听证或当事人在法定期限内未提出听证要求的行政处罚案件，由法律部门根据行政处罚委员会的审理意见制作正式的行政处罚决定书并附行政处罚建议报告及有关证据材料，报证监会分管领导，建议证监会领导签发行政处罚决定书。

行政处罚决定书等法律文书由证监会法律部门直接送达或委托当事人所在地的证监会派出机构在七日内送达当事人，并按照政府信息公开等规定予以公开。

6. 行政复议或诉讼

当事人对行政处罚不服的，可以在收到处罚决定书之日起六十日内依法申请行政复议或在收到处罚决定书之日起六个月内依法向人民法院提起行政诉讼。行政复议或诉讼期间，行政处罚决定不停止执行。

（六）信息披露违法行政处罚的影响

1. 影响董事、监事和高级管理人员的任职、股权激励及股份减持

首先，根据《深圳证券交易所创业板上市公司规范运作指引》《深圳证券交易所中小企业板上市公司规范运作指引》《深圳证券交易所主板上市公司规范运作指引》的规定，董事、监事和高级管理人员候选人被中国证监会采取证券市场禁入措施，期限尚未届满的，不得被提名担任上市公司董事、监事和高级管理人员。董事、监事和高级管理人员候选人存在最近三年内受到证券交易所公开谴责或因涉嫌犯罪被司法机关立案侦查或者涉嫌违法违规被中国证监会立案调查，尚未有明确结论意见的，公司应当披露该候选人具体情形、拟聘请该候选人的原因以及是否影响公司规范运作，并提示相关风险。另根据《上海证券交易所上市公司自律监管指引第1号——规范运作（2023年12月修订）》第3.2.2条规定，董事、监事和高级管理人员候选人被中国证监会采取不得担任上市公司董事、监事、高级管理人员的市场禁入措施，期限尚未届满的，不得被提名担任上市公司董事、监事和高级管理人员。董事、监事和高级管理人员候选人存在最近36个月内受到中国证监会行政处罚、最近36个月内受到证券交易所公开谴责或者3次以上通报批评，或因涉嫌犯罪被司法机关立案侦查或者涉嫌违法违规被中国证监会立案调查，尚未有明确结论意见等情形的，公司应当披露该候选人具体情形、拟聘请该候选人的原因以及是否影响公司规范运作。

此外，独立董事的任职资格较董事、监事和高级管理人员有更详细的规定，如《上海证券交易所上市公司自律监管指引第1号——规范运作（2023年12月修订）》第3.5.5条规定："独立董事候选人应当具有良好的个人品德，不得存在上述3.2.2条规定的不得被提名为上市公司董事的情形，并不得存在下列不良记录：（一）最近36个月内因证券期货违法犯罪，受到中国证监会行政处罚或者司法机关刑事处罚的；（二）因涉嫌证券期货违法犯罪，被中国证监会立案调查或者被司法机关立案侦查，尚未有明确结论意见的。"再如《深圳证券交易所上市公司信息披露指引第8号独立董事备案》第二章，也规定了独立董事的任职资格。

对于董事会秘书一职，《上海证券交易所股票上市规则》与《深圳证券交易所股票上市规则》均规定了最近3年受到过中国证监会行政处罚的人士不得担任董事会秘书。

根据《上市公司股权激励管理办法》第八条，董事和高级管理人员最近 12 个月内因重大违法违规行为被中国证监会及其派出机构行政处罚或者采取市场禁入措施，不得成为上市公司激励对象。

根据《上市公司股东、董监高减持股份的若干规定》第七条，董监高因涉嫌证券期货违法犯罪，在被中国证监会立案调查或者司法机关立案侦查期间，以及在行政处罚决定、刑事判决作出之后未满 6 个月的，不得减持股份。另，《上市公司重大资产重组管理办法》第二十六条亦规定了暂停转让股份的情形，即上市公司全体董事、监事、高级管理人员应当公开承诺，保证重大资产重组的信息披露和申请文件不存在虚假记载、误导性陈述或者重大遗漏，如本次交易因涉嫌所提供或者披露的信息存在虚假记载、误导性陈述或者重大遗漏，被司法机关立案侦查或者被中国证监会立案调查的，在案件调查结论明确之前，将暂停转让其在该上市公司拥有权益的股份。

2. 影响公司发行股票与股票上市

首先，根据《上市公司证券发行注册管理办法》第十条与第十一条规定，上市公司或者其现任董事、监事和高级管理人员最近三年受到中国证监会行政处罚，或者最近一年受到证券交易所公开谴责，或者因涉嫌犯罪正在被司法机关立案侦查或者涉嫌违法违规正在被中国证监会立案调查，该上市公司不得向不特定对象发行股票或者向特定对象发行股票。

其次，根据《优先股试点管理办法》第二十五条规定，上市公司最近十二个月内受到过中国证监会的行政处罚，不得发行优先股。

最后，根据《上海证券交易所科创板股票上市规则》第 12.2.2 条规定，上市公司首次公开发行股票，申请或者披露文件存在虚假记载、误导性陈述或重大遗漏，或发行股份购买资产并构成重组上市，申请或者披露文件存在虚假记载、误导性陈述或者重大遗漏，被中国证监会依据《证券法》第一百八十一条作出行政处罚决定，其股票应当被终止上市。

除会影响上市公司股票的发行与上市外，根据《公司债券发行与交易管理办法》第二十九条规定，若发行人因涉嫌违法违规被行政机关调查，或者被司法机关侦查，尚未结案，对其公开发行公司债券行政许可影响重大，发行人、主承销商、证券服务机构应当及时书面报告证券交易所或者中国证监会，证券交易所或者中国证监会应当中止相应发行上市审核程序或者发行注册程序。

3. 影响上市公司资产重组

根据《上市公司重大资产重组管理办法》第十三条规定，上市公司及其最近三年内的控股股东、实际控制人存在因涉嫌犯罪正被司法机关立案侦查或涉嫌违法违规正被中国证监会立案调查的,不得进行重大资产重组。但是,涉嫌犯罪或违法违规的行为已经终止满三年,交易方案能够消除该行为可能造成的不良后果,且不影响对相关行为人追究责任的除外。

第四十三条亦规定了若上市公司及其现任董事、高级管理人员存在因涉嫌犯罪正被司法机关立案侦查或涉嫌违法违规正被中国证监会立案调查情形的,上市公司不得发行股份购买资产。但是,涉嫌犯罪或违法违规的行为已经终止满三年,交易方案有助于消除该行为可能造成的不良后果,且不影响对相关行为人追究责任的除外。

第二章　证券市场的"红线"
——证券虚假陈述责任纠纷

一、立法背景与过程

（一）证券虚假陈述责任纠纷的由来

证券市场虚假陈述是指信息披露义务人违反法律、行政法规、监管部门制定的规章和规范性文件中关于信息披露的规定，在证券发行或者交易过程中，对重大事件作出违背事实真相的虚假记载、误导性陈述，或者在披露信息时发生重大遗漏、不正当披露信息的行为。

1998年12月29日，第九届全国人民代表大会常务委员会第六次会议通过《中华人民共和国证券法》（以下简称"1998年《证券法》"，现已被修订）。该法律的出台使我国证券市场有了对证券的发行和交易等进行全面规范的基本法。1998年《证券法》第五十九条明确规定："公司公告的股票或者公司债券的发行和上市文件，必须真实、准确、完整，不得有虚假记载、误导性陈述或者重大遗漏。"该法第六十三条进一步规定："发行人、承销的证券公司公告招股说明书、公司债券募集办法、财务会计报告、上市报告文件、年度报告、中期报告、临时报告，存在虚假记载、误导性陈述或者有重大遗漏，致使投资者在证券交易中遭受损失的，发行人、承销的证券公司应当承担赔偿责任，发行人、承销的证券公司的负有责任的董事、监事、经理应当承担连带赔偿责任。"

由此可见，我国《证券法》自出台伊始，就明确证券虚假陈述行为属于证券违法行为，并规定实施证券虚假陈述行为的违法主体应当对投资者的投资损失承担赔偿责任。此后《证券法》历经多次修改，都将此规定予以明确和完善。现行《证券法》专设第五章"信息披露"，并且对不同违法主体的赔偿责任分别进行了规定。①

---

① 《证券法》第八十五条：信息披露义务人未按照规定披露信息，或者公告的证券发行文件、定期报告、临时报告及其他信息披露资料存在虚假记载、误导性陈述或者重大遗漏，致使投资者在证券交易中遭受损失的，信息披露义务人应当承担赔偿责任；发行人的控股股东、实际控制人、董事、监事、高级管理人员和其他直接责任人员以及保荐人、承销的证券公司及其直接责任人员，应当与发行人承担连带赔偿责任，但是能够证明自己没有过错的除外。
《证券法》第一百六十三条：证券服务机构为证券的发行、上市、交易等证券业务活动制作、出具审计报告及其他鉴证报告、资产评估报告、财务顾问报告、资信评级报告或者法律意见书等文件，应当勤勉尽责，对所依据的文件资料内容的真实性、准确性、完整性进行核查和验证。其制作、出具的文件有虚假记载、误导性陈述或者重大遗漏，给他人造成损失的，应当与委托人承担连带赔偿责任，但是能够证明自己没有过错的除外。

不过，《证券法》仅是对虚假陈述的法律责任作出原则性规定，人民法院审理因证券虚假陈述引发的民事赔偿案件还需要具体的相应司法解释进行指导。这是因为，证券虚假陈述责任纠纷属于侵权纠纷，如何认定侵权违法的构成要件，特别是因果关系和损失计算都需要司法解释进行专门规定。否则，空有《证券法》的原则性规定而没有相应司法解释，人民法院是无法审理相关案件的。

2003年1月9日，《最高人民法院关于审理证券市场因虚假陈述引发的民事赔偿案件的若干规定》（以下简称"2003年《虚假陈述司法解释》"，现已失效）正式出台，该司法解释对因证券市场虚假陈述引发的民事赔偿案件的审理问题作了较为具体的规定，此后大量证券市场虚假陈述侵权民事赔偿案件进入诉讼程序。2003年《虚假陈述司法解释》很大程度上保护了投资者的合法权益并增强了投资者的投资信心，因虚假陈述行为受到侵害的投资者可以通过诉讼或者与虚假陈述行为人和解来获得因虚假陈述行为造成的损失的民事赔偿救济。

2020年7月31日，最高人民法院发布《最高人民法院关于证券纠纷代表人诉讼若干问题的规定》，该规定是继《全国法院民商事审判工作会议纪要》提出证券虚假陈述诉讼代表人诉讼制度、《证券法》（2019年修订）对虚假陈述赔偿纠纷的代表人诉讼从立法层面予以明确之后，最高院专门就代表人诉讼程序从操作层面进行的落实，标志着代表人诉讼制度的全面实施。

为了应对证券市场虚假陈述纠纷复杂多样的案情，2022年1月21日，《最高人民法院关于审理证券市场虚假陈述侵权民事赔偿案件的若干规定》（以下简称"2022年《虚假陈述司法解释》"）正式出台，代替施行了近二十年的2003年《虚假陈述司法解释》。相比2003年《虚假陈述司法解释》，2022年《虚假陈述司法解释》新增了十五条重要内容，针对虚假陈述司法实践中的一系列突出问题作出了回应，在废除前置程序的基础上，全面修改和完善了虚假陈述行为认定、重大性和交易因果关系认定、过错认定、损失认定、诉讼时效计算等一系列规则，对证券虚假陈述诉讼的司法裁判逻辑体系进行了完善与更新。

（二）2003年《虚假陈述司法解释》

2003年《虚假陈述司法解释》是最高人民法院公布的第一个审理证券虚假陈述责任纠纷的司法解释，它不仅对人民法院审理虚假陈述证券民事赔偿案件具有重要的规范作用，也为我国证券市场稳步健康的发展做出了巨大的贡献。

1. 司法解释的调整和适用范围

2003年《虚假陈述司法解释》调整的是在证券市场上发生的因虚假陈述行为引起的民事赔偿法律关系。

首先，该司法解释仅适用于在证券市场上发生的法律关系。证券市场是资本市场的基础，是有价证券发行与流通及与此相适应的组织与管理方式的总称，包括证券发行市场和交易市场两大部分。发行市场又称一级市场，指证券发行人将其发行的证券出售给投资人的组织系统或场所。交易市场也称二级市场，是指证券发行成功，经主管机关批准后挂牌供投资人交易的组织系统或场所。除上述狭义的证券市场外，广义上的证券市场还包括目前存在的由证券公司代办的股份转让市场及国家批准设立的其他证券市场。证券公司代办的股份转让市场，类似于我国台湾地区的柜台交易中心，它的存在一是为不具备主板上市条件的公司提供融资，以及为投资人提供投资机会；二是为从主板市场退市的上市公司给投资人提供股份转让场所。国家批准设立的其他证券市场，是指将来可能设立的创业板市场，这与美国的纳斯达克市场和日本的佳斯达克市场类似，它们主要是为新设立的中小公司提供创业融资服务和资源配置，也为投资人提供投资机会和场所。在上述国家批准设立的证券市场以外的其他非法市场，如私募和转让私募股份的市场，发生侵权行为引起的民事关系，不属于2003年《虚假陈述司法解释》的调整和适用范围。

其次，其调整的是因虚假陈述行为引起的民事赔偿法律关系。根据证券相关法律规定，在证券发行和交易市场发生的各种侵权行为，统称证券市场欺诈行为，主要包括虚假陈述、内幕交易、操纵市场、欺诈客户四大类。证券相关法律对虚假陈述的民事责任条款规定得相对较多，而几乎没有涉及其他各种侵权行为的民事责任；虚假陈述行为必须通过某种载体反映和表现，而其他行为多是以行动进行，故而虚假陈述远比其他行为容易认定和判断；虚假陈述行为危害的是证券市场的基石和证券法律制度的核心——信息披露制度；虚假陈述行为是证券市场各种违法行为的最基本形态，其他违法行为多半以它为依托而共同发生；现实中，虚假陈述行为是证券市场发生最多的侵权行为，也是截至目前受到行政查处最多的侵权行为。基于上述原因，人民法院选择了虚假陈述行为作为介入证券市场，建立和完善侵权民事责任制度的突破口。对其他证券市场民事侵权行为，有待各方面条件成熟后再予规定。

最后，其调整的是民事侵权赔偿法律关系。侵权行为法是民法的重要组成部分，也是调整经济关系、规范经济活动的基本法律。它通过对侵权行为的判断和否定，一方面追究侵权行为人的民事责任，对受侵害之人的人身权利和财产权利进行补救和赔偿；另一方面通过对人身权和财产权的有效保护，为经济生活中的民事主体提供了行为标准。2003年《虚假陈述司法解释》属于侵权行为法范畴，调整的是证券市场因虚假陈述行为侵害了投资人财产权而发生的民事侵权赔偿法律关系。该法律关系是因财产权益被侵害而产生，包含了虚假陈述行为人、虚假陈述行为、各种为法律所保护的证券市场行为主体的权益、投资损失与虚假陈述行为之间因果关系、虚假陈述行为人归责、赔偿范围和损失计算等法律内容。证券市场中，非因侵权行为而是因合同和协议产生的民事法律关系则不属于该司法解释调整范围。

2. 司法解释的主要内容

关于管辖。2003年《虚假陈述司法解释》采用的是集中且提级的管辖方式，即第八条规定："虚假陈述证券民事赔偿案件，由省、自治区、直辖市人民政府所在的市、计划单列市和经济特区中级人民法院管辖。"这么规定的原因是，最高院充分预计到此类案件数量众多，影响重大且范围广，如果不采用集中管辖的方式，可能会导致此类案件在全国各地法院"遍地开花"。同时，最高院也考虑到此类案件专业程度高，审理难度大，故有必要让审判能力和专业程度较高的中级人民法院审理一审案件，确保案件审理质量和专业性。

关于诉讼方式问题。2003年《虚假陈述司法解释》采用共同诉讼的方式。第十三条规定："多个原告因同一虚假陈述事实对相同被告提起的诉讼，既有单独诉讼也有共同诉讼的，人民法院可以通知提起单独诉讼的原告参加共同诉讼。多个原告因同一虚假陈述事实对相同被告同时提起两个以上共同诉讼的，人民法院可以将其合并为一个共同诉讼。"这样规定是因为证券虚假陈述责任纠纷往往原告人数巨大，成百上千都很常见。如果针对每个原告一一开庭审理，将严重浪费司法资源，耗时巨大。因此，将案件批量处理、合并审理是高效且合理的。

关于诉讼程序。2003年《虚假陈述司法解释》第六条第一款规定了前置程序："投资人以自己受到虚假陈述侵害为由，依据有关机关的行政处罚决定或者人民法院的刑事裁判文书，对虚假陈述行为人提起的民事赔偿诉讼，符合民事诉讼法第一百零八条规定的，人民法院应当受理。"该规定意味着，人民法院受理虚假陈述纠纷案件的前提条件是有关机关对虚假陈述行为作出行政处罚决定或者人民法院对虚假陈述行为作出刑事判决,即行政处罚或刑事判决前置。证券虚假陈述责任纠纷的案情复杂,最高院将行政处罚或刑事判决作为受理条件,使得人民法院在审理案件时能够直接将行政处罚或刑事判决确定的事实认定为案件事实,显著降低案件审理难度,便于人民法院快速高效审理案件。这是最高院结合当时人民法院审理能力作出的合理规定。同时,由于行政处罚或刑事判决认定的事实的存在,原告起诉时的举证责任也大大减轻,这有利于保护投资者的利益。

关于举证责任。上文提到由于行政处罚或刑事判决认定的事实的存在,原告起诉时的举证责任大大减轻。根据2003年《虚假陈述司法解释》第六条第二款的规定,原告除了需要提交证明自己作为投资者的身份证明材料和证明自己损失的交易凭证外,仅需要提交行政处罚决定或者公告,或者人民法院的刑事裁判文书,即完成了全部举证责任。至于原告的投资损失是否与被告存在因果关系等复杂疑难点则需要被告进行证明。这样分配举证责任,是因为在证券虚假陈述责任纠纷中,原告基本都是普通投资者,在被告上市公司面前显然处于弱势地位且缺乏专业性。如果按照"谁主张谁举证"的一般举证责任原理,将举证责任全部置于原告投资者,对于投资者要求显然过高,事实上压制了投资者的索赔意愿。这与司法解释保护投资者合法权益的出发点是背道而驰的。

关于虚假陈述的认定。2003年《虚假陈述司法解释》第十七条规定:"证券市场虚假陈述,是指信息披露义务人违反证券法律规定,在证券发行或者交易过程中,对重大事件作出违背事实真相的虚假记载、误导性陈述,或者在披露信息时发生重大遗漏、不正当披露信息的行为。"该条明确规定,虚假陈述是信息披露违法违规行为。具体而言,该条规定列举的具体虚假陈述行为,即"虚假记载""误导性陈述""重大遗漏""不正当披露信息",与当时施行的1998年《证券法》第五十九条规定的"不得有虚假记载、误导性陈述或者重大遗漏"基本相对应。此外,第十七条对列举的虚假陈述行为都进行了明确定义。

关于因果关系。在2003年《虚假陈述司法解释》出台前,我国证券法律没有对如何证明侵权行为与投资人损失之间的因果关系作出明文规定。对因果关系的认识,国内学者普遍采用了源于美国的市场欺诈理论和信赖推定原则。该理论和原则是指,虚假陈述行为的发生,欺诈的是整个证券市场;投资人因相信证券市场是真实的、证券价格是公正合理的而进行投资,因此其无须证明自己是信赖了虚假陈述行为才作出的投资;只要证明其所投资证券的价格受到虚假陈述行为影响而不公正,即可认定投资人的损失与虚假陈述行为之间存在因果关系。2003年《虚假陈述司法解释》不仅吸收了市场欺诈理论和信赖推定原则，而且根据我国国情，丰富和发展了确定虚假陈述行为与投资损失间因果关系的理论。2003年《虚假陈述司法解释》根据诱多型虚假陈述对市场和投资人影响的模型，分析和确定了行为与损失之间的因果关系。根据司法解释的规定，投资人所投资的必须是与虚假陈述直接关联的证券，只有在虚假陈述实施日及以后，至揭露日或者更正日买入该证券，投资人在虚假陈述揭露日或者更正日及以后，因卖出该证券发生亏损，或者因持续持有该证券而产生亏损，其投资损失与虚假陈述行为才具有因果关系。实施日前或揭露日（或者更正日）后进行的投资，以及在揭露日（或者更正日）前已经卖出证券的，投资者的投资损失都与虚假陈述行为不具有因果关系。

关于损失赔偿范围。2003年《虚假陈述司法解释》坚持从基本国情和证券市场现状出发，确立了民事赔偿的价值取向：兼顾市场主体各方合法权益，依法追究虚假陈述行为人的民事赔偿责任，有效填补投资人的合理损失，从而预防和遏止侵权行为的发生，依法规范证券市场秩序。在证券交易市场承担民事赔偿责任的范围是投资人因虚假陈述实际发生的损失，包括投资差额损失、投资差额损失部分的佣金和印花税，以及该两项资金自买入至卖出证券日或者基准日的按银行同期活期存款利率计算的利息损失。

关于投资损失计算。计算投资人的损失，首先须确定虚假陈述被揭露或更正后股价回到摆脱虚假陈述影响的相对正常位置，所要经过的一段合理运行期间。确定合理期间的目的，是将虚假陈述影响股价的因素从其他引起股价波动的因素中分离出来，即虚假陈述行为人只对其虚假陈述致使投资人所发生的损失负赔偿责任。为了确定合理期间的终止时间点，"基准日"的概念被提出。2003年《虚假陈述司法解释》第三十三条第一款规定："投资差额损失计算的基准日，是指虚假陈述揭露或者更正后，为将投资人应获赔偿限定在虚假陈述所造成的损失范围内，确定损失计算的合理期间而规定的截止日期。"至于基准日的确定方法，2003年《虚假陈述司法解释》采用了"交易量确定法"，即"被虚假陈述影响的证券累计成交量达到其可流通部分100%之日"。

（三）2022年《虚假陈述司法解释》

2022年1月21日，《最高人民法院关于审理证券市场虚假陈述侵权民事赔偿案件的若干规定》（以下简称"2022年《虚假陈述司法解释》"）

正式公布并施行，宣告实施近二十年的 2003 年《虚假陈述司法解释》退出历史舞台。

两部证券虚假陈述司法解释相隔近二十年，在这期间，我国证券市场飞速发展，证券种类、市场层次、交易方式都发生了翻天覆地的变化，资本市场的法治建设也日益完善，2003 年《虚假陈述司法解释》中有些内容已落后于相关法律和司法实践，因此，有必要对其进行修改完善，以应对新形势新挑战。2021 年 7 月 6 日，中共中央办公厅、国务院办公厅印发《关于依法从严打击证券违法活动的意见》，要求修改因虚假陈述引发民事赔偿的有关司法解释。在此背景下，2022 年《虚假陈述司法解释》应运而生。

2022 年《虚假陈述司法解释》在整合原司法解释相关内容的基础上，新增了十五条重要内容，全文共计三十五条，分为一般规定、虚假陈述的认定、重大性及交易因果关系、过错认定、责任主体、损失认定、诉讼时效、附则等八个部分。其新增主要内容包括：一是扩大了司法解释的适用范围，除了证券交易所、国务院批准的其他全国性证券交易场所，在依法设立的区域性股权市场中发生的虚假陈述行为，也可参照适用本规定，全面打击证券发行、交易中虚假陈述行为。二是废除前置程序，即人民法院受理虚假陈述民事赔偿案件不再以行政处罚或刑事判决为前提条件，方便了人民群众提起诉讼。三是进一步界定虚假陈述行为的类型，在对虚假记载、误导性陈述和重大遗漏这三种典型虚假陈述行为进行界定的基础上，将未按规定披露的信息进一步区分为虚假陈述、内幕交易和单纯损害股东利益的侵权行为三种类型，并基于实践需要，建立了"预测性信息安全港"制度，鼓励并规范发行人自愿披露前瞻性信息等软信息。在此基础上，对虚假陈述实施日、揭露日和更正日的认定标准做了更具操作性的规定。四是对证券虚假陈述侵权民事责任中的重大性和交易因果关系要件进行了规定，明确了司法认定标准。五是在区分职责的基础上，分别规定了发行人的董监高、独立董事、履行承销保荐职责的机构、证券服务机构的过错认定及免责抗辩事由，体现各负其责的法律精神，避免"动辄得咎"，稳定市场预期。六是在责任主体方面，增加了"追首恶"、重大资产重组交易对方和帮助造假者的民事赔偿责任，在追究"首恶"责任的同时，也打击财务造假行为的各种"帮凶"。七是在损失认定部分，根据市场发展，增加规定了诱空型虚假陈述的处理，完善了损失认定和处理的规则。①

2022年《虚假陈述司法解释》在内容上作出了许多重大修改和创新。其中，有些是回应各界一直以来的强烈呼吁，比如扩大司法解释适用范围、取消前置程序、简化起诉要求；有些是对原有规定进行细化和分类，比如区分诱多型和诱空型虚假陈述、将因果关系细化为交易因果关系和损失因果关系；有些是创造性规定，比如提出"重大性"概念和认定标准，并将重大性作为认定因果关系的前提条件；有些是对原有规定进行优化，比如对虚假陈述的揭露日、基准日、基准价提出更具科学性和可操作性的规定；有些则是针对证券市场的造假乱象顽疾，比如强调对上市公司控股股东、实际控制人的追责，即"追首恶"，以及对证券专业服务机构的追责，即"追帮凶"。总之，这部司法解释充分考虑了中国证券市场近二十年发展积累的经验和教训，内容相当全面且科学合理，对司法实践也具有很强的指导价值，故其一出台就引发各界持续高度关注。

证券虚假陈述是资本市场违法行为的典型形式，也是严重损害投资者合法权益的易发多发行为，依法追究证券虚假陈述相关责任主体的民事责任，是投资者进行权利救济的主要途径。司法解释的修改和发布，是最高人民法院贯彻落实中央对资本市场财务造假"零容忍"要求，依法提高违法违规成本、震慑违法违规行为的重要举措。民事责任制度的充实和完善，进一步强化了资本市场制度供给，畅通了投资者的权利救济渠道，夯实了市场参与各方归位尽责的规则基础，健全了中国特色证券司法体制，为资本市场的规范发展提供了更加有力的司法保障。

二、证券虚假陈述行为的构成要件

首先要明确的一点是，证券虚假陈述行为是侵权行为，证券虚假陈述责任纠纷是侵权法律纠纷。2003年《虚假陈述司法解释》还没有将"侵权"二字明确写在这部司法解释的抬头中，司法解释正文更多是以"民事赔偿""侵害"来描述。不过，时任最高人民法院副院长的李国光在公布这部司法解释的新闻发布会和其他会议上已经用"民事侵权"来为这部司

---

① 人民法院新闻传媒总社：《最高人民法院民二庭负责人就〈最高人民法院关于审理证券市场虚假陈述侵权民事赔偿案件的若干规定〉答记者问》，载中华人民共和国最高人民法院官网2022年1月21日，https://www.court.gov.cn/zixun/xiangqing/343251.html。

法解释定义了。2022年《虚假陈述司法解释》则明确地将"侵权"二字写在这部时隔近二十年修订的司法解释的抬头中。

既然证券虚假陈述侵权民事赔偿责任属于侵权法律关系，那对其分析就要按照侵权法的一般原理来进行，即从行为、结果、因果关系、过错四个要件分别入手。相比传统的侵权纠纷，证券虚假陈述责任纠纷是金融领域的特殊侵权纠纷，其构成要件包含了很多金融元素，需要具体问题具体分析。在这里，笔者首先按照侵权法的一般原理对证券虚假陈述行为的基础四要件进行分析。

（一）侵权行为

2022年《虚假陈述司法解释》第一条规定："信息披露义务人在证券交易场所发行、交易证券过程中实施虚假陈述引发的侵权民事赔偿案件，适用本规定。"也就是说，虚假陈述就是侵权行为。至于具体虚假陈述行为，2022年《虚假陈述司法解释》在第四、五、六条做了具体阐述。

1. 司法解释第四条——内容

该条司法解释规定："信息披露义务人违反法律、行政法规、监管部门制定的规章和规范性文件关于信息披露的规定，在披露的信息中存在虚假记载、误导性陈述或者重大遗漏的，人民法院应当认定为虚假陈述。"

该条司法解释描述的是我们最熟悉的三种传统虚假陈述的类型，即虚假记载、误导性陈述、重大遗漏。这三种虚假陈述都以信息披露义务人违反法律、行政法规、监管部门制定的规章和规范性文件关于信息披露的规定为前提。实际上，这三种虚假陈述行为在《证券法》《上市公司信息披露管理办法》等法律法规中都有体现，只不过2022年《虚假陈述司法解释》第四条进行了明确的分类和定义。

（1）虚假记载

虚假记载是指信息披露义务人披露的信息中对相关财务数据进行重大不实记载，或者对其他重要信息作出与真实情况不符的描述。虚假记载最具代表性的情形就是上市公司披露的定期报告存在财务造假，这也是目前导致上市公司因信息披露违法违规被立案调查和行政处罚最多的原因。

（2）误导性陈述

误导性陈述是指信息披露义务人披露的信息隐瞒了与之相关的部分重要事实，或者未及时披露相关更正、确认信息，致使已经披露的信息因不完整、不准确而具有误导性。常见的误导性陈述情形是上市公司首次公开发行、收购等项目的申报材料隐瞒关联交易、担保等情况。

(3) 重大遗漏

重大遗漏是指信息披露义务人违反关于信息披露的规定，对重大事件或者重要事项等应当披露的信息未予披露。上市公司在定期报告中没有披露重大合同及其履行情况，就属于重大遗漏。

2. 司法解释第五条——程序

该条司法解释规定，"未按照规定披露信息"，是指信息披露义务人未按照规定的期限、方式等要求及时、公平披露信息，构成虚假陈述的，依照本规定承担民事责任。

该条司法解释规定了程序上的虚假陈述行为，即是否在规定期限、按照规定方式进行披露，是否及时披露，是否公平披露。实际上，该条司法解释针对的虚假陈述行为在2003年《虚假陈述司法解释》中被叫作"不正当披露"，与虚假记载、误导性陈述、重大遗漏一起写入2003年《虚假陈述司法解释》第十七条。2022年《虚假陈述司法解释》在第五条将其单列并更名为"未按照规定披露信息"，可见新司法解释将其与第四条进行了区分。相比第四条针对的是内容上的虚假陈述，第五条针对的则是程序上的虚假陈述，两个条文对虚假陈述的侧重点不同。

3. 司法解释第六条——预测性信息

该条司法解释规定："原告以信息披露文件中的盈利预测、发展规划等预测性信息与实际经营情况存在重大差异为由主张发行人实施虚假陈述的，人民法院不予支持，但有下列情形之一的除外：（一）信息披露文件未对影响该预测实现的重要因素进行充分风险提示的；（二）预测性信息所依据的基本假设、选用的会计政策等编制基础明显不合理的；（三）预测性信息所依据的前提发生重大变化时，未及时履行更正义务的。"

该条司法解释是2022年《虚假陈述司法解释》的突破和亮点。2003年司法解释出台后，司法实践中上市公司发布的预测性信息与实际情况存在重大差异导致投资者起诉索赔的案件的审判结果是存在差异的，有驳回也有部分支持。2022年司法解释首次就这个问题进行了专门规定，给出了裁判标准，有望解决这一审判难点。

2022年《虚假陈述司法解释》第六条原则上否定了预测性信息与实际情况存在重大差异就是虚假陈述的观点，规定了三种将重大错误的预测性信息认定为虚假陈述的情况。这三种情况表明，信息披露义务人对预测性信息的风险提示、预测性信息的编制、预测性信息的及时变更是负有义务的。这表明，2022年《虚假陈述司法解释》对预测性信息的态度就是鼓励信息披露义务人披露预测性信息，原则上不认为与实际情况不符的预测性信息构成虚假陈述，但是绝对不允许"报喜不报忧""满嘴跑火车""打一枪就跑"式的不负责任的预测行为。司法解释第六条在免责预测和虚假陈述之间划了一道分界线。一方面，它规定了预测性信息构成虚假陈述的三条标准；另一方面，这三条标准的反面，即充分的风险提示、科学的预测基础、及时更正，就是发行人免受民事追责的"安全港"。这样一个形象的比喻正是著名的预测信息"安全港规则"——一条旨在保障正常预测性信息披露，为符合规则的预测披露行为提供保护，使之免受民事责任追究的法律保护规则。该规则起源于美国证券市场，随后在许多其他国家获得认可和运用。2022年《虚假陈述司法解释》第六条正是预测信息"安全港规则"在我国证券立法活动中的首次运用，意义重大，是2022年司法解释的一大亮点。由于本节重点讨论的是证券虚假陈述的行为本身，预测信息"安全港规则"的相关内容就不在此展开，笔者将会在本章"证券虚假陈述损失赔偿的因素"一节重点介绍预测信息"安全港规则"。

（二）损害结果

信息披露义务人对投资者承担民事赔偿责任的范围就是虚假陈述侵权行为造成的损害结果。2022年《虚假陈述司法解释》第二十五条规定："信息披露义务人在证券交易市场承担民事赔偿责任的范围，以原告因虚假陈述而实际发生的损失为限。原告实际损失包括投资差额损失、投资差额损失部分的佣金和印花税。"该条司法解释中"因虚假陈述而实际发生的损失"就是虚假陈述侵权行为造成的损害结果，这个损害结果具体而言就是投资差额损失及其佣金和印花税。

很显然，虚假陈述侵权行为造成的损害结果的核心就是投资差额损失。这个投资差额损失有两个层面的含义，第一层是账面投资差额损失，即价差，这个价差乘以投资者持有的股数就是投资差额损失，这是名义上的损失；第二个层面是实际因虚假陈述导致的投资损失，这是信息披露义务人最终要向投资者赔偿的损失金额，也是虚假陈述侵权行为真正造成的损害结果。实际因虚假陈述行为导致的损失是在名义上的账面投资差额损失的基础上，扣减与虚假陈述行为无关的因素。因为这些因素都会导致投资损失，所以需要在计算实际因虚假陈述行为导致的投资损失金额时进行扣减。根据2022年《虚假陈述司法解释》第三十一条的规定，这样与虚假陈述行为无关的因素具体包括他人操纵市场、证券市场风险、证券市场对特定事件的过度反应、上市公司内外部经营环境等。总的来说，名义损失与实际损失的关系类似毛利润和净利润的关系，就像毛利润在减去其他各种成本和税收后才是净利润一样，名义损失在减去与虚假陈述行为无关的因素所导致的损失后才是实际因虚假陈述导致的损失，才是最终因虚假陈述侵权行为导致的损害结果。

需要明确的是，如此定义因虚假陈述侵权行为导致的损害结果并计算其金额体现的正是侵权法的"损失填平原则"，这再次明确了证券虚假陈述责任纠纷属于侵权纠纷的基本原理。侵权纠纷与合同纠纷不同，在合同纠纷中，各方自行约定的违约金并不以违约方造成的实际损失为限；而在侵权纠纷中，侵权方承担的赔偿责任则不能高于被侵权方实际受到的损失。

（三）因果关系

因果关系认定是证券虚假陈述侵权纠纷中的重点和难点。在证券虚假陈述责任纠纷中，因果关系认定是被告（虚假陈述行为人）对原告投资损失承担责任的逻辑链上的关键一环，是虚假陈述行为人承担责任的基础。虽然因果关系至关重要，但是仅根据侵权法的传统基础理论便在证券虚假陈述侵权纠纷中判定投资损失与虚假陈述存在因果关系几乎是不可能完成的任务。判定证券虚假陈述因果关系的难点在于，证券虚假陈述侵权与传统的以物理动作致人损害的侵权行为不同，侵权人与被侵权人并不直接产生关联，并不存在"面对面"的直接侵权行为。此外，被侵权人是基于对侵权人的信赖作出投资决策，继而遭受损失，这种信赖难以达到传统侵权理论中因果关系的标准。因此，要想在虚假陈述与投资损失之间搭建因果关系的桥梁，必须在传统侵权法理论的基础上进行理论创新来解决。这方面，美国最早提出的"欺诈市场理论"很好地解决了因果关系认定的难题。"欺诈市场理论"对于虚假陈述行为与投资损失之间的因果关系，主要是通过推定的方式加以认定，即在满足一定的条件下，直接推定虚假陈述行为与投资损失之间存在因果关系。

1. 传统因果关系理论

关于侵权行为与损害结果之间的因果关系问题，理论上有多种学说。目前我国学术界和司法界均采用的是相当因果关系说，即认为某一事实在一般情况下，依照一般的社会经验和社会观念认为能够导致某一结果的，可以认为存在因果关系。相当因果关系说要求法官判明侵权行为与损害结果在通常情形下存在联系的可能性，这种判断不是主观臆断，而是在当时社会所达到的平均知识和经验水平下，一般人认为在同样情况下有发生同样结果的可能性。这里的关键在于，与损害结果具有因果关系的侵权行为是发生损害结果必不可少的条件，而不只是在特定条件下偶然引起损害结果。总结一下就是，确定侵权行为与损害结果之间是否有因果关系，要以行为发生时的一般社会经验和知识水平为标准判断该行为是否有引起该损害结果的可能性。若实际上该侵权行为确实引起了该损害结果，那么该侵权行为就能被认定为与损害结果存在因果关系。

相当因果关系理论作为传统侵权法理论，强调行为与结果之间的事实联系。然而，这难以适用于论证证券虚假陈述责任纠纷的因果关系。首先，证券市场纷繁复杂，市场行情和股票价格受到的影响来源众多，发行人、上市公司的虚假陈述行为与投资人的股票损失之间是否存在必然联系是不确定的。其次，抛开其他因素，单对虚假陈述和投资损失之间因果关系链条上的多个"事实扣"进行梳理：行为人实施虚假陈述行为——受害者因虚假陈述而实施投资行为——证券价格因虚假陈述行为被扭曲——虚假陈述行为暴露后证券价格波动——受害者持有的证券因价格波动而遭受投资损失。受害者显然无法完全靠自己的能力完成如此复杂的举证工作，乃至无法证明其投资损失与虚假陈述行为存在因果关系。1998年12月，上海股民姜某以虚假陈述侵权状告虚假陈述行为人，法院以姜某的损失与被告的虚假陈述行为之间"不存在因果关系"为由驳回了姜某的诉讼请求。由此看来，传统的侵权法理论的因果关系理论无法完成证券虚假陈述责任纠纷中因果关系的论证。

2. 欺诈市场理论

欺诈市场理论可以简单表述为：在一个公开有效的证券市场中，公司的股票价格是由与该公司有关的所有可获知的重大信息决定的。[1] 虚假陈述的内容作为一种公开信息必然会在相关股票的价格中得到反映。投资人信赖市场价格的趋势进行投资，而其信赖的市场价格反映了虚假陈述的信息。所以，投资人即使不是直接信赖虚假陈述而作出投资决策，也会受反映了虚假陈述的价格的影响而投资。换言之，具备重大性的虚假陈述行为必定为相关证券的市场价格所反映，此时的价格是不公正的，而许多信赖该价格为公正价格而进行交易的无辜投资人因而遭受损失。因此，可以通过欺诈市场理论推导出投资人基于对有效市场中证券价格的信赖进行投资所受损害与虚假陈述行为之间存在因果关系。

欺诈市场理论是证券侵权纠纷理论的重大突破，它几乎解开了虚假陈

---

[1] 李国光主编：《最高人民法院关于审理证券市场虚假陈述案件司法解释的理解与适用》，人民法院出版社2015年版，第249页。

述因果关系链条上所有难解的"事实扣",通过推定的方式确定因果关系。该理论将推定因果关系成立的条件聚焦于两点:第一,与虚假陈述有关的证券在一个信息充分公开且有效率的证券市场进行交易;第二,行为人确实作出了重大且足以影响投资决策的虚假陈述行为。这样,因果关系的证明难度就大大降低了。首先,涉及虚假陈述的证券一般都是在全国性甚至全球性的大型证券交易所交易的,信息显然是充分公开且有效率的。其次,虚假陈述行为通常都会引起股价剧烈波动并且相关责任主体会受到监管机构的处罚,这显然表明虚假陈述行为具有重大性。同时,欺诈市场理论推定投资者对于虚假陈述具有"合理信赖",即所谓"推定信赖"。这种推定的基础就是买主在公开有效的交易市场购买的股票,其价格是有效设定的。这样,就能通过买主对市场价格的信赖,推定出买主对虚假陈述的信赖。

欺诈市场理论最早在 1975 年美国的 Blackie v. Barrack 案中得到应用。[①] 该案被告在年报中对公司财务状况作出了重大虚假陈述,真相披露后公司股价迅速下跌。法院认为股票交易所的买主通常信赖这样一项假定,即公开市场的价格是有效设定的,且没有任何无法察觉的操纵行为在影响价格。因此,买主间接地信赖作为股价基础的陈述的真实性——无论他知道与否,他支付的价格反映了重大虚假陈述。要求每一位买主都直接证明其在购买证券的时候信赖了某项特定的陈述,将会使那些间接信赖的买主无法得到补偿。因此,只要原告证明他通过证券交易所购买了股票,以及相关虚假陈述信息是重大的,就足以证明因果关系了。法院在该案的判决中直接适用欺诈市场理论,引起了广泛争论,理论界、实务界进行了深度研究与讨论。

美国联邦最高法院于 1988 年在 Basic Inc. v. Levinson 案中正式采用了欺诈市场理论。[②] 美国联邦最高法院认为,现代证券交易市场的交易方式重视的是证券的流通性,属于非特定个人之间的有效市场。市场成为买方与卖方的中介,通过股票价格传递信息,并告知投资人,基于所有已提供的信息,股票价格就是市场价格。该案原告交易股票,完全是基于对诚实市场价格的信赖,但是被告虚假陈述的行为扭曲了公司股票价格,导致原

[①] 李国光主编:《最高人民法院关于审理证券市场虚假陈述案件司法解释的理解与适用》,人民法院出版社 2015 年版,第 247 页。

[②] 李国光主编:《最高人民法院关于审理证券市场虚假陈述案件司法解释的理解与适用》,人民法院出版社 2015 年版,第 248 页。

告作出错误决策。在一个有效率的证券交易市场，任何能够获得的信息都能够迅速反映在股价上。因此，在这样一个非特定个人之间有效率的市场中，仍然要求原告必须举证证明其信赖了被告的虚假陈述，实在没有必要且脱离实际。综上，美国联邦最高法院认为被告的虚假陈述行为与原告的投资损失存在因果关系并判决原告胜诉。该案原告胜诉的关键在于：第一，被告实施了虚假陈述行为；第二，该虚假陈述行为具有重大性；第三，相关证券是在一个有效率的证券市场挂牌交易的；第四，原告交易的时间位于虚假陈述实施后到虚假陈述被揭露之间。

3. 我国司法解释对因果关系的规定

我国的证券虚假陈述司法解释从起步就运用了起源于美国的欺诈市场理论来推定因果关系。2003年《虚假陈述司法解释》首先将"证券市场"定义为"发行人向社会公开募集股份的发行市场，通过证券交易所报价系统进行证券交易的市场，证券公司代办股份转让市场以及国家批准设立的其他证券市场"，同时排除了在国家批准设立的证券市场以外进行的交易和在国家批准设立的证券市场上通过协议转让方式进行的交易。就具体的因果关系，2003年《虚假陈述司法解释》第十八条规定："投资人具有以下情形的，人民法院应当认定虚假陈述与损害结果之间存在因果关系：（一）投资人所投资的是与虚假陈述直接关联的证券；（二）投资人在虚假陈述实施日及以后，至揭露日或者更正日之前买入该证券；（三）投资人在虚假陈述揭露日或者更正日及以后，因卖出该证券发生亏损，或者因持续持有该证券而产生亏损。"同时，该司法解释第十九条否定了原告具有以下情形时的因果关系：在虚假陈述揭露日或更正日前卖出和揭露日或更正日后买入的交易行为，明知虚假陈述存在而交易，损失或者部分损失是由证券市场系统风险等其他因素所导致，以及恶意投资、操纵证券价格。上述规定符合了欺诈市场理论的要点，即相关证券在有效率的证券交易市场交易，原告因信赖上市公司披露信息的真实性而交易，以及原告交易的时间位于虚假陈述实施后到虚假陈述被揭露或更正之间。

2022年《虚假陈述司法解释》继续沿用"欺诈市场理论"，对因果关系作出规定，并进行了改进和细化。2022年《虚假陈述司法解释》在2003年《虚假陈述司法解释》的基础上，将因果关系进一步细化为交易因果关系和损失因果关系，这是证券纠纷因果关系理论的重大进步。同时，2022年《虚假陈述司法解释》对重大性进行了专门规定，使之独立于因果关系条款。

首先是交易因果关系和损失因果关系。2003年《虚假陈述司法解释》

对因果关系进行统一规定，2022年《虚假陈述司法解释》则将虚假陈述导致投资损失的因果关系分为两层。首先是投资者因信赖虚假陈述的真实性而实施了投资行为，这就是交易因果关系；其次是投资者在实施投资行为后持有的股票在虚假陈述行为被揭露或被更正后的股价波动中遭受损失，这就是损失因果关系。很显然，欺诈市场理论更多在交易因果关系中得到体现，而损失因果关系针对的是在投资者的投资损失中扣除与虚假陈述无关的因素，这一点在前文2022年《虚假陈述司法解释》第三十一条进行了说明，这里不再赘述。

其次是重大性。2003年《虚假陈述司法解释》没有对虚假陈述的重大性进行规定，这是因为2003年《虚假陈述司法解释》设置了诉讼前置程序，诉讼以行政处罚或刑事判决为前提，自然不需要对重大性进行判断。在此情况下，虚假陈述的重大性得到了直接认定。然而，2022年《虚假陈述司法解释》取消了前置程序，响应了持续多年"废除前置程序"的呼吁。在此情况下，就虚假陈述是否具有重大性进行明确规定是必不可少的，否则以欺诈市场理论为基础的证券虚假陈述因果关系链条将不完整。2022年《虚假陈述司法解释》将虚假陈述行为未导致相关证券交易价格或者交易量明显变化作为否认虚假陈述行为具有重大性的依据，从反方向指出证券交易价格或者交易量明显变化是虚假陈述行为具有重大性的实质条件。

因果关系的细化和重大性的提出是2022年《虚假陈述司法解释》的重大亮点，体现了与时俱进的特点。本节从侵权行为构成要件的角度论述了因果关系的理论基础，并简述了我国证券虚假陈述司法解释有关因果关系内容的变迁。至于对2022年《虚假陈述司法解释》有关交易因果关系、重大性、损失因果关系具体规定的分析，以及相关案例的解读，笔者将留到本章"证券虚假陈述损失赔偿的因素"一节进行详细叙述，这里就不展开了。

（四）过错

证券虚假陈述侵权行为不是无过错侵权行为，过错是必备的侵权行为构成要件，没有过错也就不必承担赔偿责任。2003年《虚假陈述司法解释》与2022年《虚假陈述司法解释》都对虚假陈述责任主体的过错进行了规定，2003年《虚假陈述司法解释》的规定相对笼统，而2022年《虚假陈述司法解释》对于不同责任主体的过错规定更加细化，并且对无过错情况进行了具体规定。

2003年《虚假陈述司法解释》笼统规定了归责原则，即发行人、上市公司、董事、监事、高级管理人员对投资损失承担连带责任，但有证据证明无过错的，应予免责。在没有"无过错"具体规定的情况下，发行人、上市公司、董事、监事、高级管理人员的无过错抗辩一般难以得到人民法院的支持，这是因为2003年《虚假陈述司法解释》将行政处罚和刑事责任作为起诉的前提条件。在此情况下，上述责任主体的无过错抗辩就显得几乎没有意义，所以往往被判决对全部赔偿承担连带责任。

相比之下，2022年《虚假陈述司法解释》对虚假陈述行为人的过错和认定标准作出了更细致的规定，并且明确规定了各类涉案责任主体的无过错情形。

对于过错的定义，2022年《虚假陈述司法解释》第十三条以《证券法》第八十五条、第一百六十三条为依据，将过错分为故意和过失两种情形，即行为人故意制作、出具存在虚假陈述的信息披露文件，或者明知信息披露文件存在虚假陈述而不予指明、予以发布；行为人严重违反注意义务，对信息披露文件中虚假陈述的形成或者发布存在过失。

对于各类违法主体的过错认定标准和无过错标准，2022年《虚假陈述司法解释》对发行的董监高、独立董事、保荐承销机构、证券服务机构（其中会计师事务所单列）的过错认定标准和无过错标准分别作出了详细的规定，在司法实践过程中具有可操作性。需要注意的是，这里不包括对发行人、上市公司的过错认定标准和无过错标准，这是因为作为证券虚假陈述的第一责任人，发行人、上市公司信息披露违法违规，发布虚假陈述的信息是毫无疑问具有过错的。如果连发行人、上市公司都没有过错，那证券虚假陈述就根本不存在了。

1. 董事、监事、高级管理人员

2022年《虚假陈述司法解释》第十四条规定："发行人的董事、监事、高级管理人员和其他直接责任人员主张对虚假陈述没有过错的，人民法院应当根据其工作岗位和职责、在信息披露资料的形成和发布等活动中所起的作用、取得和了解相关信息的渠道、为核验相关信息所采取的措施等实际情况进行审查认定。"就认定标准而言，该条司法解释继续规定："前款所列人员不能提供勤勉尽责的相应证据，仅以其不从事日常经营管理、无相关职业背景和专业知识、相信发行人或者管理层提供的资料、相信证券服务机构出具的专业意见等理由主张其没有过错的，人民法院不予支持。"

2022年《虚假陈述司法解释》第十四条这样具体到位的规定是最高

人民法院总结了过往多年司法案例中董事、监事、高级管理人员常见的无过错抗辩事由而提炼出的，具有极强的可操作性。第十四条将董事、监事、高级管理人员过往常用的免责借口，例如不参与管理、不懂专业知识、相信相关资料等彻底驳回，倒逼他们在经营管理上市公司的过程中真正勤勉尽责，而不是流于形式，具有很强的积极意义。

为了让2022年《虚假陈述司法解释》第十四条的无过错认定标准具有可操作性，该司法解释第十五条从正面规定了董事、监事、高级管理人员能够免责的情形，即"发行人的董事、监事、高级管理人员依照证券法第八十二条第四款的规定，以书面方式发表附具体理由的意见并依法披露的，人民法院可以认定其主观上没有过错，但在审议、审核信息披露文件时投赞成票的除外。"该条司法解释的意思非常明确，就是以书面方式针对上市公司披露的信息发表附具体理由的意见是证明董事、监事、高级管理人员勤勉尽责的有效方式，一旦上市公司发布的信息存在虚假陈述，发布有效意见的董事、监事、高级管理人员没有过错，是可以免责的。不过，该条司法解释留了一个"尾巴"，就是董事、监事、高级管理人员一旦在审议、审核信息披露文件时投赞成票，他们发布有效意见的"保护作用"就消失了。这是因为，上市公司正式披露的文件信息具有最高的效力等级，是投资者合理信赖的根本，董事、监事、高级管理人员在审议、审核这些文件时投赞成票表明了他们的最终态度，当然也就推翻了自己已发布的意见。总的来说，2022年《虚假陈述司法解释》第十五条的重点在于"尽责"，毕竟对于董事、监事、高级管理人员来说，证明其"勤勉"确实比较困难，而尽责则是相对更容易具体化的情形。

在过往的司法案例中，上市公司的董事长、总经理、财务总监通常是被认定为具有过错的"高危人群"。他们在上市公司中拥有很大权力，在经营管理过程中起着至关重要的作用，除非他们采取了实际有效的行动阻止虚假信息的披露，否则被认定存在过错是板上钉钉的结果，无法逃避赔偿责任。

2. 独立董事

2003年《虚假陈述司法解释》没有对独立董事在发行人、上市公司证券虚假陈述行为中的过错进行单独认定，所以独立董事的过错和责任是参照董事、监事、高级管理人员的。相比之下，2022年《虚假陈述司法解释》第十六条以极长的篇幅详细规定了独立董事没有过错的情形，一方面这是因为法律界对于独立董事职权和责任的认识逐渐清晰，另一方面也是因为受到当时"康美药业证券虚假陈述责任纠纷案"（以下简称"康美药业案")中独立董事被按比例判处连带责任的影响。因此，2022年《虚假陈述司法解释》对独立董事无过错的情形作出了具体而详细的规定。

在2022年《虚假陈述司法解释》正式出台前几个月，广州市中级人民法院就备受关注的"康美药业案"作出一审判决，该案作为证券虚假陈述特别代表人第一案引发了巨大轰动，创下了多个"第一"。其中，在康美药业存在虚假记载报告上签字的独立董事被按比例判处承担连带赔偿责任的判决结果在业界引起震动。涉案独立董事拿着与赔偿责任极不匹配的津贴，却要为康美药业的虚假陈述行为承担天文数字的赔偿责任，这给许多上市公司的独立董事带来极大危机感，以至于该案判决生效后，不少上市公司独立董事提出离职。该案引发了业界对独立董事制度的深刻思考，也间接推动了最高人民法院在2022年《虚假陈述司法解释》中，就有关独立董事应承担的责任和无过错标准作出详细规定。

2022年《虚假陈述司法解释》第十六条规定："独立董事能够证明下列情形之一的，人民法院应当认定其没有过错：（一）在签署相关信息披露文件之前，对不属于自身专业领域的相关具体问题，借助会计、法律等专门职业的帮助仍然未能发现问题的；（二）在揭露日或更正日之前，发现虚假陈述后及时向发行人提出异议并监督整改或者向证券交易场所、监管部门书面报告的；（三）在独立意见中对虚假陈述事项发表保留意见、反对意见或者无法表示意见并说明具体理由的，但在审议、审核相关文件时投赞成票的除外；（四）因发行人拒绝、阻碍其履行职责，导致无法对相关信息披露文件是否存在虚假陈述作出判断，并及时向证券交易场所、监管部门书面报告的；（五）能够证明勤勉尽责的其他情形。"

很显然，2022年《虚假陈述司法解释》积极回应了"康美药业案"引发的"独立董事危机"。从该司法解释来看，不能用同样的标准来衡量独立董事的过错与董事、监事、高级管理人员的过错，因此第十六条规定了许多否定独立董事存在过错的情形，进而使独立董事在证券虚假陈述责任纠纷中免于因发行人、上市公司的虚假陈述行为而承担民事赔偿责任。一般来说，独立董事的过错是没有董监高的过错那么严重的。独立董事不直接参与发行人、上市公司的日常经营管理，而是发挥监督职能，因此并不是虚假陈述行为的直接实施人员。在2022年《虚假陈述司法解释》出台后，国务院于2023年最新出台的《国务院办公厅关于上市公司独立董事制度改革的意见》（以下简称《独立董事改革意见》）明确规定："独立董事作为上市公司董事会成员，对上市公司及全体股东负有忠实义务、勤勉义务，在董事会中发挥参与决策、监督制衡、专业咨询作用，推动更好实现董事会定战略、作决策、防风险的功能。"在此基础上,《独立董事改革意见》进一步明确了独立董事的职权和责任:"按照责权利匹配的原则,兼顾独立董事的董事地位和外部身份特点,明确独立董事与非独立董事承担共同而有区别的法律责任,在董事对公司董事会决议、信息披露负有法定责任的基础上,推动针对性设置独立董事的行政责任、民事责任认定标准,体现过罚相当、精准追责。"

2022年《虚假陈述司法解释》第十六条很好地体现了"独立董事与非独立董事承担共同而有区别的法律责任"这一原则,这有利于独立董事积极履责并穷尽专业咨询,及时异议并监督整改;对于独立董事在履职中受阻,无法判断信息披露文件是否存在虚假陈述时及时进行书面报告的行为予以保护;积极厘清了独立董事的权责边界,避免了独立董事被施加与董事、监事、高级管理人员相同的过错标准,承担同等级别的民事赔偿责任。可以说,这是在独立董事过错认定和责任划分方面的重大进步,有效缓解了独立董事的职业危机感。

3. 保荐机构、承销机构

在近些年的证券虚假陈述责任纠纷案中,保荐机构、承销机构被原告投资者列为共同被告的情况越来越普遍,且往往被判决承担连带赔偿责任,这给保荐机构、承销机构带来了极大压力。在以往不少案例中,保荐机构、承销机构被判决与发行人、上市公司共同承担连带赔偿责任。这样的过错认定方式存在不合理之处,确实过度加重了保荐机构、承销机构的责任。因此,2022年《虚假陈述司法解释》较为明确地规定了保荐机构、承销机构的无过错情形。

根据2022年《虚假陈述司法解释》第十七条的规定,能够证明保荐机构、承销机构没有过错的关键是尽职调查工作底稿、尽职调查报告、内部审核意见等材料。如果这些材料能够证明保荐机构、承销机构对发行人、上市公司信息披露文件的相关内容进行了审慎调查和独立判断,有合理理由排除职业怀疑并形成合理信赖,那么保荐机构、承销机构就能被人民法院认定为没有过错。

2022年《虚假陈述司法解释》第十七条一方面为保荐机构、承销机构设置了保护机制,另一方面向保荐机构、承销机构进一步明确了尽职调查工作底稿、尽职调查报告、内部审核意见等原始资料及独立核查、实质审查的重要性。这些材料必须能体现保荐机构、承销机构对发行人、上市公司信息披露文件的相关内容进行了实质审查,而非仅仅符合形式审查的要求。特别是对于信息披露文件中其他证券服务机构出具的专业意见,保荐机构、承销机构不能"照单全收"，必须亲自调查、审核，排除合理怀疑。

自2004年以来，我国在证券一级市场上实行保荐人制度，由此形成了保荐人全面核验、证券服务机构对各自工作负责的责任格局。保荐人有义务保证发行人的所有申请文件和信息披露资料真实完整，不存在虚假陈述。因此，保荐人的责任范围不仅限于己方出具的保荐书，还要负责协调其他中介机构的工作并对他们出具的专业意见进行全面审核。

在近几年的证券虚假陈述责任纠纷案中，有不少保荐机构、承销机构抗辩的理由就是相关报告依据了其他中介机构的专业意见。例如，某公司提出抗辩，认为其对于发行人财务状况的尽职调查结果是依据会计师事务所出具的审计报告作出的，其已按照一般的尽职调查程序对涉案公司进行了尽职调查，履行了对财务核查的普通注意义务。然而，法院认为，某公司仅仅是在程序上完成了财务尽职调查，过于信赖其他中介机构的报告，并未对发行人可能存在的风险进行核查、复核而排除合理怀疑，也未将相关风险作为重大事项写入核查意见。因此，法院认定，某公司作为承销商审慎核查不足，专业把关不严，未勤勉尽职，存在重大过错，应当对投资者的损失承担连带责任。

4. 其他证券服务机构

2022年《虚假陈述司法解释》第十八条、第十九条对其他证券服务机构的过错情形进行规定，特别是对会计师事务所的无过错情况进行了详细规定。这两条司法解释对于包括会计师事务所在内的证券服务机构是否存在过错的认定也分为两个层面。首先，对证券服务机构自身出具的文件，要以工作底稿为相关证据，按照法律法规、部门规章、行业规范对工作内容和程序的要求，认定机构是否存在过错，限于证券服务机构的工作范围和专业领域；其次，对于证券服务机构依赖其他机构专业意见的情况，司法解释再次明确，必须经过审慎核查和必要调查、复核，排除职业怀疑并形成合理信赖。

相比保荐、承销机构，其他证券服务机构的责任没有大到负责协调其他中介机构的工作并对他们出具的专业意见进行全面审核的地步，但依然要在自身工作范围和专业领域方面对自己出具的文件全面负责，对所需依赖的其他服务机构的意见要排除职业怀疑并形成合理信赖。因此，各类证券服务机构的责任逻辑是一致的。

在其他证券服务机构中，会计师事务所一直以来是发行人、上市公司证券虚假陈述的重大责任人。这是因为财务数据在所有要披露的信息中占据核心位置，也是最容易引起投资者关注的信息，而会计师事务所对财务数据的审计责无旁贷。相比其他服务机构，会计师事务所出具的审计报告的结论是标准化的，一般分为"标准无保留意见""保留意见""否定意见""无法表示意见"四种。只有"标准无保留意见"表明会计师事务所对于财务数据完全认可，其他几种意见都会引起证券市场的警惕，起到足够的警示作用。因此，2022年《虚假陈述司法解释》第十九条第三款专门规定，会计师事务所对于舞弊迹象提出警告并在审计报告中发表审慎审计意见的，人民法院应当认定其没有过错。这一方面表明，会计师事务所必须慎重发表审计意见，一旦发表了"标准无保留意见"，过错认定的风险会大幅提升；另一方面也表明，发表审慎审计意见是会计师事务所免于过错认定的重要途径，这能有效督促会计师事务所保持独立审计的地位，真正尽到证券市场"看门人"的职责。

三、证券虚假陈述的诉讼制度和程序性规定

2022年《虚假陈述司法解释》在适用范围和诉讼程序方面的突破是其重大亮点，也是与时俱进的亮点。2022年《虚假陈述司法解释》扩大了适用范围、衔接证券代表人诉讼制度、取消诉讼前置程序，适应了证券市场发展的需要，响应了各界的呼吁。

2022年《虚假陈述司法解释》的适用范围从股票和债券扩大到了各类证券、证券投资基金、资产管理产品等。这样的变化适应了这二十年来中国证券市场快速发展、证券产品日益丰富、投资热度和维权需求高涨的现实。

2022年《虚假陈述司法解释》延续了证券代表人诉讼制度，极大地便利了投资者在受到虚假陈述侵害后的维权索赔，有利于人民法院审理证券虚假陈述责任纠纷案，更是有力地震慑了证券市场虚假陈述行为，产生了极大的影响力。

2022年《虚假陈述司法解释》响应了各界取消诉讼前置程序的呼吁。诉讼前置程序作为2003年《虚假陈述司法解释》的一项重要诉讼制度，在施行过程中起到过辅助人民法院审理案件的积极作用。然而随着证券市场虚假陈述民事赔偿诉讼需求的大幅增加和案件情况的愈发复杂，前置程序对虚假陈述民事赔偿诉讼的束缚愈发明显。随着诉讼前置程序的取消，投资者起诉维权的限制被解除，索赔积极性得到保护；人民法院不再完全

以行政处罚为依据认定案件事实，而是全面、独立和深入审理各类案件事实，这有助于提升案件审理质量。

（一）调整对象

2022年《虚假陈述司法解释》与2003年《虚假陈述司法解释》相隔近二十年，这期间，中国证券市场发展日新月异，证券种类、市场层次、交易方式都发生了天翻地覆的变化，《证券法》也被修订了多次。作为证券虚假陈述司法解释的上位法，《证券法》对于证券品种、发行和交易方式等方面规定的变化必然会体现在新的证券虚假陈述司法解释中。在司法解释对调整对象的规定上，2003年《虚假陈述司法解释》将证券类型限定为股票，不将定向发行、协议转让和大宗交易作为调整对象的做法，已经难以满足审判实践的需要。2022年《虚假陈述司法解释》在司法解释的调整对象方面进行了修订，删除了一些旧有的限制，适应了《证券法》的修订与中国证券市场的变化。

1. 调整对象的完善

2003年《虚假陈述司法解释》出台时，当时的《证券法》对于证券的定义仅为股票和债券。到了2022年《虚假陈述司法解释》出台时，其所依据的上位法——2019年《证券法》——规定"股票、公司债券、存托凭证和国务院依法认定的其他证券""政府债券、证券投资基金份额"及"资产支持证券、资产管理产品"均属于《证券法》调整的对象。因此，2022年《虚假陈述司法解释》承接2019年《证券法》规定的"证券"范围。上述所有证券类型均应当适用2022年《虚假陈述司法解释》，投资者同等享受其合法权益免受虚假陈述侵害的法定权利，只要信息披露义务人在证券发行、交易过程中实施了虚假陈述行为，人民法院都应当依照2022年《虚假陈述司法解释》审理侵权民事赔偿案件，判令相关主体承担相应的民事赔偿责任。

2. 定向发行、协议转让、大宗交易

2003年《虚假陈述司法解释》第三条将在国家批准设立的证券市场上通过协议转让方式进行的交易排除在司法解释调整范围之外。到了2022年《虚假陈述司法解释》，这样的规定就不存在了，被第一条"信息披露义务人在证券交易场所发行、交易证券过程中实施虚假陈述引发的侵权民事赔偿案件，适用本规定"所覆盖，对交易方式不加区分，统一适用。这一变化的原因主要有两点。

（1）理论原因

证券市场定向发行、协议转让、大宗交易等行为具有交易主体特定性，属于"面对面"能够协商议价的交易。在这种交易方式下，证券投资人具有特定性与议价能力，可以通过磋商、谈判等进行交易，故而他们并不完全依赖公开披露的信息。这种交易对象不公开、信息不必充分的交易特征，使得证券投资人在遭受投资损失时，无法利用欺诈市场理论推定自己的投资行为与虚假陈述存在交易因果关系。相比之下，通常证券交易所上市交易的证券采用的是集中竞价的交易方式，这种交易方式体现了证券市场信息充分且公开有效的特征。不特定的证券投资人完全依赖公开且充分披露的信息进行投资决策，他们没有议价空间。集中竞价的特征符合欺诈市场理论有关信息披露和市场价值在证券价格中得到充分体现的论述，因而能够通过推定的方式构建投资行为与虚假陈述之间的交易因果关系。也就是说，因为证券市场定向发行、协议转让、大宗交易等交易行为与虚假陈述的交易因果关系难以证明，所以这些交易行为没有被纳入2003年《虚假陈述司法解释》的调整范围。

随着时间的推移，中国证券市场越来越活跃，发展逐步成熟，理论界对于证券交易方式的认识逐步深刻和全面。目前观点认为，证券市场定向发行、协议转让、大宗交易等行为虽然交易主体特定，存在议价空间，但是投资者也依赖证券市场公开披露的信息，因而虚假陈述行为仍有可能影响投资决策，也可能通过影响二级市场公允价格而最终影响协议的交易价格。当前，主板市场的定增价格和大宗交易价格与该证券的市场价格已经高度关联。例如，根据交易所规则，定增价格要根据二级市场交易价格的80%到90%定价，按照"价格优先、时间优先"原则撮合。① 即便投资者之间沟通价格的协议大宗交易，也是由投资者根据市场信息申报证券交易价格，在交易所允许的价格波动幅度内，在证券交易所场内完成的证券交易。由此看来，证券市场定向发行、协议转让、大宗交易等交易方式并非完全按照交易各方自主意愿进行，而是要遵循证券市场的交易规则。总的来说，证券市场定向发行、协议转让、大宗交易等行为虽不像股民最熟悉的集中竞价交易方式那样完全受证券市场公开披露信息的影响，但也受到了间接影响。这种间接影响也能够满足交易因果关系成立的条件，故而定向发行、协议转让、大宗交易等行为也能被纳入2022年《虚假陈述司法

---

① 林晓镍主编：《金融类案诉讼争点与裁判指引：证券虚假陈述责任纠纷》，法律出版社2023年版，第75页。

解释》的调整范围，不再与证券交易所的集中竞价交易进行区分。

（2）现实原因

此外，定向发行、协议转让、大宗交易等行为被纳入 2022 年《虚假陈述司法解释》也有现实需要。对于定向发行、协议转让、大宗交易等行为的投资者，如果他们因上市公司虚假陈述行为遭受投资损失而不能依据 2022 年《虚假陈述司法解释》寻求司法救济，就只能以上市公司欺诈为由，依据《民法典》对因虚假陈述而实施的交易行为行使撤销权。然而，根据《证券法》第一百一十一条、第一百一十七条规定，除不可抗力、意外事件、重大技术故障、重大人为差错等突发性事件导致证券交易结果出现重大异常外，按照交易规则进行的交易，不得改变其结果，即全国性证券交易所中的交易原则上不可撤销。① 这么规定是为了维护证券市场的交易结算秩序。在此情况下，如果不将定向发行、协议转让、大宗交易等行为纳入 2022 年《虚假陈述司法解释》，那么这些投资者因上市公司虚假陈述承受的投资损失就没有索赔的法律依据了。因此，在定向发行、协议转让、大宗交易等行为在理论上也被认为受到证券市场公开披露信息的影响这一前提下，这些交易行为被纳入 2022 年《虚假陈述司法解释》的调整范围也是情理之中了。

3. 债券型纠纷

2003 年《虚假陈述司法解释》出台后的相当长时间里，司法实践中的案件基本都是股票型的证券虚假陈述责任纠纷，债券型的纠纷几乎没有，直到近几年才逐渐增多。尽管《证券法》和新旧《虚假陈述司法解释》都没有将债券排除在证券类型之外，但是一直以来，理论界和司法界对于债券型纠纷能否全面适用证券虚假陈述的司法解释存在争议，导致债券型纠纷在长时间里实际被排除在证券虚假陈述司法解释调整范围之外。这是因为债券型纠纷与股票型纠纷存在差异，以及不同类型的债券纠纷在法律适用上也存在差异。

（1）债券型纠纷与股票型纠纷的法律适用差异

我国证券虚假陈述司法解释从一开始就以股票市场为模型构造规则，股票的特点、交易模式、回报方式等直接影响了证券虚假陈述司法解释有关重大性和交易因果关系、损失计算、"三日一价"等关键条款的制定。这些以股票市场为样本制定出来的条款，并不能直接适用于债券纠纷。这

---

① 林晓镍主编：《金融类案诉讼争点与裁判指引：证券虚假陈述责任纠纷》，法律出版社 2023 年版，第 76 页。

是因为，股票和债券既有共同性，也有差异性。股票和债券都是具有融资功能的有价证券，股票最大的特点是其集中竞价的交易方式且其流动性极强，债券最鲜明的特点是"还本付息"，表现出合同属性。股票的强流动性让股票的交易价格和交易量在受到虚假陈述行为影响时异常敏感，交易价格和交易量的变化能充分体现虚假陈述行为的重大性，能够作为计算损失的基础。债券"还本付息"的特点决定了对于债券而言，最重要的信息是债券发行人的偿债能力是否满足如约兑付本息的要求。如果发行人披露虚假信息实质影响了投资者对发行人偿债能力的判断，掩盖了发行人无法满足按约兑付本息的真实条件，那这就是具备重大性的虚假陈述行为。另外，在损失因果关系和损失计算方面，债券型证券虚假陈述责任纠纷中投资者的损失往往与发行人债券违约、发行人破产等交织在一起，投资者的损失计算需要考虑投资者购买债券的实际投入和投资者按约能实现的债券本息等多方面因素。总之，这些与股票型证券虚假陈述责任纠纷都有所不同。

在2022年《虚假陈述司法解释》出台前，最高人民法院《全国法院审理债券纠纷案件座谈会纪要》（以下简称《债券纠纷会议纪要》）就债券纠纷案件，包括债券型证券虚假陈述责任纠纷案件的审理细节作出了规定。不过，《债券纠纷会议纪要》只是最高人民法院指导各级人民法院审判工作的文件，不能在人民法院审判案件时被直接引用，在效力上低于司法解释。因此，在没有排除债券纠纷的2022年《虚假陈述司法解释》出台后，债券型证券虚假陈述责任纠纷案件原则上应当和股票型案件统一适用司法解释。不过在笔者看来，上述适用原则并没有完全排除《债券纠纷会议纪要》的适用空间。笔者认为，审判实践中应当根据债券发行和交易的特征，以2022年《虚假陈述司法解释》为原则，参考《债券纠纷会议纪要》的规定，就债券型证券虚假陈述责任纠纷案的重大性、交易因果关系、损失计算进行专门认定。

（2）不同类型债券的法律适用差异

我国《证券法》调整的债券是公司债券和政府债券。政府债券一般不属于《虚假陈述司法解释》的调整范围，这是因为政府债券依赖国家信用，而证券虚假陈述属于民事赔偿纠纷。至于公司债券，虽然属于民事范畴，但也不是全都能适用《虚假陈述司法解释》。

我国债券市场上的公司债券主要分为三类：一是证券交易所发行、证监会监管的上市公司债券；二是国家发展改革委监督管理的企业债券；三是人民银行管理的银行间债券。① 其中，银行间债券不属于现行2019年《证券法》的调整范围。2020年3月11日，中国人民银行、中国证监会有关负责人就债券市场支持实体经济发展有关问题回答记者提问，对2019年《证券法》发布后，银行间债券市场相关制度安排有何变化作出明确答复："为了做好修订后的《证券法》贯彻落实工作，国务院办公厅印发了《关于贯彻实施修订后的证券法有关工作的通知》。根据《通知》精神，银行间债券市场金融债券、非金融企业债务融资工具等品种的发行、交易、登记、托管、结算等，由人民银行及其指定机构依照《中国人民银行法》等制定的现行有关规定管理。"② 这就意味着，银行间债券市场金融债券、非金融企业债务融资工具等品种的发行、交易等适用的仍然是《中国人民银行法》而非《证券法》。众所周知，2003年、2022年《虚假陈述司法解释》的上位法都是《证券法》。既然银行间债券适用的上位法是《中国人民银行法》，那就不在证券虚假陈述司法解释的调整范围了。因此，2022年《虚假陈述司法解释》适用的债权类型就是证监会监管的上市公司债券和国家发展改革委监督管理的企业债券。

（二）证券纠纷代表人诉讼制度

2020年7月30日，最高人民法院发布《最高人民法院关于证券纠纷代表人诉讼若干问题的规定》，标志着证券纠纷代表人诉讼制度正式确立，2022年《虚假陈述司法解释》延续了此项制度。证券纠纷代表人诉讼制度是在全面落实对资本市场违法犯罪行为"零容忍"和积极探索集体诉讼制度的背景下出台的，标志着证券纠纷集体诉讼制度在我国的真正落地，这有利于落实民事责任，有力地保障投资者特别是中小投资者的合法权益。

1. 证券纠纷代表人诉讼制度的前身

现如今，在证券虚假陈述责任纠纷案审理过程中已经常态化开展代表人诉讼制度。然而，这一制度在我国确立的过程是很漫长的，经历了长时间的探索，是伴随着我国证券市场的发展而逐步成熟的，是证券市场改革需要和司法实践需要共同催生的。

---

① 林晓镍主编：《金融类案诉讼争点与裁判指引：证券虚假陈述责任纠纷》，法律出版社2023年版，第84页。

② 人民银行网站：《人民银行、证监会有关负责人就债券市场支持实体经济发展有关问题答记者问》，载中央人民政府门户网站2020年3月11日，https://www.gov.cn/xinwen/2020-03/11/content_5490109.htm。

(1) 证券纠纷代表人诉讼制度的起源

证券纠纷代表人诉讼制度源自我国《民事诉讼法》规定的代表人诉讼制度。1991年4月9日实施的《民事诉讼法》第五十四条就规定："当事人一方人数众多的共同诉讼，可以由当事人推选代表人进行诉讼。代表人的诉讼行为对其所代表的当事人发生效力，但代表人变更、放弃诉讼请求或者承认对方当事人的诉讼请求，进行和解，必须经被代表的当事人同意。"这是代表人诉讼制度的源头，也是证券代表人诉讼制度的渊源。此后，《民事诉讼法》历经数次修订，代表人诉讼制度作为一项法定的重要民事诉讼制度被一直保留了下来。

(2) 证券纠纷共同诉讼与代表人诉讼制度的取舍

2003年《虚假陈述司法解释》考虑到了证券虚假陈述责任纠纷案原告一方人数众多的情况，允许原告以共同诉讼的方式提起诉讼，推选二至五名诉讼代表人。这一规定依据的就是《民事诉讼法》有关代表人诉讼的规定。同时，2003年《虚假陈述司法解释》第十五条就共同诉讼进一步作出规定："诉讼代表人应当经过其所代表的原告特别授权，代表原告参加开庭审理，变更或者放弃诉讼请求、与被告进行和解或者达成调解协议。"这相比《民事诉讼法》就代表人诉讼规定"代表人变更、放弃诉讼请求或者承认对方当事人的诉讼请求，进行和解，必须经被代表的当事人同意"更进一步，扩大了证券虚假陈述责任纠纷中代表人的诉讼权利。证券虚假陈述共同诉讼中的代表人享有特别授权，拥有了实体处分权，能够有效提高诉讼效率，有利于案件调解。这一特征与现行的证券纠纷代表人诉讼制度的特征已经高度一致，是证券代表人诉讼制度探索中的重大进步。

2003年《虚假陈述司法解释》虽然赋予了代表人实体处分权，但终究没有适用证券纠纷代表人诉讼制度，而是在单独诉讼和证券纠纷代表人诉讼之间，采用人数确定的共同诉讼的方式进行过渡。证券纠纷代表人诉讼与共同诉讼最明显的区别是诉讼规模和复杂程度是否明确可控。共同诉讼是法院按照传统"不告不理"的方式被动受理案件，在已有主动起诉的案件范围内对个案进行合并审理，统一裁判，从而提高审理效率。在证券纠纷代表人诉讼中，人民法院会发布权利登记公告，符合权利人范围的投资者均可通过登记参加诉讼。尤其在特别代表人诉讼制度下，投资者保护机构代表全体投资者发起诉讼，投资者以"默示加入，明示退出"的方式参加，人民法院都会将其登记列入原告名单。因此，证券代表人诉讼在诉讼规模和复杂程度上远超共同诉讼。这种差异直接影响了立法者在制定

2003年《虚假陈述司法解释》时对诉讼方式的选择，2003年《虚假陈述司法解释》没有采用代表人诉讼制度的原因是多样的，受到了时代背景的影响。

首先，证券纠纷解决能力不足。证券市场一旦发生侵权行为，权利受侵害的投资人规模会非常庞大，少则成百上千，多则上万。当时我国的司法系统对于规模如此巨大的群体诉讼缺乏应对经验和能力。如果直接采用代表人诉讼制度，尤其是其中的特别代表人诉讼制度，会使人民法院不堪重负。另外，当时证券市场的投资者保护机构还未建立，投资者的起诉缺乏专业机构支持，损失如何计算、系统性风险比例如何计算等专业问题都只能由人民法院解决，这显然是人民法院无法独立承受的。总的来说，受当时证券纠纷解决能力的限制，如果贸然全面采用证券代表人制度，会使大规模证券诉讼量增加，导致实际的纠纷解决效率低下且效果很差，以致冲击证券市场的正常秩序，进一步导致证券市场混乱甚至瘫痪。因此，在当时证券纠纷解决能力的条件下，折中采用共同诉讼的方式，在不刺激大批量证券诉讼案件爆发的前提下，集中高效地处理已有案件，是符合实际的。

其次，证券市场不够成熟。2003年《虚假陈述司法解释》出台时，中国证券市场只发展了十二年，虽然取得了巨大成就，但是尚未走完初创阶段。当时，我国证券市场国有股份占主导地位，绝大多数上市公司是由国有企业股份制改造后形成的，国有股份超过了市场总股本的一半。虽然我国第十个五年计划纲要明确了国有资本将部分或者完全退出一些生产、流通领域及第三产业方向，但是当时国有股份减持刚刚起步且远未结束。另外，在当时的证券市场，国有股和社会法人股的总量占市场总股本的三分之二，且不能在市场上流通。证券市场发生虚假陈述侵权行为时，这些非流通股的股东因其股份不能流通而不一定受到侵害，他们难以被认定为受侵权损害的投资人。① 总之，当时以国有资产为主的证券市场是远远不成熟的。在此情况下，采用代表人诉讼会使很多实际没有必要参与索赔的投资者加入，进而动摇社会主义市场经济的基础。

再次，投资主体不成熟。当时我国的证券市场流通股的投资者以自然人为主，也就是我们常说的"散户"。这与发达国家的成熟证券市场以证券投资基金作为主要投资人的情况有本质差别。相比专业的证券投资基

---

① 李国光主编：《最高人民法院关于审理证券市场虚假陈述案件司法解释的理解与适用》，人民法院出版社2015年版，第163-164页。

金，自然人的投资理性、专业知识、抗风险能力较低，其在证券市场往往是"追涨杀跌"进行投资决策，很少对公开披露的信息，如定期报告、研究报告等进行研究分析，科学决策。在证券虚假陈述侵权行为发生时，自然人投资者的损失多少是受虚假披露的信息的影响的，多少是投机成分所致，实在难以界定。因此，采用人数确定的共同诉讼更能精准筛选出受虚假披露的信息影响的投资者，在尽量保持证券市场稳定、不大幅增加法院工作量的前提下，尽可能有效维护投资者的合法权益。

2. 证券纠纷代表人诉讼制度的诞生

与 2003 年相比，2020 年中国证券市场的发展取得了长足进步，市场进一步开放，规模大幅增长，投资群体愈发成熟。更重要的是，证券市场违法犯罪行为越来越受到各界关注，由此造成的侵权损害结果也更加严重。为全面落实对证券市场违法犯罪行为"零容忍"的工作要求，进一步完善符合中国国情、具有中国特色的证券集体诉讼制度，满足规模越发庞大的投资者索赔需求，最高人民法院制定了《最高人民法院关于证券纠纷代表人诉讼若干问题的规定》（以下简称《证券纠纷代表人诉讼司法解释》）。中国的证券纠纷代表人诉讼制度正式诞生。

《证券纠纷代表人诉讼司法解释》规定的证券纠纷代表人诉讼分为普通代表人诉讼和特别代表人诉讼。在普通代表人诉讼中，人民法院发布权利登记公告，有权索赔的权利人（投资者）在登记期间向人民法院登记，再由人民法院审核确认原告资格，体现的是"明示加入"的特征。代表人也由人民法院组织推选，在推选不出的情况下，由人民法院指定，享有特别授权。相比 2003 年《虚假陈述司法解释》的共同诉讼，普通代表人诉讼能够有效激发具有索赔意愿但缺乏专业指导的投资者积极向人民法院登记维权，极大降低了投资者维权的难度。

为了彻底保障所有受到证券虚假陈述行为侵害的投资者的诉权，《证券纠纷代表人诉讼司法解释》在普通代表人诉讼的基础上，进一步推出了特别代表人诉讼制度。特别代表人诉讼是指投资者保护机构依据《证券法》第九十五条第三款规定——投资者"默示加入、明示退出"提起的诉讼。特别代表人诉讼制度是以人民法院已经适用普通代表人诉讼为前提，引入投资者保护机构为代表人，代表所有受到证券虚假陈述行为侵害的投资者发起民事诉讼的证券纠纷集体诉讼制度。

《证券法》第九十五条第三款规定："投资者保护机构受五十名以上投资者委托，可以作为代表人参加诉讼，并为经证券登记结算机构确认的权利人依照前款规定向人民法院登记，但投资者明确表示不愿意参加该诉讼的除外。"具体到司法解释，《证券纠纷代表人诉讼司法解释》第三十五条规定："投资者保护机构依据公告确定的权利人范围向证券登记结算机构调取的权利人名单，人民法院应当予以登记，列入代表人诉讼原告名单，并通知全体原告。"这就意味着，一旦启动特别代表人诉讼，所有受到证券虚假陈述行为侵害且有权利起诉索赔的投资者，不论其是否主动向人民法院登记，都由投资者保护机构统一从证券登记结算机构调出，纳入索赔人员范围，人民法院都会将其列入原告名单。为了保障投资者自主选择诉讼方式的权利，《证券纠纷代表人诉讼司法解释》第三十四条规定："投资者明确表示不愿意参加诉讼的，应当在公告期间届满后十五日内向人民法院声明退出。未声明退出的，视为同意参加该代表人诉讼。对于声明退出的投资者，人民法院不再将其登记为特别代表人诉讼的原告，该投资者可以另行起诉。"这就是备受关注的"默示加入，明示退出"规则，是特别代表人诉讼最让证券市场、法律界震撼的地方。相比普通代表人诉讼，特别代表人诉讼实质上将代表投资者起诉的工作主导权从人民法院交给了投资者保护机构，由投资者保护机构一次性地解决所有受证券虚假陈述行为侵害的投资者的起诉工作，做到了对所有被侵害投资者的全覆盖，极大地减轻了人民法院的工作压力，提升了案件受理的效率。

3. 证券纠纷代表人诉讼制度的影响

《证券纠纷代表人诉讼司法解释》施行后，很快在各地法院办理证券虚假陈述责任纠纷案的过程中被运用。"飞乐音响案"就是《证券纠纷代表人诉讼司法解释》施行后全国首例证券纠纷普通代表人诉讼案，它标志着中国特色证券纠纷代表人诉讼制度的落地。上海金融法院在审理该案过程中积极探索机制创新，拟定权利登记公告、权利义务告知书、代表人推选通知等系列文本，对裁判文书作出探索性尝试，写明权利人范围、权利登记情况及代表人推选过程，在判决主文中首次明确损害赔偿计算方法，后续诉讼可据此裁定适用。该案的成功处理，为推广代表人诉讼制度提供了可复制的样本。现如今，对于具有一定起诉规模的案件，人民法院会倾向采用普通代表人诉讼。人民法院通过官方网站、官方微信公众号、传统媒体等渠道发布权利登记公告，有效地将维权信息传达给其他受虚假陈述行为侵害的投资者，激发了他们积极的维权意识。在案件审理过程中，人民法院会积极与专业机构、专家合作，听取他们有关证券市场的专业意见，作出令人信服的判决，更好地维护投资者的合法权益。

相比普通代表人诉讼，法院很少适用特别代表人诉讼，目前仅有"康美药业案"一例。在法院受理起诉后，广州市中级人民法院一开始采用的是普通代表人诉讼。在投资者保护机构申请作为代表人参加诉讼后，广州中院适用了特别代表人诉讼。该案除九名投资者书面向广州中院申明退出诉讼外，投资者保护机构总共代表 5 000 多名原告投资者参加了特别代表人诉讼，案件判决各被告共同赔偿原告投资损失近 25 亿元。该案的审判结果在全国引发轰动。以往的证券虚假陈述纠纷，在整个案件周期内，原告总人数过百，赔偿总金额过千万就算是规模很大的案件了。采用特别代表人诉讼的"康美药业案"，足以彻底颠覆业界对证券虚假陈述责任纠纷案的认知，体现了特别代表人诉讼制度的"杀伤力"。很显然，如果不适用特别代表人诉讼制度，是不可能有如此之多受侵害的投资者主动起诉索赔的。即使适用普通代表人诉讼，受权利登记公告的影响登记索赔的投资者也不会这么多。可见，特别代表人诉讼的威力堪比"核武器"，对虚假陈述行为的惩罚力度是空前的。

4. 证券纠纷代表人诉讼制度的意义

关于证券纠纷代表人诉讼制度的意义，最高人民法院和中国证监会相关负责人在就《证券纠纷代表人诉讼司法解释》答记者问时提到，《证券纠纷代表人诉讼司法解释》是加强资本市场基础制度建设的重要成果，是显著提高资本市场违法成本，保护投资者特别是中小投资者合法权益，保障资本市场全面深化改革特别是证券发行注册制改革的有力武器。《证券纠纷代表人诉讼司法解释》对于证券集体诉讼的落地实施、提高资本市场违法成本、保障投资者合法权益、确保注册制改革行稳致远乃至整个资本市场的持续健康稳定发展都具有重要意义。具体而言，第一，该司法解释有利于夯实注册制改革的配套制度基础，有利于弥补证券民事赔偿救济乏力的基础制度短板，推进资本市场改革全面深化。第二，该司法解释有利于强化民事责任追究，提高资本市场违法违规成本，从而有效遏制和减少资本市场违法犯罪行为的发生。第三，该司法解释有利于多数的小额投资者得到公平、高效的赔偿，有利于解决受害者众多、分散情况下的起诉难、维权贵的问题，保护中小投资者合法权益。第四，该司法解释有利于上市公司提高内部治理水平和规范市场运作，打造规范、透明、开放、有活力、有韧性的资本市场。

（三）诉讼前置程序

诉讼前置程序是指某项诉讼工作的开展以某些条件的成立为前提条件。证券虚假陈述责任纠纷的诉讼前置程序指人民法院在受理证券虚假陈述责任纠纷案时，应当以行政处罚决定或者生效的刑事裁判文书为前提条件。证券虚假陈述责任纠纷的诉讼前置程序产生于2003年《虚假陈述司法解释》，在其后近二十年的时间里，深刻地影响了证券虚假陈述责任纠纷案件的办理，但同时不断受到非议。最终，在制定2022年《虚假陈述司法解释》时，最高人民法院响应了各界取消前置程序的呼声，证券虚假陈述责任纠纷的诉讼前置程序得以废除。证券虚假陈述责任纠纷的诉讼前置程序退出历史舞台，是2022年《虚假陈述司法解释》的亮点之一，标志着法院处理证券虚假陈述责任纠纷案进入新时期。

2003年《虚假陈述司法解释》通过规定诉讼时效如何起算和投资者起诉时应当如何提交证据，间接设立了诉讼前置程序。首先，第五条规定，投资人对虚假陈述行为提起民事赔偿的诉讼时效期间从行政机关、监管部门作出行政处罚之日或者人民法院作出刑事判决生效之日起算；其次，第六条规定，投资人提交行政处罚决定或者公告，或者人民法院的刑事裁判文书是人民法院应当受理投资人提起的民事赔偿诉讼的重要条件。这样一来，2003年司法解释事实上确立了以行政处罚决定或者生效的刑事裁判文书为前提的证券虚假陈述责任纠纷案的受理规则，即诉讼前置程序。

1. 诉讼前置程序的必要性

诉讼前置程序虽然在2022年《虚假陈述司法解释》中被废除，但是在制定2003年《虚假陈述司法解释》时作为程序性规定是有必要的，是基于当时我国证券市场和市场侵权民事法律制度的现状，根据当时司法实践的需要而设置的。

首先，设置诉讼前置程序对于规范和发展当时我国的证券市场具有积极意义。就证券市场的状况而言，当时我国证券市场处于转型时期，非流通股占市场股份总额的比例超过三分之二，其中国有股占市场股份总额的比例超过二分之一，市场参与人资产也多以国有资产为主，国有资产在市场占主导地位。就证券市场的特征而言，当时我国的证券市场仍然是政府主导型市场，证券从发行上市到交易，带有很强的行政色彩。在这种情况下，如果大规模的证券诉讼爆发，很可能使我国证券市场发生混乱甚至瘫痪，动摇我国社会主义经济基础。就证券市场的规范和治理而言，一方面，当时我国证券市场要打击违法犯罪，保护中小投资者利益；另一方面，要保证证券市场的稳定和发展。如果人民法院全面介入证券市场纠纷，不加限制地受理证券虚假陈述责任纠纷案件，那就有可能使证券市场产生较大波动，既不利于证券市场的稳定，也不利于解决筹资和融资、非流通股的流通、国有股的减持等问题。因此，立法者只能采取适度鼓励证券民事索赔诉讼的举措，有条件地赋予投资人提起民事赔偿的权利，让人民法院有条不紊地受理证券虚假陈述责任纠纷案。总之，只有在证券市场和法律、法规逐步完善后，人民法院才能减少对受理各类证券虚假陈述责任纠纷案件的限制。①

其次，设置诉讼前置程序可以有效解决证券市场难以举证的问题。作为侵权之诉的原告，投资者在提起证券虚假陈述责任纠纷诉讼时，对于具体的虚假陈述违法行为、自己的投资损失、违法行为与投资损失的因果关系、虚假陈述行为人的过错都负有举证责任。在这些举证任务中，只有投资损失是投资者调取自己的证券交易流水即可完成举证的。很显然，对于缺乏专业知识的普通投资者来说，这样的举证压力过大了。如果投资者在对虚假陈述行为的行政处罚决定作出或刑事判决生效后再提起侵权诉讼，那他们只需要提交这些文件即可，大大减轻了举证责任。这是因为，行政处罚决定和刑事判决会详细载明经过官方确认的具体的虚假陈述违法行为和虚假陈述行为人的过错，这都不需要投资者另行举证了。另外，行政处罚决定和刑事判决本身就能证明虚假陈述行为具有重大性，足以影响投资者的交易决策，从而也替投资者完成了因果关系的举证任务。因此，在行政处罚和刑事判决作出后提起民事赔偿诉讼，对投资者举证是有利的，能有效降低投资者的举证难度，从而提高投资者索赔成功的概率。诉讼前置程序是当时证券市场缺乏各类专业机构，特别是投资者保护机构，以及专业从事证券实务的律师稀少，导致投资者维权力量薄弱这一现实背景下，立法者作出的相对科学且符合实际的诉讼程序规定。②

最后，结合当时我国施行的证券法律规范的内容看，设置诉讼前置程序也是有必要的。当时我国《证券法》"法律责任"一章共三十六条，几乎每一条都与行政责任有关，其中绝大多数是关于行政处罚的规定。当时《证券法》的宗旨就是对具体违法者实施行政处罚，使其不敢或无力再进行违法行为，同时对其他市场主体起到警示和教育作用，从而维护证券市场的秩序。对虚假陈述行为人，当时《证券法》也有严格的行政处罚措施。总的来说，我国证券监管机构拥有强有力的处罚权力，即我国实行的是行政权主导下的全面监控的市场监管机制。在这样的法律及现实状况

---

① 李国光主编：《最高人民法院关于审理证券市场虚假陈述案件司法解释的理解与适用》，人民法院出版社2015年版，第127-128页。

② 李国光主编：《最高人民法院关于审理证券市场虚假陈述案件司法解释的理解与适用》，人民法院出版社2015年版，第128页。

下,将行政处罚与刑事判决作为证券虚假陈述民事赔偿诉讼的前置程序也是有一定依据的。①

2. 诉讼前置程序的弊端

尽管2003年《虚假陈述司法解释》规定诉讼前置程序具备现实意义且有依据和必要性,但是随着时间推移,我国证券市场的发展逐步成熟,证券欺诈民事违法及刑事犯罪造成的恶劣影响越来越严重。在此背景下,诉讼前置程序的弊端和取消诉讼前置程序的必要性愈发凸显,取消诉讼前置程序的条件基本成熟。

首先,诉讼前置程序最大的弊端就是限制了我国公民的基本诉讼权利。保障公民受到侵权损害时及时提起侵权诉讼来维护自身合法权益是我国法律的应有之义。虽然设置诉讼前置程序在当时有其必要性和现实意义,但是终究限制了公民的诉权。维权往往具有紧迫性,被侵害人只有在侵权结果发生时及时行动,才能尽可能挽回损失,这样侵权之诉才能有效保障被侵害人的合法权益。证券虚假陈述责任纠纷中这一特征则更加明显,因为一旦行为人的虚假陈述行为被揭露(通常是被证监会以信息披露违法违规为由立案调查,也有媒体曝光等原因),公司股价通常会立即受到明显影响,连续多日下跌甚至跌停都是常见的,所以受虚假陈述侵害的投资者会面临立即发生的投资损失,他们迫切需要及时提起侵权诉讼来挽回损失,从而避免虚假陈述给自己带来的负面影响进一步扩大。然而,诉讼前置程序导致投资者只能被动等待证监会对行为人的处罚或人民法院对行为人的有罪判决而无法第一时间提起侵权诉讼,无奈放任投资损失进一步扩大。这会严重打击投资者的投资热情和信心。因此,诉讼前置程序限制了投资者的诉讼权利,不利于投资者及时有效维权,不利于充分发挥侵权诉讼对证券市场的净化功能。这样的程序设置与党中央、国务院提出的严打证券市场违法犯罪行为,压实发行人、上市公司的主体责任和中介机构的"看门人"责任的要求相悖,因而广大投资者,特别是中小投资者要求彻底取消诉讼前置程序的呼声愈发强烈。

其次,诉讼前置程序难以应对日益严重的证券违法犯罪问题,难以回应投资者愈发强烈的维权需求。2003年《虚假陈述司法解释》出台时,全国的证券违法犯罪行为的性质还没有如今严重,证券虚假陈述责任纠纷案也没有如今这么多发。随着中国证券市场快速发展,许多问题逐步暴露

---

① 李国光主编,宋晓明、刘贵祥副主编:《最高人民法院关于审理证券市场虚假陈述案件司法解释的理解与适用》,人民法院出版社2015年版,第129页。

出来，证券违法犯罪行为的性质越来越严重，财务造假、违规披露、内部交易、操纵股价等事件层出不穷，股民一次又一次蒙受巨大损失。近十年来，一些典型证券违法案例，如"康美药业案""獐子岛案""康得新案"等，都是违法犯罪手段恶劣，持续时间长，影响范围广，给投资者造成损失极其严重的证券虚假陈述责任纠纷案。这些案件中的中小投资者将自己的积蓄投入证券市场，却不得不面对自己难以承受的损失，生活陷入困顿。在证券违法犯罪案件愈演愈烈的背景下，诉讼前置程序就显得越来越不合时宜了，因为这会严重挫伤投资者起诉索赔投资损失的积极性，限制投资者寻求司法保护的机会，不利于体现"司法为民"的理念。

最后，诉讼前置程序限制了人民法院独立依法审理证券虚假陈述案件。诉讼前置程序在分流案件数量、简化举证责任、减轻审判工作量方面发挥了实实在在的作用。然而，以行政处罚或刑事判决为审理基础的诉讼前置程序使证券虚假陈述责任纠纷案的审理只能机械地围绕它们展开，排除了与行政处罚或刑事判决没有直接关联的案件事实和案件主体，虚假陈述行为的违法主体、过错责任、虚假陈述行为的重大性、投资损失与虚假陈述行为的因果关系等案件的实质问题都不需要人民法院独立审理和判断，而是以行政处罚或刑事判决为准。2003 年《虚假陈述司法解释》颁布时，我国证券市场尚处于发展初期，人民法院缺乏熟悉金融领域的专业法官，缺乏审理证券市场民事赔偿纠纷的经验。如今，我国的证券市场取得了长足进步，愈发成熟；金融领域的审判力量明显加强，以上海金融法院为代表的专业金融法院在证券纠纷的审理中发挥着重要作用；证券诉讼服务机构、投资者保护机构等专业机构的成立，为审理证券纠纷案件提供了专业支持。相比二十年前，我国法院处理证券纠纷的实力已经大幅提高，如果此类案件审理依然受到诉讼前置程序的束缚，不利于案件审理质量的提高，从长远来说也无法应对证券虚假陈述愈发复杂多样的挑战。

3. 诉讼前置程序的取消及影响

2022 年《虚假陈述司法解释》出台前，诉讼前置程序实际上就已经开始逐步松绑。2015 年 4 月 1 日，中央全面深化改革领导小组第十一次会议审议通过了《关于人民法院推行立案登记制改革的意见》，为充分保障当事人诉权，切实解决人民群众反映的"立案难"问题，改革法院案件受理制度，变立案审查制为立案登记制。为了配合立案登记制改革的实施，2015 年 12 月，最高人民法院在《最高人民法院关于当前商事审判工作中的若干具体问题》中指出，因虚假陈述内幕交易和市场操纵行为引发的民事赔偿案件，立案受理时不再以监管部门的行政处罚和生效的刑事判决为前置条件。2020年7月30日，最高人民法院发布《证券纠纷代表人诉讼司法解释》，第五条规定了普通代表人诉讼中原告提交的材料，在"行政处罚决定、刑事裁判文书"的基础上增加了"被告自认材料、证券交易所和国务院批准的其他全国性证券交易场所等给予的纪律处分或者采取的自律管理措施等证明证券侵权事实的初步证据"，事实上完全突破了前置程序的限制。最后，2022年《虚假陈述司法解释》第二条关于受理条件明确规定："人民法院不得仅以虚假陈述未经监管部门行政处罚或者人民法院生效刑事判决的认定为由裁定不予受理。"至此，证券虚假陈述责任纠纷的诉讼前置程序彻底成为历史。

诉讼前置程序的取消，是证券虚假陈述责任纠纷案的审理从过去围绕行政处罚或者刑事判决展开，转变为如今以人民法院调查审理为核心，独立认定案件事实的标志。由于不再以行政处罚或者刑事判决为案件审理的必要条件，人民法院将独立审查案件的许多争议焦点，如虚假陈述行为的重大性、"三日一价"、投资者损失、因果关系等，这对于人民法院来说是很大的挑战。

为了配合2022年《虚假陈述司法解释》取消诉讼前置程序的重大变化，有效提升人民法院调查审理案件事实和争议焦点的水平，最高人民法院同步发布了最高人民法院、中国证监会关于适用《最高人民法院关于审理证券市场虚假陈述侵权民事赔偿案件的若干规定》有关问题的通知，建立案件通报机制，为了查明事实，人民法院可以依法向中国证监会有关部门或者派出机构调查收集有关证据，中国证监会有关部门或者派出机构依法依规予以协助配合。在案件审理过程中，人民法院可以就虚假陈述行为违反信息披露义务规定情况、对证券交易价格的影响、损失计算等专业问题征求中国证监会或者相关派出机构、证券交易场所、证券业自律管理组织、投资者保护机构等单位的意见。同时，为更好地提升案件审理的专业化水平，鼓励各地法院积极开展专家咨询和专业人士担任人民陪审员的探索，中国证监会派出机构将和有关部门做好配合工作，如推荐相关专家、专业人士担任人民陪审员。

2022年《虚假陈述司法解释》实施至今，人民法院在许多案件中都开始依据司法解释的条款审查涉案虚假陈述的重要事实，对虚假陈述的重大性、因果关系、投资损失、过错责任等典型争议焦点进行判断。笔者认为，取消诉讼前置程序并不是要求人民法院在审理证券虚假陈述案时，完全抛开行政处罚或刑事判决，而是要求人民法院综合运用各方专业机构和专家的力量，汇集多方面资料，与相关单位联动，全面审查与案件相关的各类事实,提升办案质量。行政处罚或刑事判决依旧是认定事实的重要依据,但不再是全部依据。这种程序上的改变能够激发承办法官的积极性,充分发挥他们在金融、证券方面的专业特长,进一步提高证券虚假陈述案件的审理质量,最终更好地满足投资者起诉索赔,维护自身合法权益的需求。

四、证券虚假陈述的"三日一价"

"三日一价"是司法实践中对证券虚假陈述司法解释规定的实施日、揭露日、基准日、基准价的简称。之所以把它们组合起来称呼,是因为"三日一价"组合在一起勾勒了虚假陈述对证券市场的影响从开始到结束的整个过程,描述了证券价格在虚假陈述影响下的波动过程。同时,"三日一价"共同组成了计算投资者因虚假陈述行为而遭受的投资损失金额的框架。因此,"三日一价"是证券虚假陈述责任纠纷的基础性事实,是人民法院在审理案件时必不可少的争议焦点,也是研究证券虚假陈述的重点。

经济学的基本原理认为,价格取决于价值。因此,股票作为一种特殊的金融商品,其价格随价值波动。证券虚假陈述行为的本质就是扭曲了某只股票的价值,使其价格畸高或畸低,误导投资者对股票价值的判断。当虚假陈述行为被市场知晓,价值被扭曲的股票开始回归正常,股票价格回调,被误导的投资者遂蒙受投资损失。这一过程,即虚假陈述行为影响股票价格,大致可以分为三个阶段:第一,作用阶段,在该阶段,虚假陈述行为使得相关证券价格偏离其真实价值,或虚高或过低,这就是虚假陈述行为对证券价格产生的影响作用;第二,消化阶段,在该阶段,虚假陈述行为被揭示导致相关证券的价格发生剧烈波动,或大幅下跌或大幅攀升,证券价格向其真实价值回归,这意味着虚假陈述行为对证券价格的影响被逐步消化;第三,平稳阶段,在该阶段,虚假陈述行为对相关证券的影响不复存在,证券价格回归正常价值,价格围绕价值正常波动。①

证券虚假陈述三阶段各自的起点,就分别是实施日、揭露日、基准日。实施日就是虚假陈述行为发生作用的起始点,揭露日是虚假陈述行为

---

① 李国光主编:《最高人民法院关于审理证券市场虚假陈述案件司法解释的理解与适用》,人民法院出版社 2015 年版,第 253-254 页。

的影响开始消化的起始点,基准日是虚假陈述行为影响结束的起始点。至于基准价,则是揭露日至基准日期间证券价格的平均值。

图 2.1 是笔者以诱多型虚假陈述行为对证券价格的影响过程为例制作的示意图,其中 A 为实施日,B 为揭露日,C 为基准日。在诱多型虚假陈述行为的影响下,相关证券价格从 A 点开始大幅上涨,愈发偏离证券的真实价值。至 B 点虚假陈述行为被揭露后,证券价格开始大幅下跌,逐步回归其真实价值,虚假陈述行为的影响被逐步消化。从 C 点开始,虚假陈述行为的影响消失,证券价格平稳,回归正常价值。

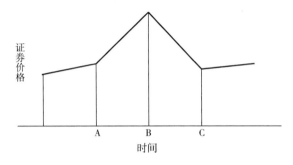

图 2.1　虚假陈述影响证券价格过程图

从 2003 年《虚假陈述司法解释》到 2022 年《虚假陈述司法解释》,有关"三日一价"规定的变化很大。虚假陈述实施日细化为积极型虚假陈述实施日与消极型虚假陈述实施日,揭露日的规定进一步明确且具有弹性,从根据交易量占总股数的百分比规定基准日到直接规定具体天数,"三日一价"的规定经历了很大改变。在司法实践中,"三日一价"的定义也更加科学且贴近证券市场的实际情况。接下来,笔者将逐一详细介绍虚假陈述的实施日、揭露日、基准日和基准价。

(一) 实施日

1. 实施日的规定

2003 年和 2022 年的《虚假陈述司法解释》关于实施日的基础定义是一致的,即"作出虚假陈述或者发生虚假陈述之日"。2003 年《虚假陈述司法解释》关于实施日的定义就到此为止了,相比之下,2022 年《虚假陈述司法解释》对实施日的定义丰富了许多,对实施日的形式和类型的规定很详尽。

首先,2022 年《虚假陈述司法解释》明确了两种作出虚假陈述或者发生虚假陈述的情形。第一,信息披露义务人在证券交易场所的网站或者符合监管部门规定条件的媒体上公告发布具有虚假陈述内容的信息披露文件；第二，通过召开业绩说明会、接受新闻媒体采访等方式实施虚假陈述的，该虚假陈述的内容在具有全国性影响的媒体上首次公布。第一种虚假陈述就是一直以来信息披露义务人最常见的虚假陈述行为，即公告发布带有虚假记载的文件，如年度报告、半年度报告。这是过去证券虚假陈述责任纠纷案中最常被人民法院认定的虚假陈述行为。在这种情形中，收市前发布公告的，当天就是虚假陈述的实施日；收市后发布公告的，后移一日为实施日，即发布当日后的第一个交易日。第二种虚假陈述行为是通过媒体发布具有虚假陈述内容的信息，这是近些年来逐渐多发的新型虚假陈述行为。随着近年来媒体日渐发达，特别是社交媒体、自媒体等新媒体在社会生活中的影响越来越大，发行人、上市公司等信息披露义务人通过媒体发布信息不再鲜见，这些通过媒体发布的信息越来越多地影响投资者的投资决策。很显然，发行人、上市公司等信息披露义务人通过媒体发布虚假信息，给投资者造成损失是不可否认的事实。因此，2022年《虚假陈述司法解释》将通过媒体发布带有虚假陈述内容的信息明确为虚假陈述行为。这为受到媒体误导的投资者提供了索赔依据，为人民法院在传统的公告形式外，更全面地定义虚假陈述行为提供了依据。由此可见，2022年《虚假陈述司法解释》在定义虚假陈述行为时，更全面地覆盖了虚假陈述行为。

其次，2022年《虚假陈述司法解释》新增了消极型虚假陈述的实施日的规定，即"因未及时披露相关更正、确认信息构成误导性陈述，或者未及时披露重大事件或者重要事项等构成重大遗漏的，以应当披露相关信息期限届满后的第一个交易日为实施日"。相比积极型虚假陈述，消极型虚假陈述更加隐蔽，但是对投资者造成的侵害同样不能忽视。未及时披露相关更正、确认信息，或者未及时披露重大事件或者重要事项是信息披露义务人怠于履行职责的表现，是司法解释明确规定的虚假陈述行为。由于此类行为是消极的，没有物理意义上的具体实施时间，那么2022年《虚假陈述司法解释》就规定以应当披露相关信息期限届满后的第一个交易日为实施日，这是很合理的。

从2003年《虚假陈述司法解释》到2022年《虚假陈述司法解释》，关于实施日的规定得以全面细化，这不仅有利于投资者在愈发多样化的证券虚假陈述行为影响下维护自身合法权益，也便于人民法院在审理案件过程中认定相关案件事实。

2. 实施日的意义

实施日最直接的意义就是确定了虚假陈述行为产生影响的起始日。尽管虚假陈述可能在此前已经酝酿和准备了许久，但是在法理上，虚假陈述从这一天正式开始产生影响。自实施日起，证券价格在法理上就被认为是受到了虚假陈述行为的影响而扭曲，无法反映其真实价值。因此，自实施日起，投资者买入该证券的交易行为就被认定为受到了虚假陈述行为的影响，与虚假陈述行为产生了交易因果关系，由此产生的投资损失就具备了向虚假陈述行为人索赔的因果关系基础。

（二）揭露日

证券虚假陈述责任纠纷的揭露日，是审理该类案件时至关重要的案件事实。根据交易因果关系，揭露日前已卖出和揭露日后才买入的股票不在计算赔偿的范围内。因此，揭露日的认定直接影响被告上市公司在多大范围内承担赔偿责任，故原告和被告通常会在揭露日认定问题上激烈交锋，以争取对自己有利的揭露日。

1. 揭露日的规定

2003年《虚假陈述司法解释》和2022年《虚假陈述司法解释》对于揭露日的基础性规定基本一致，都是指虚假陈述在媒体上"首次被公开揭露并为证券市场知悉之日"。这里的关键词是"首次公开"和"市场知悉"，就是说揭露日必须同时满足这两个标准，前者强调时间先后，后者强调影响强度。后者是实质性要件，是揭露日的本质特征，即具备足够的警示性，足以引起证券市场的注意。这么看来，确定揭露日的方法就是，在所有让市场知悉虚假陈述行为的时间点里，以最早的时间点为揭露日。

不同于2003年《虚假陈述司法解释》对揭露日的基础性规定，2022年《虚假陈述司法解释》第八条进一步规定："人民法院应当根据公开交易市场对相关信息的反应等证据，判断投资者是否知悉了虚假陈述。除当事人有相反证据足以反驳外，下列日期应当认定为揭露日：（一）监管部门以涉嫌信息披露违法为由对信息披露义务人立案调查的信息公开之日；（二）证券交易场所等自律管理组织因虚假陈述对信息披露义务人等责任主体采取自律管理措施的信息公布之日。"因为以往人民法院在审理证券虚假陈述责任纠纷案时，对于揭露日的认定存在不同。所以，对于揭露日如何认定，需要司法解释进行进一步明确规定。

2. 揭露日的认定过程

如前文所述，揭露日是虚假陈述行为的影响开始消化的起始点。这是虚假陈述行为"东窗事发"之日。从揭露日开始，虚假陈述行为开始被证券市场广为知晓。由于此时虚假陈述行为已被广为知晓，那么此后投资者买入相应的证券就不能算是受到虚假陈述行为误导而实施的投资行为。然而，如何确定这样一个重要的时间点在实际审判过程中发生了争议。争议焦点就在于，虚假陈述行为被揭露到怎样的程度才能算广为知晓，到底哪一天能同时满足"首次公开"和"市场知悉"。在2003年《虚假陈述司法解释》施行期间，揭露日主要有三个可供选择的时间点，即证监会立案调查之日、行政处罚事先告知书发布之日、行政处罚决定书发布之日。

简单介绍一下揭露日的这三个"候选日"。发行人、上市公司在因证券虚假陈述受到证监会处罚的过程中，先后会收到立案调查通知书、行政处罚事先告知书、行政处罚决定书。这三份文件的主要区别是：立案调查通知书不会明确载明具体虚假陈述行为，而仅会提到"因涉嫌信息披露违法违规被立案调查"，或甚至只提到"违反证券法律法规"；行政处罚事先告知书则会明确载明上市公司的具体信息披露违法行为，一般情况下与随后证监会正式发布的行政处罚决定书的内容是高度一致的；行政处罚决定书就是最终明确虚假陈述行为的文件了。很显然，立案调查通知书与行政处罚事先告知书、行政处罚决定书在揭露虚假陈述行为的程度上差别很大。行政处罚事先告知书、行政处罚决定书揭示虚假陈述行为明确具体，在内容上具备足够的警示性。

虽然立案调查通知书对于虚假陈述行为仅仅是笼统概括，但是这并不意味着立案调查通知书不具有警示性。在实际情况中，许多发行人、上市公司公告收到立案调查通知书后，其股票价格往往都会明显下跌，甚至连续跌停。由此看来，立案调查通知书也具有足够的警示性，足以引起证券市场的注意，符合司法解释规定的"为证券市场知悉"的揭露日实质性要件。再加上立案调查通知书公告之日相对最早，这就完全符合了"首次公开"和"市场知悉"的揭露日标准。不过，由于立案调查通知书并不会揭露虚假陈述的行为，其内容笼统，因而过去确有不少人反对将立案调查通知书公告的日期定为揭露日，他们认为应当以虚假陈述行为被较为全面、完整、准确揭示之日作为揭露日。因此，在过去审理证券虚假陈述责任纠纷案时，将立案调查通知书、行政处罚事先告知书甚至行政处罚决定书的日期定为揭露日的案例都存在。

在2022年《虚假陈述司法解释》之前，最高人民法院于2019年11月8日发布的《全国法院民商事审判工作会议纪要》（以下简称《会议纪要》）第八十四条规定："虚假陈述的揭露和更正，是指虚假陈述被市场所知悉、了解，其精确程度并不以'镜像规则'为必要，不要求达到全面、完整、准确的程度。原则上，只要交易市场对监管部门立案调查、权威媒体刊载的揭露文章等信息存在着明显的反应，对一方主张市场已经知悉虚假陈述的抗辩，人民法院依法予以支持。"《会议纪要》发布后，人民法院在审理证券虚假陈述责任纠纷案时，基本将立案调查通知书发布之日定为揭露日，这也为随后2022年《虚假陈述司法解释》关于揭露日的规定做好了铺垫。于是乎，2022年《虚假陈述司法解释》基本明确了揭露日的认定原则和方法。

2022年《虚假陈述司法解释》第八条基本上明确了监管部门以涉嫌信息披露违法为由对信息披露义务人立案调查的信息公开之日、证券交易场所等自律管理组织因虚假陈述对信息披露义务人等责任主体采取自律管理措施的信息公布之日（两者性质类似）为揭露日的认定原则，该原则在司法实践中被广泛引用。这使得前文提到的三个"候选日"之争不复存在，揭露日认定的争议大大减少。现如今，人民法院审理的绝大多数证券虚假陈述责任纠纷案，都将证监会立案调查或交易所采取自律管理措施之日定为揭露日。

3. 揭露日认定的发展

虽然2022年《虚假陈述司法解释》第八条基本明确了揭露日的认定原则，但是最高人民法院在规定揭露日的时候并没有止步于此，而是顺应了证券市场发展过程中的新发展、新趋势。最高人民法院认为，媒体在证券虚假陈述行为曝光过程中发挥了越来越明显的作用，可将媒体报道的日期纳入揭露日的规定，供法官在审理案件时参考，从而更科学、更精准地确定揭露日。在实际案件审判过程中，确实也有法官在认定揭露日时，没有拘泥于将证监会立案调查或交易所采取自律管理措施之日定为揭露日的认定原则，而是根据实际情况将更早发生的媒体报道之日定为了揭露日。

立案调查和采取自律管理措施是证券市场监管部门、证券交易所采取的官方手段，这种揭露证券虚假陈述行为的方式具有官方性。然而，对于证券市场而言，并非只有官方的揭露方式才具有足够的警示性，能够为证券市场所知悉，来自媒体的监督和报道在如今网络媒体、自媒体足够发达的时代，同样能够起到警示投资者和让市场知悉的效果。因此，2022年《虚假陈述司法解释》第八条同样列举了报刊、电台、电视台或主要门户网站、行业知名的自媒体等媒体曝光证券虚假陈述行为的揭露方式。只要上述揭露方式像证券市场监管部门、证券交易所采取的官方手段一样，都具有足够的警示性，能够为证券市场所知悉，且媒体曝光在时间上早于官方立案调查和采取自律管理措施之日,那么揭露日就应当是媒体曝光之日。接下来,笔者将以"康美药业案"和"S债案"为例,解读人民法院是如何将媒体报道之日认定为揭露日的。

(1)"康美药业案"揭露日的认定

"康美药业案"中揭露日的认定就充分体现了人民法院对媒体,特别是自媒体曝光揭示证券虚假陈述行为效果的认可。

根据广州市中级人民法院查明的案件事实,从2018年10月15日晚开始,网上陆续开始出现文章质疑康美药业货币资金的真实性,指出康美药业可能存在财务造假。2018年10月16日,微信公众号"市值相对论"发布标题为《千亿康美药业闪崩!大存大贷大现金大质押哪个是坑?》的文章,该文指出康美药业存在存贷双高、大股东股票质押比例高和中药材贸易毛利率高等问题,质疑康美药业存在财务造假。该文章被多家主流媒体广泛转载,引起强烈反响。康美药业股票盘中一度触及跌停,收盘跌幅5.97%,此后连续三日以跌停价收盘,而同期(2018年10月16日—2018年10月19日)上证指数跌幅为0.69%,医药生物(申万)指数(801150)跌幅为4.01%。同时,以"康美药业"为关键词的百度搜索指数、百度资讯指数、各类媒体转载指数在2018年10月16日之后均呈现爆炸性增长。

最终,依据上述案件事实,广州市中级人民法院在判决中认为,本案应以自媒体质疑康美药业财务造假的2018年10月16日为涉案虚假陈述行为的揭露日。理由如下:一是自媒体质疑报道的主要内容,与中国证监会行政处罚认定的财务造假性质、类型基本相同。特别是质疑报道中关于康美药业在货币资金等科目存在较大造假的猜测,在之后中国证监会作出的行政处罚决定中得到了证实,满足揭露行为的一致性要件。二是自媒体揭露内容引发了巨大的市场反应。康美药业股价在被自媒体质疑后短期内急速下跌,与上证指数、行业指数的走势存在较大背离,可以认定市场对于自媒体的揭露行为作出了强烈反应,说明自媒体揭露行为对市场显现出很强的警示作用,满足揭露行为的警示性要件。三是虽然揭露文章仅是首发在自媒体而非官方媒体,但在移动互联网蓬勃兴起的当今,发表在自媒体的文章亦有可能会迅速引起较多媒体的关注和转载。从本案来看,相关文章确实被多家媒体转载,并直接导致康美药业的百度搜索指数和资讯指数暴增,成为舆论的关注重心,满足揭露行为的广泛性要求,达到了揭露效果。

"康美药业案"是轰动一时的全国首例特别代表人诉讼案件,该案创下了多个"第一",为审理证券虚假陈述责任纠纷案树立了很多典型。在揭露日认定方面,法院直接将自媒体揭露文章的发布之日认定为案件的揭露日,与时俱进,具有极强的示范效应。本案中,2018年10月16日微信公众号"市值相对论"发布文章之日之所以被人民法院认定为揭露日,其原因有两点。第一,该文章指出康美药业存在的财务问题具体而翔实,与证券虚假陈述行为密切相关,其内容具有足够的警示性,并且与之后证监会作出的行政处罚决定高度一致。第二,该文章一经发布,立刻引发了巨大的市场反应和市场关注。一方面,康美药业的股价在该文章发布后暴跌,完全背离了大盘指数与行业指数。另一方面,该文章发布后即被各大主流媒体转载,影响力持续扩大,也直接引发了后续证监会的立案调查。因此,本案中微信公众号发布文章一事完全满足"首次公开"和"市场知悉"两大认定揭露日的标准,这也是本案原告和被告对于揭露日的认定没有争议的原因。

以微信公众号为代表的自媒体在近几年媒体发展过程中异军突起,其对热点事件的曝光效果往往非常突出,影响力不容忽视。广州中院在认定"康美药业案"的揭露日时,充分肯定了自媒体在曝光证券虚假陈述行为时的作用,并没有因为涉案自媒体非官方媒体而忽视其发挥的监督作用。判决指出,虽然揭露文章首发在自媒体而非官方媒体,但在移动互联网蓬勃兴起的当今,发表在自媒体的文章亦有可能会迅速引起较多媒体关注和转载。这种实事求是、与时俱进的审判思路和方法,紧紧贴合了经济社会发展的最新动向,使判决具有极强的示范效应和典型意义。

(2)"S债案"揭露日的认定

S集团债券类证券虚假陈述责任纠纷也是证券虚假陈述责任纠纷的一起典型案例,该案于2023年1月由青岛市中级人民法院作出一审判决。本案中,S集团在发行债券时,虚报财务数据。在经营状况彻底恶化后,S集团无法按时还本付息,公司自身面临破产重整,给相关债券投资者造成严重损失。

"S债案"虚假陈述揭露日的认定参考了多个与媒体报道揭露有关的时间点,这是一起完全以媒体报道揭露虚假陈述行为为主线来认定揭露日的典型案例。2018年12月14日,财新网发布一篇文章,该文指出,S集团发布的某债券募集说明书披露的财务数据与实际不符。2018年12月25日,S集团在深交所发布关于有关媒体报道的澄清、公司涉诉和债务逾期情况及公司债券复牌的公告,针对某债券募集说明书是否存在虚构客户、虚构收入的问题进行回应。该公告针对财新网报道中指出的募集说明书造假问题作出澄清。次日，财新网再次发文，指出 S 债券复牌交投惨淡，持有人持续质疑发行人造假。最终，在这几个时间点里，青岛中院认为 S 集团在深交所发布澄清公告之日，即 2018 年 12 月 25 日应为"S 债案"虚假陈述的揭露日。

在认定"S 债案"虚假陈述揭露日的过程中，青岛中院先是否定以财新网涉 S 集团的文章的发布之日即 2018 年 12 月 14 日，为揭露日。青岛中院认为，该篇文章指出 S 集团发布的某债券募集说明书披露的财务数据与实际不符。对比证监会对 S 集团的虚假陈述行为的认定，该文章中揭露的内容与之后证监会认定的 S 集团的虚假陈述行为存在很强相关性。鉴于虚假陈述的揭露并不以"镜像规则"为必要，不要求达到全面、完整、准确的程度，可以认定财新网的上述文章指出了 S 集团的虚假陈述行为。然而，从媒体影响力与市场知悉度来看，财新网属于付费会员制平台，其发布的文章付费会员才能阅读，故该篇文章的影响力有限，实际上难以形成较为广泛的传播效果。因此，财新网于 2018 年 12 月 14 日发布的文章对 S 集团虚假陈述行为的揭露，难以真正达到"市场知悉"的程度，这就是 12 月 14 日难以被认定为揭露日的原因。

在否定了 12 月 14 日为"S 债案"虚假陈述的揭露日之后，青岛中院将 S 集团在深交所发布公告之日，即 2018 年 12 月 25 日认定为本案的揭露日。S 集团发布的这则澄清公告，从内容上看是否认财新网对其披露的财务数据与实际不符的指控，与揭露虚假陈述行为无关。然而，正是这则"欲盖弥彰"的澄清公告反而引起了市场的关注，客观上起到了揭露的效果。从债券市场的反应来看，截至 12 月 25 日收盘，S 集团的债券大幅下跌；截至 12 月 26 日收盘，S 集团的三只债券均无成交。通过市场的强烈反应，可知 2018 年 12 月 25 日 S 集团发布澄清公告后，市场投资者已广泛知悉了 S 集团的虚假陈述行为，且对 S 集团明显的财务造假行为，其澄清公告并不足以打消投资者疑虑，反而让更多的投资者加重了对 S 集团财务造假的怀疑。因此，12 月 25 日 S 集团发布的澄清公告实际上产生了强烈的警示效果。同时，由于该澄清公告是完全公开的，而非只供付费会员阅读，因此这则澄清公告能够被市场广泛知悉。这样，S 集团发布澄清公告之日就完全满足了揭露日的全部标准，故而被青岛中院认定为"S 债案"虚假陈述的揭露日。

"S 债案"对于揭露日的认定体现了人民法院在认定揭露日时，能够结合媒体报道的特征与相应的市场反应，深刻分析各种与媒体相关的信息所产生的揭露效果，从而准确判断揭露日。与股票型证券虚假陈述纠纷案不同，债券型证券虚假陈述责任纠纷往往出现较多来自媒体、投资者等非官方的质疑，往往能形成对虚假陈述行为的有效揭露。股票发行人公开发行股票后，股价波动在股民看来并不罕见，股价上涨时加仓，股价下跌时抛售是常有的事。直到股票发行人被立案调查，往往才会引起投资者对发行人的造假行为的警惕，进而引发股价恐慌式下跌。债券则不同，债券发行人对于债券投资者负有还本付息的义务，因此债券发行人经营状况的异动更容易引发市场关注，债券投资者会时刻关注自己购买的债券的兑付风险，这自然会吸引媒体的注意。相比之下，官方的立案调查往往成为揭露债券发行人实际经营状况恶化而不满足债券发行条件，依靠造假行为欺骗投资者购买债券的"最后一击"。尽管官方揭露足够充分，但在时效上也已经落后于媒体。因此，媒体报道之日更容易成为虚假陈述行为的揭露日。

4. 总结

综合这二十年来证券虚假陈述责任纠纷案对揭露日认定的发展和变化，以及司法解释对于揭露日规定的完善过程，揭露日的认定形成了"以立案调查之日为主，以媒体报道之日为重要补充"的原则。这样的认定原则既体现了官方立案调查的权威性，避免认定揭露日的随意性，又肯定了媒体对于虚假陈述行为的揭露作用，能够调动媒体参与监督证券市场发展的积极性，确实是贴合实际、实事求是的认定方法，对人民法院审理证券虚假陈述责任纠纷案也起到了有效的指导作用。随着司法实践经验的进一步丰富，在司法解释的指导下，人民法院认定揭露日会更加成熟，会更加精准有效地定位虚假陈述被揭露的时间点，从而保证案件审理的质量。

（三）基准日和基准价

证券虚假陈述的基准日和基准价是在审理案件过程中计算投资者投资差额损失的重要依据。所谓基准日，是指在虚假陈述揭露或更正后，为将原告应获赔偿限定在虚假陈述所造成的损失范围内，确定计算损失的合理期间而规定的截止日期。很显然，基准日是期间的截止日，而揭露日或更正日就是期间的起始日。至于基准价，则是为计算持续持有的证券的投资损失而设立的虚拟的交易价格。

1. 基准日的定义

证券虚假陈述责任纠纷案的投资损失，是虚假陈述行为被揭露或更正后，投资者卖出或买回，或是持续持有该证券而产生的损失。基准日作为截止日期，与揭露日（更正日）一起划定了计算投资者损失的期间，将投资人应获赔偿限定在虚假陈述所造成的损失范围内。那么，为什么这个期间能够对应虚假陈述造成的损失范围呢？这就要从基准日的法理含义和立法者的立法目的来理解。众所周知，证券虚假陈述的行为一旦被揭露，市场即会作出反应，被虚假陈述影响的证券价格会剧烈变化。随着时间推移，该影响会逐步减弱，受影响证券的价格波动会趋于平稳。在证券价格平稳之后，从理论上来说，虚假陈述对市场的扭曲效应已经被市场所消化，股票价格能够再次反映其价值。因此，证券价格达到平稳之日，即虚假陈述的影响被市场消化之日。① 消化日的确定，给计算投资人的投资损失设立了一个基准，故而得名基准日。由于虚假陈述行为的影响已经被证券市场所消化，那么该日以后证券价格的波动被推定为不再受虚假陈述行为的影响，自然就不属于受虚假陈述行为影响的赔偿范围。也就是说，基准日往前到揭露日或更正日这段时间，属于证券价格受到虚假陈述行为影响的时间范围。这个期间既不能太长，也不能太短。期间太短，则虚假陈述行为的影响尚在，股票价格仍然不是其真实价值的反映，这对于保护投资者不利；期间太长，则虚假陈述行为的影响早已结束，股票价格早已回归其真实价值，这对于虚假陈述者惩罚过度。② 因而，这个期间的截止日期应当为证券价格刚刚平稳之日，虚假陈述行为的影响刚刚被消化之日，是证券价格从剧烈变化到平稳的临界点、转折点，这就基准日的法理含义。于是，投资者在此期间卖出或持有该证券所受的损失就是虚假陈述所造成的投资损失，就能获得赔偿。这就是为什么通过设立基准日获得的损失计算期间能够对应虚假陈述造成的损失范围，是确定损失的合理期间。

　　从上述对基准日的定义来看，确定基准日就是在确定虚假陈述行为的影响被证券市场消化的日期。然而，在纷繁复杂的证券市场中，任何一只证券的虚假陈述行为被揭露后，谁都没有办法精确定位到具体哪一天虚假陈述行为带来的影响消失了。与实施日和揭露日的认定有实际发生的事实为依据不同，基准日是完全没有任何事实基础的。立法者只能对这一天加以近似规定，使之能够尽可能靠近于理论上存在但实际上不可能被精确定位出的虚假陈述行为影响结束的时间点。因此，基准日完全是通过法律规定拟制出来的。

---

① 李国光主编：《最高人民法院关于审理证券市场虚假陈述案件司法解释的理解与适用》，人民法院出版社 2015 年版，第 258 页。
② 李国光主编：《最高人民法院关于审理证券市场虚假陈述案件司法解释的理解与适用》，人民法院出版社 2015 年版，第 309 页。

2. 基准价的确定

与基准日一样，基准价也是没有任何事实依据，完全依靠法律创造出来的概念。基准价是司法解释为解决如何计算持续持有证券的投资损失而设立的虚拟交易价格。

以诱多型虚假陈述行为为例，虚假陈述行为被揭露后，投资者为了避免进一步的投资损失会选择"割肉"卖出证券。在此情况下，其卖出证券的价格与买入证券的价格的差价就是投资差额损失，计算这部分的损失是以实际发生的交易价格为依据的。然而对于没有卖出的证券，由于没有实际发生的交易价格为依据，其投资损失事实上存在而没有实际发生，那这部分没有实际发生的损失在计算时需要拟定一个"卖出价"，这就是基准价。

2003年、2022年的《虚假陈述司法解释》，对于基准价的规定都采用了"平均价定价法"，即虚假陈述行为被揭露后至基准日期间每个交易日收盘价的平均价格。可以看出，基准价是随着基准日的确定而确定的。因此，关键是如何确定基准日。

3. 基准日的确定方法

确定基准日，就是确定虚假陈述行为被揭露后，证券市场需要多长时间才能将虚假陈述行为带来的影响消化掉，消化之日就是基准日。这本身就是一个十分复杂的问题，因为在实践中无法精准确定虚假陈述影响在哪一天被完全消化，这一天实际上不绝对存在。为了在审判中完成必须认定的基准日和基准价，需要设定一些方法来找到虚假陈述影响被证券市场消化之日。

方法一：净值法。该方法的核心是通过比较虚假陈述揭露日或更正日前后证券的净值变化，确定一个合理的基准日，以便计算投资者损失。根据经济学原理，只有在证券价格真正地反映了其价值的时候，才可以认定虚假陈述制造的价格扭曲被消化，但要确定一只证券的真实价值并将其与市场价格比较，在实务中是难以操作的。特别是证券作为特殊的金融商品，其价格不仅反映了当时的价值，在相当高的程度上，还反映了市场对证券今后升值潜力的预期；尤其是在我国证券市场上，即使没有虚假陈述行为的影响，证券价格与价值背离的情况亦不鲜见。因此，依据证券的真实价值确定基准日是不现实的。[1]

---

[1] 李国光主编：《最高人民法院关于审理证券市场虚假陈述案件司法解释的理解与适用》，人民法院出版社2015年版，第258页。

方法二：实际曲线法。该方法根据证券价格走势图，找到虚假陈述被揭露之后市场企稳的起始时间点，以这个时间点作为虚假陈述的基准日。这在实务操作中难度依然较大，如前文所述，证券价格的实际走势受多种因素影响，难以抽象出明显的受虚假陈述因素影响的曲线。从实际走势看，虚假陈述被揭露后，价格曲线可能长时间不能达到企稳的状态，或在一段时间会形成多个价格曲线企稳段，因而难以确定一个合理的价格曲线企稳的起始时间点。①

方法三：成交量法。该方法将相关证券的流通成交量达到100%之日，定为基准日。该方法的逻辑是，流通成交量达到100%相当于所有流通证券都已经被交易了一遍，能够推定证券价格基本摆脱了虚假陈述的影响，也表明投资者在此期间完全有机会实施减损行动。然而在实际情况中，虚假陈述行为被揭露后，证券价格虽然急剧变化，但是交易量可能不大，证券价格平稳后在相当长时间内成交量依然没有达到总流通部分的100%，或是交易量在某些人为因素（比如大股东出手稳价格）的影响下在极短时间内就达到总流通部分的100%，而实际上虚假陈述的影响还远没有被证券市场消化。因此，成交量法虽然相对科学合理，但仍然存在意外因素影响基准日的准确性。②

方法四：经验法。一些国家或地区的立法依据其市场的情况和过往经验直接规定一个日期作为基准日，如美国1995年《私人证券诉讼改革法》规定，原告所得的损害赔偿不得超过其买入价或卖出价和自改正误导性陈述或遗漏信息公开后90天内该证券的平均价之间的差额。该规定的逻辑是，虚假陈述被揭露后的90天内，其影响就会被市场消化，基准日就是虚假陈述行为被揭露后的第90天。需要有大量证券市场发展过程中积累的数据和经验为支撑，才能以此方法尽可能确定科学准确的基准日。③

4. 我国证券虚假陈述的基准日

2003年《虚假陈述司法解释》对基准日的规定采用的是成交量法，规定自揭露日或更正日起，被虚假陈述影响的证券累计成交量达到其可流通部分100%之日为基准日。

---

① 李国光主编：《最高人民法院关于审理证券市场虚假陈述案件司法解释的理解与适用》，人民法院出版社2015年版，第259页。
② 李国光主编：《最高人民法院关于审理证券市场虚假陈述案件司法解释的理解与适用》，人民法院出版社2015年版，第259页。
③ 李国光主编：《最高人民法院关于审理证券市场虚假陈述案件司法解释的理解与适用》，人民法院出版社2015年版，第259页。

2022年《虚假陈述司法解释》对基准日的规定在2003年《虚假陈述司法解释》的基础上加上了时间限制，具体是：集中交易累计换手率在10个交易日内达到可流通部分100%的，以第10个交易日为基准日；在30个交易日内未达到可流通部分100%的，以第30个交易日为基准日。

很显然，2022年《虚假陈述司法解释》对基准日的规定采用了"成交量法+经验法"，在换手率的基础上加上了10日和30日的限制。这就是说，基准日最早为第10个交易日，最晚不超过第30个交易日，在第10日至第30日这个区间内。立法者在作出这样的规定时应该考虑到，一方面，虚假陈述行为被揭露后，可能存在上市公司大股东出手，人为拉抬交易量使累计换手率过快达到100%，而实际上虚假陈述的影响还在持续的情况；另一方面，虚假陈述行为被揭露后，可能存在每日成交量过低，使累计换手率达到100%过于缓慢而实际上虚假陈述的影响已基本结束的情况。因此，立法者综合运用了成交量法和经验法，既不完全依据累计成交量确定基准日，也不完全依靠经验直接定下基准日，能够尽可能提高基准日确定的准确性，使之更贴合证券市场实际。

五、证券虚假陈述损失赔偿的因素

在证券虚假陈述责任纠纷案中，被告是否需要对原告的投资损失承担民事赔偿责任，如何承担民事赔偿责任永远是案件最大的争议焦点。在这个过程中，涉案虚假陈述行为是否具有重大性、交易行为与虚假陈述行为是否具有交易因果关系、虚假陈述行为与投资损失是否具有损失因果关系是法院判定被告对原告投资损失承担民事赔偿责任而需要考虑的核心因素。此外，针对预测性信息，相关虚假陈述是否适用"安全港"规则，也开始出现在案件审理过程中，成为影响民事赔偿责任的重要因素。

上文提到的重大性、交易因果关系、损失因果关系、预测性信息"安全港"规则都是在2022年《虚假陈述司法解释》中才得以明确规定的，这相比2003年《虚假陈述司法解释》是很大的进步，因为2003年《虚假陈述司法解释》仅仅就因果关系作出了笼统规定，没有区分也没有细化。在2022年《虚假陈述司法解释》中，立法者对证券虚假陈述损失赔偿的因素进行了分类规定。其中，重大性问题从因果关系中被分离出来专门规定，作为因果关系成立的前提条件；因果关系则被细化为交易因果关系和损失因果关系，明确了虚假陈述行为对投资者的影响分为交易和损失两个阶段；预测性信息因其特殊性而被赋予了免责规定，即"安全港"规则，体现了对披露预测性信息的合理包容和保护。

本节将着重介绍证券虚假陈述损失赔偿的因素，这是证券虚假陈述责任纠纷部分最重要的内容。证券虚假陈述损失赔偿的因素对证券虚假陈述责任纠纷案件的审判结果起着决定性的影响。

（一）重大性

重大性是描述证券虚假陈述行为的重要概念，这一概念在2022年《虚假陈述司法解释》中首次予以明确。2022年《虚假陈述司法解释》第十条规定："被告能够证明虚假陈述不具有重大性，并以此抗辩不应当承担民事责任的，人民法院应当予以支持。"可见，虚假陈述行为是否具有重大性，直接决定了虚假陈述行为人是否要对原告投资损失承担民事赔偿责任。因此，2022年《虚假陈述司法解释》施行后，虚假陈述行为是否具有重大性直接成为案件审理的核心焦点，直接关系到证券虚假陈述侵权责任是否成立，在审判实践中极易引发争议。

虚假陈述具有重大性是证券虚假陈述行为人承担民事赔偿责任的重要前提，这是因为只有具有重大性的信息才能满足"推定信赖"的条件，从而影响投资者的交易行为。笔者在"证券虚假陈述行为的构成要件"一节论述"因果关系"时强调，证券虚假陈述民事赔偿责任的因果关系是建立在"欺诈市场理论"基础上，采用"推定信赖"的方式，[①] 推定虚假陈述行为与投资者的交易行为存在因果关系。"欺诈市场理论"的核心内容就是，在一个公开有效的证券市场中，公司的股票价格是由与该公司有关的所有可获知的重大信息决定的。这里的信息指的是具备重大性的信息，具备重大性的信息能够影响投资者的交易行为，能够影响公司股票的价格，因而被投资者所信赖。反之，如果上市公司披露的某些信息不具有重大性，那就无法对投资者的交易行为产生影响。因此，如果虚假陈述的信息不具有重大性，那么投资者信赖的基础是不存在的，这样的信息就无法影响投资者的交易行为。既然信赖无法产生，那么因果关系也是无法建立的，自然也就不存在民事赔偿责任。因此重大性是虚假陈述行为与投资损失存在因果关系的前提，也是民事赔偿责任产生的前提。

---

① 林晓镍主编：《金融类案诉讼争点与裁判指引：证券虚假陈述责任纠纷》，法律出版社2023年版，第143页。

1. 2003 年《虚假陈述司法解释》搁置重大性问题

2003 年《虚假陈述司法解释》没有对重大性作出单独和明确的规定，而是在第十七条规定虚假陈述行为时，在"作出违背事实真相的虚假记载、误导性陈述，或者在披露信息时发生重大遗漏、不正当披露信息的行为"前加上了"重大事件"的限定，引入了"重大事件"概念。虽然加上了"重大事件"的限定，但这与 2022 年《虚假陈述司法解释》的重大性规定有很大的差别。一方面，在 2003 年《虚假陈述司法解释》中，重大事件没有明确独立的认定标准，实际是以当时《证券法》对信息披露的规定为依据，即《证券法》要求披露的信息就是重大事件；另一方面，在诉讼前置程序的规定下，投资者起诉的条件就是虚假陈述行为受到行政处罚或被追究刑事责任，这样的起诉条件实际上直接认定了虚假陈述行为具有重大性。由于诉讼前置程序的存在，人民法院在审理证券虚假陈述责任纠纷案时就无须判断虚假陈述行为是否具有重大性。总的来说，虚假陈述行为的重大性问题在 2003 年《虚假陈述司法解释》中被搁置，没有对其进行规定，而是在诉讼前置程序中被默认。被行政处罚或被追究刑事责任的虚假陈述行为必然会影响投资者的交易行为，受到投资者的信赖，从而形成因果关系的基础。这就导致在 2022 年《虚假陈述司法解释》施行前，鲜有案件中出现针对虚假陈述行为重大性问题的论述。即便是在个别案件中，人民法院以虚假陈述行为不足以影响投资者决策，投资者未受到虚假陈述行为影响为由驳回原告索赔的诉讼请求，也是法官绕开重大性转而研究虚假陈述的具体内容和对股价和交易量的影响效果，推定投资者实际上没有信赖虚假陈述行为而作出的。

尽管 2003 年《虚假陈述司法解释》在诉讼前置程序存在的背景下搁置了对重大性的规定，但当时人民法院出版社出版的《最高人民法院关于审理证券市场虚假陈述案件司法解释的理解与适用》一书中明确指出，要用发展的眼光看问题，诉讼前置程序应该是一个临时性措施，随着我国证券市场的日益发展和成熟，随着人民法院审理这类案件的经验的日益丰富，诉讼前置程序将会被取消，人民法院在审理虚假陈述民事赔偿纠纷的过程中，必须对相关信息的重大性作出判断。① 可见当时的司法者已经预见到随着诉讼前置程序退出历史舞台，重大性问题必将在立法中被规定，由人民法院在审理案件时进行判断。

---

① 李国光主编：《最高人民法院关于审理证券市场虚假陈述案件司法解释的理解与适用》，人民法院出版社 2015 年版，第 215 页。

2. 搁置重大性问题的弊端

在 2003 年《虚假陈述司法解释》诉讼前置程序规定的背景下，虚假陈述行为因具有重大性而被投资者所信赖，将其与虚假陈述行为受到行政处罚或被追究刑事责任直接画等号，这为当时我国人民法院审理证券虚假陈述责任纠纷减轻了很大压力。然而，搁置虚假陈述的重大性问题毕竟不是长久之计。重大性作为"欺诈市场理论"的重要前提，作为"推定信赖"的基础，是证券虚假陈述责任纠纷的核心问题之一，简单以虚假陈述是否受到行政处罚和刑事追究进行认定是不科学的。以行政处罚为例，由于行政责任与民事责任在法益保护、构成要件和认定标准等方面均存在差异，被处罚的信息披露违法行为并不当然构成民事侵权行为，仅依据行政处罚决定就径行认定被处罚的虚假陈述行为具有重大性，并不符合民事侵权责任认定的基本逻辑。① 目前我国的证券法律法规、信息披露部门规章中列入众多信息披露事项，这是监管机构规范上市公司治理的需要。站在监管者的角度，对于上市公司披露信息的规定应当足够全面细致，这是行政管理思维。虽然上市公司依法依规披露信息是必须的，但并不意味着按规定披露的信息都是足以影响投资者、使其产生信赖的信息，能够改变他们对相关证券价值的判断进而作出交易决策。许多违法违规披露的信息，或者未及时披露甚至未披露的信息，或许对投资者而言本来就不值一提，不足以影响他们的投资决策，但因为其与受到行政处罚挂钩就被一刀切地认为具有重大性，这是不符合实际情况的。因此，虚假陈述行为是否具有重大性，还是要根据虚假陈述的内容本身，以及产生的影响效果，客观独立地进行分析。

在 2003 年《虚假陈述司法解释》施行期间，随着审判经验的积累，人民法院开始关注和审查涉案虚假陈述行为不具有重大性的抗辩意见。在这些重大性存疑的案件中，存在财务造假所涉及的资金占比较小而不能对证券市场产生实质性影响、虚假陈述行为揭露后没有造成证券价格大幅变化的情况。针对这些情况，人民法院无法适用重大性规则审理案件。如前文所述，人民法院只能绕开重大性问题转而研究虚假陈述的具体内容和对股价和交易量的影响效果，从而得出虚假陈述行为没有对证券价格产生实质影响的结论，进而部分或全部驳回原告投资者的诉讼请求。可见，重大性规定在 2003 年《虚假陈述司法解释》中的缺失，导致人民法院在面对

---

① 林晓镍主编：《金融类案诉讼争点与裁判指引：证券虚假陈述责任纠纷》，法律出版社 2023 年版，第 142 页。

虚假陈述行为事实上缺乏重大性的情况时，只有通过其他途径才能解决虚假陈述行为是否具有重大影响的问题。这给人民法院审理重大性存疑的证券虚假陈述责任纠纷案带来了障碍，司法实践对于重大性规定的需求难以得到满足。因此，搁置重大性规定不利于人民法院科学高效地审理案件，在修订证券虚假陈述司法解释时必然要考虑对重大性进行相应规定。

3. 信息披露重大性标准的沿革

既然关于重大性的规定是证券虚假陈述司法解释中必不可少的内容，那么判定虚假陈述行为具备重大性的标准该如何制定就成为必须解决的问题。对此，2022年《虚假陈述司法解释》以《证券法》、监管部门制定的规章和规范性文件明确的重大事件为基础，以证券价格和交易量的变化为实质条件来判定虚假陈述行为是否具有重大性。其中，证券价格和交易量变化被称为"价格敏感性"，是重大性的实质判断标准。这种判断标准参照了美国成熟的证券市场纠纷处理经验，笔者在此以美国证券市场为例，介绍一下重大性标准的历史沿革。

美国对证券市场欺诈行为进行规制的法规主要是1934年《证券交易法》，以及美国证券交易委员会（The U. S. Securities and Exchange Commission，简称SEC）于1942年制定的SEC规则10b-5。[①] 然而它们均未就披露信息的重大性标准作出具体规定，重大性标准是通过一系列案件逐渐形成的。

（1）德克萨斯海湾硫黄公司案初涉信息重大性标准问题[②]

1965年，德克萨斯海湾硫黄公司案（SEC v. Texas Gulf Sulphur，简称"TGS案"）是较早确定信息重大性标准的案例。20世纪50年代中期，德克萨斯海湾硫黄公司（TGS）是世界上最大的硫黄产品生产商。1963年，TGS在加拿大安大略发现了一片有开采价值的新矿，可能存有丰富的铜矿和锌矿，但是TGS没有及时公布信息并采取了严格保密措施，而公司的一些高管却购买了大量本公司股票。直到次年4月，TGS才承认上述勘探发现是真实的。此后，公司股票一度上涨至每股71美元。

美国SEC于1965年4月对TGS公司提起诉讼，指控TGS公司此前发布的否认勘探发现的信息具有欺诈性和误导性，使该公司一些股民提前出

[①] 李国光主编：《最高人民法院关于审理证券市场虚假陈述案件司法解释的理解与适用》，人民法院出版社2015年版，第216页。

[②] 李国光主编：《最高人民法院关于审理证券市场虚假陈述案件司法解释的理解与适用》，人民法院出版社2015年版，第217页。

售股票而蒙受损失。本案的关键在于，TGS 隐瞒的矿产勘探发现事件是否具有重大性，美国法院对此予以肯定，提出了三种确定重大性的不同标准：第一，事件具备不同寻常的性质，对该事件的披露将导致股价大幅涨跌；第二，如果合理而且客观地考虑该事件，可能影响公司股票价格；第三，事件可能影响公司发展前景并可能影响投资人交易或持有公司股票的愿望。该案的判决为重大性标准设置的门槛的关键词就是"可能影响"，这是一个较低的标准。

TGS 案第一次较为具体地阐述了重大性标准的问题，具有里程碑意义。然而，该案确定的重大性标准过低且含糊宽泛，无论是对信息披露义务人还是审判法官来说，掌握起来都颇有难度。

（2）TSC 工业公司案基本确定重大性标准[①]

1976 年，在 TSC Industries v. Northway 一案（简称"TSC 案"）中，美国联邦最高法院基本确立了信息重大性的标准。该案判决认为，如果一位理性股东在决定如何投票的时候认为该事实是重要的，换言之，遗漏的事实在一个理性投资人看来将会显著改变其已掌握的全部信息的含义，那么这一遗漏的事实就具有重大性。与 TGS 案不同，该案判决使用的是"将会（would have）"而不再是"可能会（may or might have）"，相比而言，前者代表一种更为强大和确定的趋势，从而提高了重大性标准的门槛。在确定信息重大性标准的问题上，TSC 案明确了应从投资人的角度判断信息是否具有重大性，使得重大性的标准简单而清晰，避免了此前因设置多重标准而含糊不清的问题。

（3）重大性标准的确定

美国通过几十年的实践和发展，逐渐形成了较为稳定的标准和原则，即主要从投资人的决策影响方面对信息的重大性加以界定。到 20 世纪 80 年代，SEC 采用了综合信息披露制度，对 1937 年制定的规则作了重大修改，将信息重大性标准界定为一个理性投资者在决定是否购买注册证券时会认为该信息是重要的实质可能性。在一些具体案件的审理中，美国的法院也从另一个角度考虑重大性的问题，即信息对市场价格的影响。如果某种信息被披露将会对相关股票的市场价格产生实质性影响，法院也能将其认定为重大信息，这就是所谓的市场效应标准。除了美国，其他如欧盟国家，信息的重大性是以其对市场价格的影响力确定的，即价格敏感性标

[①] 李国光主编：《最高人民法院关于审理证券市场虚假陈述案件司法解释的理解与适用》，人民法院出版社 2015 年版，第 219 页。

准。如果信息的披露可能影响相关股票的市场价格，即具备重大性。[①]

通过对国外重大性标准的沿革和判例的研究，可以得出如下两个结论。

其一，重大性标准可以从两个方面来界定。一个是从信息对投资人决策产生的影响方面，即如果该信息的披露将会实质性影响投资人的交易决策，那么该信息就具备重大性；另一个是从对证券市场价格的影响方面，即如果该信息的披露将会对相关证券的价格产生实质性影响，那么该信息就具备重大性。这两个方面是有关联的。如果某信息对理性投资人重要，那么他就会做出交易行为。此时，受该信息的影响，大多数投资人的交易方向是相同的，这必然导致相关证券价格出现波动。

其二，信息重大性的标准并不是一个确定的公式，它具有相当程度的模糊性，具有很强的个案特征。为了解决重大性标准模糊的问题，大多数国家对证券发行规定了具体的信息披露义务，尽可能使信息披露规范化。对于个案中重大性的认定，法律法规也要作出相对具体和可操作的规定，在认定重大性的过程中公平适用，尽量统一裁判标准。[②]

4. 我国信息披露的重大性规定

我国信息披露的重大性规定是参考国外的经验，结合国内证券法律法规体系制定出的。

2022年《虚假陈述司法解释》第十条规定："有下列情形之一的，人民法院应当认定虚假陈述的内容具有重大性：（一）虚假陈述的内容属于证券法第八十条第二款、第八十一条第二款规定的重大事件；（二）虚假陈述的内容属于监管部门制定的规章和规范性文件中要求披露的重大事件或者重要事项；（三）虚假陈述的实施、揭露或者更正导致相关证券的交易价格或者交易量产生明显的变化。前款第一项、第二项所列情形，被告提交证据足以证明虚假陈述并未导致相关证券交易价格或者交易量明显变化的，人民法院应当认定虚假陈述的内容不具有重大性。被告能够证明虚假陈述不具有重大性，并以此抗辩不应当承担民事责任的，人民法院应当予以支持。"

第十条"重大性规定"的内容分为三个肯定条款与否定条款。其中，

[①] 李国光主编：《最高人民法院关于审理证券市场虚假陈述案件司法解释的理解与适用》，人民法院出版社2015年版，第221页。

[②] 李国光主编：《最高人民法院关于审理证券市场虚假陈述案件司法解释的理解与适用》，人民法院出版社2015年版，第222页。

第一款第一项和第二项以现行证券法律法规和监管部门制定的规范性文件为基础，规定了重大事件和事项的范围，例如定期报告、抵押担保、关联交易等。目前，我国证券行业的监管依据都是由以《证券法》为核心的法律法规，以及证监会和交易所制定的规范性文件组成。这些法律法规和规范性文件明文规定信息披露义务人应当披露的重大事件，显然从性质和内容上是对证券市场和投资者具有重要意义，能够使理性投资者产生信赖的重要信息，从而实质影响其交易决策。

第十条"重大性规定"的第一款第三项以实施、揭露或者更正导致相关证券的交易价格或者交易量产生明显的变化为依据来判断信息的重大性。这是在取消前置程序的背景下，司法解释为人民法院依据个案的具体情况来判断信息的重大性给出的具体标准。该标准就是证券的交易价格或者交易量是否产生明显的变化，如果交易价格或交易量在披露某信息后或揭露虚假信息后发生明显变化，那么该信息就具有重大性。第三项独立于第一、第二项，是独立衡量重大性的标准。如果仅有第一、第二项的规定，那这样的重大性规定与前置程序下直接认定重大性是没有区别的。这是因为，披露的信息一旦违反了现行证券法律法规和监管部门制定的规章和规范性文件，那必然会受到行政处罚，重大性的认定标准还是完全以行政处罚为依据。因此，第三项为人民法院在审理证券虚假陈述案件时，审查案涉披露信息的重大性提供了具有可操作性的标准。这体现了2022年《虚假陈述司法解释》专门规定重大性的意义，即披露的信息是否具有重大性不再完全以证券法律法规和监管部门制定的规章和规范性文件的范围为准，而是要具体结合披露的信息对于证券的交易价格和交易量的影响来判断。

实际上，第十条"重大性规定"第一、第二项与第三项是既有联系，又相对独立的。一方面，如果属于证券法律法规和监管部门制定的规章和规范性文件范围的信息具备重大性，那么理性投资者就会做出交易行为。受此影响，大多数投资者实施同方向的交易行为，相关证券的价格和交易量必然发生明显变化。另一方面，如果属于证券法律法规和监管部门制定的规章和规范性文件范围的信息被披露后，相关证券价格和交易量没有发生明显变化，那么该信息就不具有重大性。这是因为，目前我国的证券法律法规和规章中列入众多信息披露事项，这是监管机构规范上市公司治理的需要，但不意味着按规定披露的信息都是足以影响投资者，使其产生信赖的信息。这样的信息没有明显影响证券交易价格和交易量，就不能体现出对投资者产生了足够的影响力。因此，第十条"重大性规定"第一、第二项是披露信息具备重大性的形式要件，即如果披露的信息属于证券法律法规和监管部门制定的规章和规范性文件的范围，那么该信息就在形式上具备重大性。至于第十条"重大性规定"第三项，则是披露信息具备重大性的实质要件，意思是形式上具备重大性的信息应当同时满足导致证券价格和交易量明显变化的条件，才是真正完全具备重大性的信息。这就是为什么第十条"重大性规定"同时规定了否定条款："前款第一项、第二项所列情形，被告提交证据足以证明虚假陈述并未导致相关证券交易价格或者交易量明显变化的，人民法院应当认定虚假陈述的内容不具有重大性。"这样，第十条"重大性规定"就明确了以证券交易价格或者交易量作为重大性的实质条件，一旦证券交易价格或者交易量没有明显变化，那么即使披露的信息属于证券法律法规和监管部门制定的规章和规范性文件的范围，也不能认为该信息具有重大性。

总的来说，2022年《虚假陈述司法解释》第十条制定的重大性标准就是：披露的信息必须同时满足属于证券法律法规和监管部门制定的规章和规范性文件的范围，以及导致证券价格和交易量产生明显变化的双重条件。其中，该标准以证券价格和交易量产生明显的变化作为信息具备重大性的实质要件。现行的重大性标准既体现了对证券法律法规和监管部门制定的规章和规范性文件的统一遵循，又体现了在具体案件中，结合证券价格和交易量的实际情况对重大性进行实质审查的要求。

5. 重大性规定在我国司法实践中的发展过程

前文已经介绍，我国关于信息披露的重大性规定在2003年《虚假陈述司法解释》中被搁置，直到2022年《虚假陈述司法解释》取消前置程序，对于重大性标准的规定也随之出台。实际上，在重大性标准的规定出台前，我国司法实践对于重大性问题的探索就已经开始。通过分析虚假陈述行为对股票价格的影响，人民法院能够在缺乏重大性标准规定的情况下，判断涉案虚假陈述行为有没有对股价产生实质性影响，从而判定被告是否要承担民事赔偿责任。

（1）重大性规定出台前的探索

早在2015年，广东省高级人民法院就在"林某某与H地产公司证券虚假陈述责任纠纷案"中，以虚假陈述行为没有对证券市场产生实质影响为由，驳回了原告索赔的诉讼请求。

该案一审判决首先提出，虚假陈述行为造成投资者损失的一般情形是：从虚假陈述行为被公开揭露或更正之日起，其股票价格因受到该披露行为影响，出现较大幅度或涨或跌的异常波动，严重偏离其本来价值；投资者因股价异常涨跌而受到损失；该异常波动会在持续一段时间后逐渐为市场所冲淡和消化，最后归于平静，股票价格回归本来价值。在此基础上，一审法院选取了同期同类企业的个股，以及上证指数、深证指数、地产板块指数等变化情况，与H地产公司股票在虚假陈述行为实施日、揭露日和基准日的涨跌进行对比分析。通过比较，一审法院发现虽然H地产公司因虚假陈述行为被中国证监会处罚，但从纵向变化来看，其股票价格在虚假陈述实施日后和揭露日后的一段期间内，没有在短时间内出现连续涨、跌停等异常情况，走势没有发生异常的大幅度波动；从横向比较来看，虽然因经营状况差异，以及受国家政策、市场大势等其他因素影响，大盘和同类企业股票价格有不同程度的跌幅，但H地产公司股票价格涨跌幅与大盘、所在产业板块、其他同类企业股票价格的整体走势基本一致，涨跌幅度并不突出。由此可见，股票市场对H地产公司虚假陈述行为反应有限，没有证据表明其虚假陈述行为导致了H地产公司股价出现异常波动、严重背离其市场价值。H地产公司股价产生波动的原因除了虚假陈述，还有同样影响着其他个股的宏观因素、产业因素、市场因素等多重因素。

该案一审判决以涉案虚假陈述行为没有对股票价格产生实质影响为由，判决驳回原告诉讼请求。最终，二审维持了一审判决，并在一审判决认定的事实和结论的基础上进一步指出，H地产公司的股票价格在虚假陈述实施日后和揭露日后的一段期间内，与大盘及其他同类企业股票价格的整体走势基本一致。一审判决根据2003年《虚假陈述司法解释》第十九条的规定，认定林某某的投资损失与H地产公司的虚假陈述行为没有因果关系，并无不当。林某某主张因H地产公司的虚假陈述行为导致其股价下跌产生损失，依据不足。

从该案的判决可以发现，深圳、广东两级审判法院对于H地产公司的股价在实施日及揭露日后的走势进行了深入研究，并对比了同行业公司的股价和大盘指数，得出了虚假陈述行为没有实质影响股价且与原告的交易行为不具有因果关系的结论。以股价变动情况为研究方向，将股价与各类指数进行对比的方法，实际上与现行的2022年《虚假陈述司法解释》第十条"重大性规定"以交易价格和交易量是否产生明显变化为实质要件，在逻辑上是一致的。只不过，当时施行的2003年《虚假陈述司法解释》没有规定重大性标准，该案判决便从市场因素入手，依据2003年《虚假陈述司法解释》第十九条第四款"损失或者部分损失是由证券市场系统风险等其他因素所导致"判定被告不承担民事赔偿责任。

(2) 重大性规定第一案

2022年《虚假陈述司法解释》正式施行后,新疆维吾尔自治区高级人民法院在"H百货公司证券虚假陈述责任纠纷案"中以虚假陈述行为不具有重大性为由,判决被告不承担民事赔偿责任,成为重大性规定第一案。

2018年至2019年,H百货公司与关联方发生关联交易,对此未按规定予以披露。2019年3月,H百货公司公告承认在自查过程中,发现全资子公司存在客户贷款转贷给实际控制人及其关联方使用的情形。2019年4月,H百货公司公告收到证监会的调查通知书。2019年7月,H百货公司公告收到新疆证监局的行政处罚决定书。

该案一审仍属于2003年《虚假陈述司法解释》适用期间,一审乌鲁木齐中院认为涉案虚假陈述行为与原告主张的损失并无直接关联性。首先,该案的虚假陈述行为是未按规定披露关联交易,是隐瞒利空消息的诱多型虚假陈述行为,属于消极行为,隐瞒关联交易通常无法被外界感知,本身很难对原告的投资决策产生影响,且关联交易资金在立案调查前已经全部归还。其次,虚假陈述行为被揭露后,H百货公司股价并未下跌,亦未出现跌幅震荡,说明虚假陈述行为被揭露没有对股价产生实质影响,原告的损失与虚假陈述行为无关。最后,原告在实施日至揭露日期间仅买入2 000股,而在揭露日之后又买入4 200股,尤其是揭露日后仍大量买入H百货公司股票,亦可反映其在明知H百货公司有以上虚假陈述的违法行为并被监管部门行政处罚的情况下,依然选择购买该股票,系基于自身判断作出的投资选择。一审判决依据2003年《虚假陈述司法解释》第十九条认为,原告的损失与虚假陈述行为不存在因果关系,应由其自行承担责任,故判决驳回原告的诉讼请求。

该案二审期间,2022年《虚假陈述司法解释》正式施行,二审法院将虚假陈述行为是否具有重大性列为争议焦点,代替了一审"虚假陈述行为与投资损失是否存在因果关系"的争议焦点。依据重大性规定,二审判决认为,H百货公司的股票价格在揭露日至基准日期间并未下跌,反而呈上升趋势。即使在原告主张的投资受损期间,交易量即换手率亦未超出正常区间。因此,二审判决认为该虚假陈述未导致证券交易价格、交易量产生明显变化,故该虚假陈述不具有重大性,从而直接驳回了原告的诉讼请求。

"H百货公司证券虚假陈述责任纠纷案"一审、二审分别适用了2003年和2022年的《虚假陈述司法解释》。该案一审判决在没有重大性规定的情况下，通过分析 H 百货公司的股价变动情况和原告的交易行为，得出原告的损失与虚假陈述行为没有因果关系的结论。该案二审则直接引用重大性规定，认定 H 百货公司的虚假陈述行为不具有重大性而维持了一审判决。相比之下，依据重大性规定判断被告是否要对原告的投资损失承担民事赔偿责任更加直截了当，判决的法律依据更加明确扎实，体现了重大性规定对于审理证券虚假陈述责任纠纷案起到的有效作用。

（3）重大性规定首个示范案例

2022 年 5 月，上海金融法院就"X 公司证券虚假陈述责任纠纷案"作出一审判决。该案系上海金融法院在 2022 年《虚假陈述司法解释》施行后作出的首个示范判决，判决充分运用新司法解释中的价格影响标准，认定该案中的虚假陈述行为不具有重大性，并据此驳回原告的全部诉讼请求。

原告分别于 2016 年至 2018 年分批多次购入 X 公司股票。X 公司曾于 2018 年 8 月发布公告，披露其因 2017 年年度报告涉嫌虚假记载而被中国证监会立案调查。某省证监局认定，X 公司及其控股股东公司未按规定披露关联交易和对外担保事项，虚构保理和贸易业务，2015 年至 2017 年年度报告存在虚假记载、重大遗漏等行为。原告认为 X 公司及其控股股东公司的上述行为给其造成了极大的经济损失，遂提起本案诉讼，要求两公司承担连带赔偿责任。

上海金融法院在审理该案时认为，X 公司的虚假陈述行为并未导致其股价在实施日后出现明显上涨，亦未导致其股价在揭露日后明显下跌，故而认为涉案虚假陈述行为不具有重大性。首先，X 公司的虚假陈述行为是 2016 年、2017 年、2018 年均未在年度报告中按规定披露关联交易，该行为属于隐瞒利空消息的诱多型虚假陈述行为。三次虚假陈述行为实施后，X 公司的股价都是大幅下跌，完全不具备诱多型虚假陈述行为实施后股价一般上涨的特征，市场对虚假陈述行为的反应是相反的，可见虚假陈述行为不具有重大性。其次，诱多型虚假陈述行为被揭露后，股价通常受此影响而明显下跌。然而本案中，X 公司的股价仅在揭露日当天下跌，后两日股价均连续上涨。总之，揭露日后，X 公司的股价均未出现明显下跌。最后，揭露日至基准日期间，X 公司的股价虽然下跌，但是跌幅小于同期大盘。综上所述，X 公司的虚假陈述行为并未导致其股价或交易量产生明显变化，其虚假陈述行为不具有重大性，上海金融法院认为 X 公司无须对原告的投资损失承担民事赔偿责任，驳回了原告的诉讼请求。

上海金融法院是我国首个专业的金融法院，其在金融领域作出的判决对全国金融案件的审理具有示范效应。特别是对于证券虚假陈述责任纠纷案，上海金融法院自成立后作出了许多具有影响力的示范判决，例如"方正科技案""飞乐音响案"等。本案系上海金融法院在 2022 年《虚假陈述司法解释》施行后，运用重大性规定作出的第一个判决，受到广泛关注。本案的审理充分运用了重大性规定，以实施日后、揭露日至基准日期间案涉公司的股价作为研究对象来判定虚假陈述行为是否具有重大性。本案的判决再次明确了虚假陈述行为对股价和交易量的影响程度是判断虚假陈述行为是否具有重大性的实质要件，为其他法院审理证券虚假陈述责任纠纷案，判断虚假陈述行为是否具有重大性提供了有效参考。

6. 重大性规定的适用情况及展望

虚假陈述的信息具有重大性是证券虚假陈述民事赔偿责任的首要条件，是虚假陈述行为与投资损失产生因果关系的基础。自 2022 年《虚假陈述司法解释》正式施行后，人民法院在审理证券虚假陈述责任纠纷案时，基本都会将涉案虚假陈述行为是否具有重大性作为审理案件的争议焦点。2022 年《虚假陈述司法解释》第十条以证券价格和交易量的变化情况作为判断虚假陈述行为是否具有重大性的标准，在各地法院审理案件时已经被广泛适用。就重大性规定目前的适用情况以及未来的展望，笔者有如下观点。

(1) 否定重大性的案例非常有限

正如本节开头所述，虚假陈述行为是否具有重大性，直接决定了被告是否承担民事赔偿责任。鉴于重大性的认定对案件审理结果具有"一锤定音"的作用，人民法院在审理证券虚假陈述责任纠纷案时，对重大性问题的认定是非常谨慎的。从目前的适用情况来看，判定虚假陈述行为不具有重大性，被告免于承担民事赔偿责任的案件非常少。

笔者在前文列举的两个不具有重大性的案例有一个共同的特点，即原告人数极少，并非颇具规模的集体诉讼。因为原告人数少，索赔金额不高，影响有限，所以人民法院在审理案件时适用重大性规定的顾虑小，会直接以虚假陈述不具有重大性为由判决驳回原告的诉讼请求。而在原告人数众多，索赔金额巨大，以普通代表人制度甚至特别代表人制度审理的证券虚假陈述责任纠纷案中，人民法院就必须考虑案件本身巨大的社会影响，慎重认定虚假陈述行为的重大性。现如今，大多数证券虚假陈述责任纠纷案的原告人数众多，索赔金额巨大，社会影响力广。人民法院面对的原、被告双方分别是人数众多的中小股民和实施虚假陈述行为的上市公司。在如今严厉打击证券市场违法犯罪行为、保护投资者利益的大背景下，仅以不具有重大性为由驳回所有原告的诉讼请求的判决确实不是轻易能作出的。因此，2022年《虚假陈述司法解释》施行至今，只有零星案件以虚假陈述行为不具有重大性为由判决驳回原告的诉讼请求，绝大部分案件还是在认定重大性的基础上，通过其他方式减轻被告的民事赔偿责任，从而尽量平衡原、被告双方的利益。

（2）重大性的认定方法有待完善

2022年《虚假陈述司法解释》给出了比较明确的认定虚假陈述行为是否具有重大性的标准，即是否导致证券价格和交易量产生明显的变化。然而在司法实践中，人民法院判断证券价格和交易量是否发生明显变化的方法比较单一，对于证券价格和交易量的研究还不够深入。

2022年《虚假陈述司法解释》施行后，从人民法院作出的判决来看，法院基本都是通过分析涉案上市公司的证券价格和换手率在实施日后和揭露日后的变化情况，判断涉案虚假陈述行为是否具有重大性。以诱多型虚假陈述行为为例，证券价格和交易量在实施日后没有明显上涨，揭露日后没有明显下跌，就可以认为虚假陈述行为没有重大性。然而，单纯仅看实施日后和揭露日后的证券价格和交易量的变化，就给重大性下结论还是不够严谨。笔者认为，应该更加全面和深入地分析虚假陈述行为内容本身的特征，以及揭露日后证券价格和交易量的整体走势。

鉴于人民法院目前分析证券价格和交易量的方式仅仅停留在对价格和交易量在实施日前后和揭露日前后变化幅度的简单统计，要想全面深入地分析证券价格和交易量的变化程度，法院应当引入专业机构对价格和交易量进行深入测算和分析，就重大性问题出具专业的分析和鉴定报告，作为认定虚假陈述行为的重要证据。

虚假陈述行为是否具有重大性，本身就是非常专业和复杂的问题，单纯依靠法院对价格和交易量进行简单的统计和对比很难全面分析重大性问题。近年来，人民法院在审理证券虚假陈述责任纠纷案时，已经积累了比较丰富的委托专业机构测算投资损失和证券市场系统性风险的经验。专业机构和专家在辅助人民法院认定案件关键事实和解决关键争议焦点方面发挥了很大的作用。因此，人民法院可以就涉案虚假陈述行为是否具有重大性，委托专业机构进行鉴定，或征求金融行业专家的意见。专业机构和行业专家能够运用专业的数学和统计学知识，在计算机建模和大数据分析等专业技能的助力下，对于证券价格和交易量的变化情况进行深入分析和测算。通过这种方式，人民法院能够就虚假陈述行为是否具有重大性得出更科学精准的结论，大大提升案件的审理质量。就虚假陈述行为违反信息披露义务规定情况、对证券交易价格的影响、损失计算等专业问题征求中国证监会及其派出机构、证券交易所、证券业自律管理组织、投资者保护机构等单位的意见，符合最高人民法院的要求。

（二）交易因果关系

2022年《虚假陈述司法解释》将"重大性规定"和"交易因果关系"合并在同一节中，体现出重大性与交易因果关系在逻辑上的衔接。重大性是交易因果关系的前提。只有具备了重大性的信息才有可能被推定为是投资者所信赖的信息，而这种信赖正是交易因果关系。交易因果关系，从字面理解就是投资者因信息披露义务人实施的虚假陈述行为而做出交易行为，这种因果关系成立的前提是投资者相信虚假陈述的真实性，相信了证券价格真实反映了证券的价值。

1. 交易因果关系的成立

2022年《虚假陈述司法解释》第十一条规定了交易因果关系成立的条件："（一）信息披露义务人实施了虚假陈述；（二）原告交易的是与虚假陈述直接关联的证券；（三）原告在虚假陈述实施日之后、揭露日或更正日之前实施了相应的交易行为，即在诱多型虚假陈述中买入了相关证券，或者在诱空型虚假陈述中卖出了相关证券。"

第十一条的前两项是交易因果关系的基础事实。第三项就是司法解释在"欺诈市场理论"的基础上，对交易因果关系作出的推定性规定。"欺诈市场理论"解决了因果关系认定的难题。"欺诈市场理论"的核心观点就是：具备重大性的虚假陈述行为必定为相关证券的市场价格所反映，此时的价格是不公正的，许多信赖该价格为公正价格而进行交易的无辜投资人因而遭受损失。虚假陈述行为实施后，证券价格被扭曲，这种状态持续到揭露日前。揭露日后，证券价格才因为虚假陈述被揭露，市场广泛知悉，开始回归其真实价值。因此，司法解释以实施日至揭露日作为交易因果关系成立的时间段，在虚假陈述行为具备重大性的前提下，认定在此时间段实施的交易行为与虚假陈述存在交易因果关系。

同时，司法解释第十一条第三项将交易行为进一步细化，明确了诱多型虚假陈述中的买入行为和诱空型虚假陈述中的卖出行为，是不同虚假陈述行为下的具体交易行为。诱多型虚假陈述行为就是虚增营收、利润等财务数据及隐瞒利空消息，投资者受此类虚假陈述行为的刺激是正向的，会在看好上市公司的前景或不了解上市公司负面信息的情况下买入相关证券。因此，与诱多型虚假陈述行为具备交易因果关系的交易行为就是买入证券。诱空型虚假陈述行为比较少见，例如隐瞒或否认利好消息，比如前文提到的"TGS案"，或者发布误导性消息引发投资者担忧，投资者受此类虚假陈述行为的刺激是反向的，往往会提前卖出相关证券。因此，与诱空型虚假陈述行为具备交易因果关系的交易行为就是卖出证券。

2. 机构投资者的交易因果关系的认定

上文提到，司法解释将交易因果关系成立的区间定为实施日至揭露日期间，推定在此期间作出交易行为的投资者，都受虚假陈述行为的影响。然而在司法实践中，有一类投资者的交易因果关系引发了争议，对他们的交易因果关系的认定是否与普通个人投资者一样，统一适用第十条交易因果关系的标准，存在不同观点。这类投资者就是机构投资者。

保护投资者的合法权益是我国证券虚假陈述司法解释重要的出发点之一。对于普通个人投资者（俗称"散户"），其在实施日至揭露日期间的交易行为都被认为与虚假陈述存在因果关系，这能体现司法解释保护投资者合法权益的初衷。然而，对于机构投资者（指用自有资金或从公众手中筹集的资金专门进行有价证券投资活动的法人机构，包括证券投资基金、社会保障基金、商业保险公司和各种投资公司）作为原告提起的证券虚假陈述责任纠纷诉讼，是否与散户采用统一的标准认定其交易因果关系，有正反两种不同的意见。①

反对者认为，相较于散户，机构投资者负有更高的审慎义务，具备更加专业的投资决策分析能力，享有资金、信息、技术和投资经验的优势。与散户不同，机构投资者在做投资决策时，不应仅仅依靠上市公司发布的信息和对证券价格的观察，而是应对相关证券进行长期、系统的跟踪研究并进行实地考察。因此，机构投资者比散户负有更高的注意义务，不能享受"推定信赖"的优待，不能仅以交易行为发生在实施日至揭露日期间而主张其交易行为与虚假陈述行为具有交易因果关系。

支持者认为，机构投资者与散户都是信赖上市公司发布的信息进行交易，机构投资者面临上市公司虚假陈述的风险与散户是一致的。因此，不能因为机构投资者的身份而对其区别对待，"推定信赖"应当同样适用。只要机构投资者的交易行为发生在实施日至揭露日期间，该交易行为就与虚假陈述行为存在交易因果关系。

目前法院基本支持第二种观点。首先，从法律规定方面来看，机构投

---

① 林晓镍主编：《金融类案诉讼争点与裁判指引：证券虚假陈述责任纠纷》，法律出版社2023年版，第157页。

资者与散户都属于司法解释保护的投资者,司法解释本身就没有对其进行区分。在虚假陈述行为重大性成立的情况下,司法解释关于交易因果关系的规定应当统一适用所有投资者。其次,2022年《虚假陈述司法解释》第三十条明确规定了对证券公司、基金管理公司等投资者的损失的计算方式,这实际也表明对机构投资者统一适用交易因果关系标准的支持。最后,我国《证券法》对投资者进行平等保护,故以投资者主体的身份差异为由,对机构投资者的"信赖"施以高于散户的标准是缺乏法律依据的,也与立法精神不符。[1]

因此,目前的司法实践对于机构投资者在交易因果关系方面的法律适用一般不会进行特殊对待,只要其交易行为发生在实施日至揭露日期间,都会认定同样具有交易因果关系。然而,在一些个案中,还是会存在否定机构投资者的交易因果关系的情况。因为在这些案件中,被告能够举证证明原告机构投资者确实不是依据被告的虚假陈述,而是通过分析文件、背景资料、现场走访等方式作出投资决策的。在这类案件里,原告机构投资者与被告上市公司往往存在比较密切的关系,因而被告能够实际了解到原告的投资决策过程,从而举证证明原告的投资决策并非受虚假陈述行为影响,而是基于虚假陈述行为以外的其他原因作出的,从而打断机构投资者交易行为与虚假陈述行为之间的交易因果关系。需要说明的是,机构投资者的交易因果关系被否定完全是个案的特殊情况所致,不具有参考意义,机构投资者的交易因果关系的认定标准与散户是相同的。

3. 诱空型虚假陈述的交易因果关系

在诱空型虚假陈述行为的影响下,投资者在实施日到揭露日之间卖出相关证券与虚假陈述行为具有交易因果关系。其实,该项规定是2022年《虚假陈述司法解释》新设的,2003年《虚假陈述司法解释》中没有对诱空型虚假陈述的交易因果关系作出规定,这是因为受诱空型虚假陈述行为影响的投资者是否可以获得赔偿存在争议。

在诱空型虚假陈述行为的影响下,相关证券的价格是低于实际价值的,故而实施日至揭露日期间卖出证券的投资者蒙受"少赚了钱"或者

---

[1] 林晓镍主编:《金融类案诉讼争点与裁判指引:证券虚假陈述责任纠纷》,法律出版社2023年版,第158页。

"赔了更多钱"的损失。① 揭露日后，由于股价回归真实价值，投资者或被迫以更高价重新买入证券，或损失收益。因此，与诱多型虚假陈述被揭露后股价下跌给投资者造成实际损失不同，诱空型虚假陈述行为造成的损失是可得利益损失，投资者以低于真实价值的价格"贱卖"了证券，从而丧失了其本可以获得的利益。

正是因为诱空型虚假陈述行为给投资者造成的是可得利益损失，学界有观点认为，这不属于虚假陈述行为导致的损失，不应该获得赔偿，虚假陈述侵权所导致的损失应仅限于直接损失。他们认为，《证券法》对于投资损失的表述是"致使投资者在证券交易中遭受损失"。另外，新旧证券虚假陈述司法解释采用的都是"投资差额损失"概念，表明只有当投资者在证券交易中遭受直接的财产损失后，才能追究虚假陈述行为人的民事责任。② 因此，证券虚假陈述侵权的民事赔偿范围仅包括直接损失，而不包括可得利益损失。

随着学界对于可得利益损失认识的深入，特别是可得利益损失的概念被引入侵权法领域，证券虚假陈述造成的损失同样要包含可得利益损失也就被广泛认可，从而被纳入2022年《虚假陈述司法解释》损失赔偿的范围。

可得利益损失，是指新财产之取得因损害事实之发生而受妨害，这是消极的损害。可得利益的概念源于《合同法》，我国在《合同法》中将损失分为实际损失与可得利益损失。与确定事件发生后造成的实际损失不同，可得利益损失建立在假设的基础上，即通过假设某一未发生的违约事件实际发生，预判损害的后果。后来，可得利益损失的概念被引入。《侵权责任法》中的可得利益损失具有两个特征：第一，侵权行为发生后，这种利益尚未被确定取得，仅仅是可能被取得；第二，可得利益不是虚构和假设的，而是在侵权行为发生之时，侵权行为人可以预见到的。对应到诱空型虚假陈述侵权行为中，虚假陈述行为从实施后到被揭露前，投资者以低于真实价值的价格"贱卖"证券而"少赚取利益"，在没有发生虚假陈述的情况下是可以避免的。同时，上市公司显然清楚，隐瞒利好消息或发布错误的利空消息必然会影响投资者的投资决策。因此，诱空型虚假陈述

---

① 林晓镍主编：《金融类案诉讼争点与裁判指引：证券虚假陈述责任纠纷》，法律出版社2023年版，第174页。

② 林晓镍主编：《金融类案诉讼争点与裁判指引：证券虚假陈述责任纠纷》，法律出版社2023年版，第175页。

中的投资者遭受的损失是未能取得的利益,并且是可以确定的利益。在积极的诱空型虚假陈述中,如果虚假陈述行为人没有错误发布虚假的利空消息,投资者就能按照更高的价格卖出证券,甚至不卖;在消极的诱空型虚假陈述中,如果虚假陈述行为人没有隐瞒利好消息(例如"TGS 案"中被隐瞒的发现矿藏的消息),投资者卖出的证券价格就不会过低,甚至会买入更多,而不是待利好消息被揭露后才被迫以更高价买入。总的来说,诱空型虚假陈述行为给投资者带来的损失虽然没有真实发生,却是可预见且可确定的,所以应当纳入民事赔偿的范围。①

4. 交易因果关系的否定

2022 年《虚假陈述司法解释》第十一条规定的交易因果关系标准,将所有在实施日至揭露日期间的交易行为都与虚假陈述行为建立了因果关系。这种认定方式非常简洁地设定了交易因果关系成立的标准,容易把握。然而,证券市场是非常纷繁复杂的市场,充斥着各种各样影响证券价格、交易决策的因素。许多交易行为的作出都是受多重因素的影响,难以绝对与某一事件完全挂钩。如果投资者在实施日至揭露日期间的交易行为不是受虚假陈述行为影响,而是另有原因,那么将这样的交易行为认定为与虚假陈述行为具有交易因果关系,就过分加重了信息披露义务人的民事赔偿责任,是非常不科学不合理的。

正是因为考虑到了证券市场的复杂性,2022 年《虚假陈述司法解释》第十二条就规定了交易因果关系不成立的情形:"(一)原告的交易行为发生在虚假陈述实施前,或者是在揭露或更正之后;(二)原告在交易时知道或者应当知道存在虚假陈述,或者虚假陈述已经被证券市场广泛知悉;(三)原告的交易行为是受到虚假陈述实施后发生的上市公司的收购、重大资产重组等其他重大事件的影响;(四)原告的交易行为构成内幕交易、操纵证券市场等证券违法行为的;(五)原告的交易行为与虚假陈述不具有交易因果关系的其他情形。"这五项情形中,前两项很好理解,第一项与交易因果关系成立区间正相反,第二项则是针对具体案件中的情况。重点是后三项,特别是第三项"收购、重大资产重组等其他重大事件的影响"是否定交易因果关系最受关注、也是争议最大的一点。

否定交易因果关系的根本在于"阻断信赖",即主张投资者不是合理信赖虚假陈述行为,而是因为收购、重大资产重组等重大事件作出交易行

---

① 林晓镍主编:《金融类案诉讼争点与裁判指引:证券虚假陈述责任纠纷》,法律出版社 2023 年版,第 175-176 页。

为。2022年《虚假陈述司法解释》第十二条第三项背后的原理就是，如果有证据证明虚假陈述行为没有实际诱使投资者作出交易行为，投资者的交易决策是因为受到虚假陈述行为实施后的其他重大事件影响而作出，则能够否定根据合理信赖而推定成立的交易因果关系。

然而在司法实践过程中，人民法院对于个案中发生在虚假陈述行为实施后的收购、重大资产重组等重大事件能否阻断虚假陈述行为与交易行为的交易因果关系的判断是非常慎重的。关键在于，否定交易因果关系与交易因果关系推定成立的内在逻辑不同。交易因果关系推定是司法解释在"欺诈市场理论"的基础上，建立起的适用所有投资者的共性原则。只要虚假陈述行为具备重大性，投资者在实施日至揭露日期间作出了与虚假陈述行为诱导方向一致的交易行为，交易因果关系就能够成立，人民法院也就无须个别判断每个投资者的交易动机。相比之下，如以收购、重大资产重组等重大事件为由否定交易因果关系，人民法院则必须针对个案中发生在虚假陈述行为实施之后的重大事件的情况进行具体甄别，才能判断重大事件是否阻断了交易因果关系，而非仅凭借重大事件发生在虚假陈述行为之后就否定交易因果关系。笔者认为，法院至少应当对重大事件的重大性和影响程度、重大事件介入与虚假陈述行为实施的间隔时间长短、重大事件介入前后的具体交易情况等方面进行综合考虑。

首先是重大事件的重大性和影响程度。如果收购、重大资产重组等重大事件的重大性和影响程度远远超过了虚假陈述行为，那么确实有理由认为收购、重大资产重组等重大事件阻断了交易因果关系，交易行为是受到重大事件的影响而作出的。例如，某上市公司在年度报告中虚增几百万元的营收或利润，但就在发布该年度报告后，该上市公司进行了规模高达几亿甚至数十亿的并购重组，导致公司的营收和利润规模急剧膨胀，业务结构和商业模式都发生了巨变，从而引发了证券市场、投资者的高度关注。在这种情况下，并购重组的重大性和影响程度应该远超虚增几百万营收或利润的虚假陈述行为，其对投资者投资决策的影响应该能够完全覆盖虚假陈述行为的影响。这种重大事件有理由被认为是投资者作出交易行为的原因，从而切断交易行为与虚假陈述之间的交易因果关系。不过，否定该观点的人会主张，交易行为受到了虚假陈述行为和重大事件的双重影响，不能直接否定虚假陈述行为与交易行为的因果关系。

其次是重大事件介入时间与虚假陈述行为实施时间的间隔长短。例如，收购、重大资产重组等重大事件在虚假陈述行为实施后不久即发生，那么从时间间隔的角度来看，重大事件对交易行为的影响能够替代虚假陈述行为，成为导致投资者作出交易行为的原因。

最后是重大事件介入前后的具体交易情况。如果收购、重大资产重组等重大事件介入前后投资者的交易情况迥异，那么就有理由认为投资者的交易行为与重大事件存在因果关系，或者说至少发生在重大事件介入后的交易行为与虚假陈述行为的交易因果关系被重大事件切断，与虚假陈述行为不再有交易因果关系。比如，某投资者在虚假陈述行为实施后的交易量极少甚至为零，而重大事件发生后，该投资者才开始大量交易，那么就有理由认为重大事件的发生才是导致投资者作出交易行为的原因。这么来看，重大事件介入后的交易行为就与虚假陈述行为不具有交易因果关系了。不过，反对者也会主张，即使交易行为都发生在重大事件介入之后，那也是受到了虚假陈述行为和重大事件的双重影响，不能直接排除虚假陈述行为产生的交易因果关系。

从上述重大事件对交易因果关系的影响来看，确实很难通过比较简单的办法认定交易行为因重大事件而发生，与虚假陈述行为不具有交易因果关系。这是因为证券市场的复杂性和投资决策的多因性决定了某交易行为很难与某因素直接单独挂钩，交易决策的动机非常复杂，这也是人民法院在判断收购、重大资产重组等重大事件能否阻断虚假陈述行为产生的交易因果关系时极为慎重的原因。一旦认定了原告的交易行为是受收购、重大资产重组等重大事件的影响而与虚假陈述行为不具有交易因果关系，那就必须判决驳回原告的诉讼请求，直接免除被告的民事赔偿责任。这与否定重大性所带来的影响是类似的，只不过否定重大性适用于全体原告，驳回全体原告的全部诉讼请求，而交易因果关系要根据个案的具体交易情况来判断。

法院应当仔细研究重大事件和原告交易情况的关联，必要时候应当也委托专业机构对收购、重大资产重组等重大事件的影响进行论证，从而提高案件的审理质量。交易因果关系本身就是审理证券虚假陈述责任纠纷案的重大争议焦点，是揭示交易行为与虚假陈述行为关系的关键事实，是民事赔偿责任产生的基础。无因果，不担责，厘清案涉交易因果关系对于提高案件审理质量，提升证券市场法治水平，推进理论界、实务界对于交易因果关系的认识具有重要意义。

从理性的角度来看，认定交易行为受收购、重大资产重组等重大事件而非虚假陈述行为影响本就是一种理想状态，彻底清楚地区分和切断交易因果关系是不可能真正做到的。如果交易因果关系不成立的证明标准过高，就会导致对案件客观事实的盲目追求，加重当事人的举证负担，浪费司法资源，降低案件审理效率。过高的证明标准会使交易因果关系的否定条款实际上被束之高阁，处于无人敢用的尴尬境地。这会使交易因果关系在实质上无条件成立，显然有违制定交易因果关系否定条款的初衷，不利于提高案件审理质量。笔者认为，交易行为受重大事件影响而使交易因果关系不成立的证据能够达到高度盖然性标准就应当被采纳。

高度盖然性标准是最低限度的证明标准，待证事实由多项证据支撑，彼此互相印证，且证明力明显高于对方，就达到高度盖然性标准。由此，重大事件同时满足重大程度显著、对投资者交易决策的影响明显大于虚假陈述行为、投资者仅在该介入的重大事件发生后才开始交易证券或交易量在重大事件介入后显著增加这三项条件的情况下，主张推翻交易行为与虚假陈述行为之间已经被推定成立的交易因果关系，是有说服力的。交易因果关系是按照法律规定推定出来的，其本身不能在客观上证明交易因果关系成立。相比之下，如果某重大事件能同时满足这三项条件，且这三项条件能互相印证，那从一个理性自然人的角度来看，该重大事件足够影响一个正常投资人的投资决策。

（三）损失因果关系

证券虚假陈述责任纠纷的因果关系分为两重，一是交易因果关系，考察的是虚假陈述行为是否对投资者的交易行为产生了错误引导；二是损失因果关系，考察的是投资者的损失是否为虚假陈述行为所致，或多大程度上是虚假陈述行为所致。只有两重因果关系得到充分证明，即投资者是因信赖虚假陈述而作出交易行为，并因虚假陈述遭受损失，整个因果关系链条才得以完整，才能最终产生民事赔偿责任。

将损失因果关系与交易因果关系分开的意义在于将事实判断问题与法律价值考量进行适度区分。交易因果关系是否存在是事实判断问题，即虚假陈述是不是诱导交易行为发生的原因。损失因果关系则不同，不仅有是否存在的问题，还有程度的问题。在司法实践中，损失因果关系通常都是存在的，真正需要考量的是损失在多大程度上是虚假陈述行为导致的，这实际是被告需要对原告的投资损失承担多大比例的民事赔偿责任的问题。在确定这个比例的过程中，人民法院需要考虑证券市场乃至宏观经济中各种导致证券价格波动的因素，在案情复杂、原告人数众多的案件里往往要在专业机构测算的基础上，最终判定被告需要对原告的投资损失承担多大比例的民事赔偿责任。

1. 损失因果关系的法理基础

证券市场中损失的表现形式和原因具有特殊性，证券投资者在证券市场中的损失表现为证券价格的上涨和下跌。一般来说，虚假陈述导致投资者对证券的前景产生误判而作出投资决策，进行交易，从而影响了证券的供求关系，导致证券价格上升或下降。当具备重大性的虚假陈述行为被揭露后，证券价格往往剧烈波动。然而不可否认的是，造成证券价格波动的因素不仅仅是虚假陈述，投资者的损失往往是包括虚假陈述在内的宏观经济形势、行业政策、金融危机、政治事件甚至谣言等多种因素导致的。或者说，即使没有虚假陈述的影响，投资者依然要面临投资损失。因此，损失因果关系存在的意义就是要在法律上判定是否存在其他不可归责于虚假陈述的因素，导致投资者的损失与虚假陈述的关系过于遥远，从而减轻或免除被告的民事赔偿责任。

在划定民事责任范围时，将不可归责于虚假陈述的其他致损因素纳入考量范畴有多方面意义。① 第一，符合《侵权责任法》原理。填补损害无疑是《侵权责任法》的基本功能。侵权损害赔偿制度以填补被侵权人损失为原则，即民事责任的范围与违反民事义务造成损失的范围相适应，民事损害赔偿只要填平受害人所受的损失，达到补偿目的即可。证券虚假陈述民事赔偿责任作为特殊的民事赔偿责任，亦要遵循该原则。如果有证据证明证券市场价格波动还由虚假陈述以外的其他因素所引起，那么，虚假陈述以外的其他因素所引起的价格波动导致的投资损失就不应由虚假陈述责任主体赔偿，否则就违背了"自己责任"的《侵权责任法》基本原则。第二，尊重证券市场收益与风险对等原则。证券投资是高收益与高风险并存的投资方式，投资者理应为证券市场的正常风险承担责任，而不能因为虚假陈述行为的存在而将证券市场的正常风险都归咎于虚假陈述行为。因此，剔除虚假陈述以外的风险符合基本的证券投资学理论。第三，维护证券市场各方权责配置的利益平衡。我国《证券法》的立法宗旨是保护投资者的合法权益，同时兼顾证券市场各方主体的利益。虚假陈述行为给投资者造成的损失确实应该得到合理赔偿，但这不意味着赔偿责任可以无限扩大，以致一旦虚假陈述行为被揭露，投资者此前的所有投资损失都能因此获赔。这种过度倾向于保护投资者的索赔逻辑，加重了上市公司的风险和负担，不但无助于提升证券市场信息披露水平和上市公司管理水平，更会

---

① 林晓镍主编：《金融类案诉讼争点与裁判指引：证券虚假陈述责任纠纷》，法律出版社2023年版，第199-200页。

使证券诉讼实质上沦为上市公司股东财富的再分配。因此，制定关于损失因果关系的规定是非常有必要的，这有助于厘清哪些投资损失由虚假陈述责任人来赔，哪些投资损失应当由投资者自己承担。

2. 2003年《虚假陈述司法解释》中的损失因果关系

2003年《虚假陈述司法解释》中有关损失因果关系的规定仅存在于第十九条第四项："损失或者部分损失是由证券市场系统风险等其他因素所导致。"根据该条款，证券市场系统风险等其他因素是被告提出虚假陈述与损害结果之间不存在因果关系或仅存在部分因果关系的抗辩事由。然而，该条款的内容过于原则化，对于如何理解"证券市场系统风险"和"其他因素"、当事人如何证明"证券市场系统风险"和"其他因素"、人民法院对于当事人提交的证据如何采信等问题，均缺乏具体规定。这导致在较长时间里，人民法院很难准确判断"证券市场系统风险"和"其他因素"给原告的投资损失造成了何种程度的影响，更不要说据此确定民事赔偿责任比例。

对损失因果关系持谨慎态度的人认为，认定证券市场系统风险应当采用非常严格的标准，除非有证据证明证券市场确实发生了足以影响全局的事件，否则以"证券市场系统风险"和"其他因素"为由减轻甚至免除民事赔偿责任的抗辩不能被轻易采纳。这是因为，只有对整个证券市场都产生了灾难性影响的特殊重大事件，如世界金融危机这样足以导致整个证券市场崩盘的特大事件，才足以抵消或削减虚假陈述对投资损失的影响，从而免除或减轻行为人的民事赔偿责任。这么看来，恐怕只有全球经济危机、证券市场"熔断"等类似事实，才能证明"证券市场系统风险"及"其他因素"存在，从而适度减轻被告的民事赔偿责任。

对损失因果关系持开放态度的人认为，证券市场是高风险市场，投资者进入证券市场谋求较高投资收益的同时，必然承担较高的风险。虚假陈述行为就算是造成投资损失的因素，也不可能是唯一的因素。投资者自从进入证券市场开始，损失风险就是固有的，只不过不同时期风险程度不同而已。换句话说，就算没有虚假陈述行为，投资者照样会面临损失，而造成投资损失的原因显然与虚假陈述行为无关。如果将这部分损失也归咎于虚假陈述行为，那就等同于将证券市场所有的风险全部转嫁到上市公司等信息披露义务人的身上。这不仅不符合《侵权责任法》的损害行为与赔偿责任对等原则，而且加重了上市公司的负担，大幅提高了上市公司面临的风险，在过度保护投资者的同时，明显损害了上市公司的合法权益，进而不利于整个证券市场的发展。因此，如果有证据证明确实存在客观上会给投资者造成损失的"证券市场系统风险"及"其他因素",且这种风险很有可能会导致投资损失,那就应该依法判决减轻相应比例的民事赔偿责任,甚至免除民事赔偿责任。

2003年《虚假陈述司法解释》施行后期,随着司法实践经验的积累,人民法院在判决被告对原告的投资损失承担民事赔偿责任时,通过计算证券市场系统性风险比例来扣除赔偿金额成为常态,极少有案件判决被告赔偿全部投资损失的。人民法院认为,证券市场系统风险是指引起整个证券市场或整个行业证券价格波动,使投资者蒙受损失的风险,这种风险具有客观性,无法由个别企业或行为所控制,亦无法通过分散投资予以避免。通常表现为某个领域、行业部门整体的变化,使证券价格产生较大波动。与案涉证券最具关联性的大盘指数、行业指数、板块指数可以反映证券市场系统风险存在。同时,证券市场系统风险的比例,也可以根据大盘指数、行业指数、板块指数进行测算。

在计算证券市场系统风险比例方面,人民法院起初会自己选取相关指数,按照"指数对比法"测算系统风险比例。例如,在揭露日后,案涉上市公司股价跌幅为 a,对应的指数跌幅为 b,那么系统风险比例就是 b/a,赔偿比例就是 $1-b/a$。如果采用了多个指数进行对比,例如对应的三个指数跌幅分别为 b、c、d,那么就三个比例平均,即系统性风险比例为 $(b/a+c/a+d/a)/3$。通过这样简单易懂的办法,人民法院初步解决了测算系统风险比例的难题。

然而,上述这种测算方法毕竟比较粗糙,科学性不足且精准性不够。人民法院毕竟不是金融机构或科研院,法官也不是金融专家或数学家,再加上缺乏高级的测算手段,其计算出来的系统风险比例显然只能大致反映证券市场的风险程度。特别是当原告人数众多时,人民法院不可能通过自己的手段测算每一位原告的投资损失包含的系统风险比例。此时就需要专业机构运用专业的计算方式,建立数学模型并通过计算机高效精准地计算系统风险比例。近几年发生的证券虚假陈述责任纠纷案,人民法院都会委托高校或其他专业机构计算系统风险比例,如上海交通大学上海高级金融学院、投资者保护中心、中证资本市场法律服务中心、中证中小投资者服务中心等。这些机构在"方正科技案""飞乐音响案""普天邮通案""康美药业案"等许多影响重大的案件中,为人民法院审理提供了至关重要的帮助。他们针对涉案的每一位投资者测算了其投资损失中系统风险的比例,并出具损失测算意见书,意见书的结论直接成为人民法院认定被告应承担的民事赔偿责任的依据。

3. 2022 年《虚假陈述司法解释》中的损失因果关系

2022 年《虚假陈述司法解释》在"损失认定"部分专门规定了损失因果关系，第三十一条规定："人民法院应当查明虚假陈述与原告损失之间的因果关系，以及导致原告损失的其他原因等案件基本事实，确定赔偿责任范围。被告能够举证证明原告的损失部分或者全部是由他人操纵市场、证券市场的风险、证券市场对特定事件的过度反应、上市公司内外部经营环境等其他因素所导致的，对其关于相应减轻或者免除责任的抗辩，人民法院应当予以支持。"

首先，第三十一条明确了虚假陈述与损失的因果关系（损失因果关系）是客观存在的，是人民法院必须查明的案件事实。在 2003 年《虚假陈述司法解释》中，人民法院是被动审查损失因果关系。相比之下，2022 年《虚假陈述司法解释》则直接要求人民法院主动查明损失因果关系，不再以被告举证为条件，提高了损失因果关系在案件审理中的地位。其次，第三十一条明确了查明和确定损失因果关系是为了确定民事赔偿责任范围，这表明了民事赔偿责任范围最终是根据损失因果关系的认定来确定的，重大性和交易因果关系决定了民事赔偿责任是否存在，最终的民事赔偿责任范围是需要调整的。最后，第三十一条较为详细地列举了能够削弱甚至阻断损失因果关系的因素，用"他人操纵市场、证券市场的风险、证券市场对特定事件的过度反应、上市公司内外部经营环境等"取代了 2003 年《虚假陈述司法解释》仅有的"证券市场系统风险"。相比"证券市场系统风险"这样过于笼统含糊的表述，第三十一条的内容更具体，也能够为审查损失因果关系提供明确的指引。

2022 年《虚假陈述司法解释》第三十一条比较详细地列举了导致投资者损失的其他原因，包括宏观经济、证券市场的系统风险、行业及上市公司面临的风险、特定事件带来的特殊风险。其中，证券市场系统风险这类证券市场固有的重大风险，作为抵消损失因果关系的因素用以扣减损失赔偿金额已经成为共识，在司法实践中常作为扣减赔偿额的重要因素。除了证券市场固有的重大风险，其他影响较小的风险，例如证券市场特定事件、上市公司及其行业特有的风险、上市公司自身经营风险等，能否作为损失赔偿的扣减因素是存在争议的。

反对者认为，保护受虚假陈述误导的投资者的利益，是证券虚假陈述民事赔偿制度的重要价值。虽然证券市场系统风险这类证券市场固有的重大风险，作为抵消损失因果关系的因素用以扣减损失赔偿金额已经成为共识，在司法实践中被广泛采纳，但是这不意味损失赔偿扣减因素的范围可以随意扩大，将各类所谓的风险和事件均纳入其中。如果投资者不是受虚假陈述的误导而交易证券，那他们原本不会受到证券市场固有风险以外的损失。因此，对于损失赔偿扣减因素的审查标准不宜过宽，除非是证券投资不可避免的大盘和行业的固有风险，不进行扣减将导致利益严重失衡的情况，其他所谓的风险都不能作为损失赔偿扣减因素予以考虑。

支持者认为，根据侵权法的基本原理，侵权行为人承担的赔偿责任应以其侵权行为直接造成的损害为限。因此，虚假陈述行为人对于非因虚假陈述行为引起的证券价格波动而导致的投资损失不应当承担赔偿责任。证券市场价格波动是众多复杂原因共同作用的结果，即使是虚假陈述行为产生影响期间，各种其他因素对证券价格走势的影响也是一直存在的。除了引发证券市场全局性和相关行业整体性的系统风险的因素，仍然有大量与虚假陈述行为无关的其他因素可能会影响证券价格并导致投资者损失。如果有证据能够证明除了虚假陈述，客观上同时存在引发证券价格波动的其他因素，不论其属不属于引发证券市场全局性和相关行业整体性的系统风险的因素，只要这些因素与投资者的部分损失之间具有关联性，且这些因素对投资者造成的投资损失能够量化计算，人民法院就应当支持将这些因素作为扣减损失的因素的主张，查明这些因素导致投资损失的比例，在被告最终承担的民事赔偿责任中按比例进行扣减。

笔者认为，支持将证券市场固有重大风险之外的其他风险因素作为损失赔偿的扣减因素，在被告最终承担的民事赔偿责任中按比例进行扣减的观点更加符合证券虚假陈述损失因果关系的特征，更加符合2022年《虚假陈述司法解释》第三十一条的本意。与银行储蓄、国债、固定收益类理财产品不同，以股票为代表的证券投资的风险要高得多，这种风险是非常复杂多样且时刻存在的。不能因为虚假陈述行为的存在，就将证券市场所有风险给投资者带来的投资损失全都转嫁到虚假陈述行为人身上。保护投资者的合法权益，挽回投资者因虚假陈述侵害而造成的损失固然是证券赔偿制度和《虚假陈述司法解释》的应有之义，但也不能过度惩罚上市公司等虚假陈述行为人。这会造成两方利益的严重失衡，加重上市公司的负担，最终还是会损害投资者的利益，形成两败俱伤的结果。

综上所述，2022年《虚假陈述司法解释》第三十一条明确规定人民法院应当查明虚假陈述与原告损失之间的因果关系，并且对影响损失因果关系的因素进行了较为详细的分类列举，在此情况下，人民法院在审理案件时应当对导致损失的因素进行全面审查，在查明这些非虚假陈述因素与投资损失具有关联性的基础上，实事求是地划定这些因素给原告造成的损失占原告投资损失的比例,进而在判决被告最终承担的民事赔偿责任时按比例扣除。

在这个过程中,首先,人民法院应当全面审查影响损失因果关系的因素,不限于证券市场系统风险,而是包括所有可能影响证券价格的风险和事件。其次,人民法院应当对可能影响民事赔偿责任的因素与投资者损失的关联性进行审查。例如,某因素对证券价格的波动是否产生足够影响或不产生影响,影响不足的因素就不能纳入扣减民事赔偿责任的因素范围;某因素在具体案情下对证券价格波动的影响是正相关还是负相关,负相关的因素也不能纳入;某因素是否实际是虚假陈述行为引发的次生因素,如果该因素实际是虚假陈述行为的消极后果,那当然不能将其纳入扣减民事赔偿责任的因素范围。最后,人民法院应当将损失因果关系的因素对投资损失的影响比例统一委托专业机构进行测算,从而得出科学准确的扣减比例。根据以往的司法实践,人民法院委托专业机构测算系统性风险比例的经验已经比较成熟,通过专业机构测算出的系统风险比例已经具有权威性,成为人民法院确定民事赔偿责任的重要依据。那么,证券市场系统风险以外的其他导致投资损失的风险和事件占投资损失的比例同样能够让专业机构进行测算。专业机构能够借助金融市场数据,通过"事件分析法"或建立数学模型等方法来核算,核算的结果应当成为人民法院在原告投资损失的基础上进行扣减,最终确定民事赔偿责任的重要依据。当然,对于专业机构的核算结果,人民法院也不能"照单全收",仍要对核算方法和结论进行综合评定才能判定扣减比例和酌定民事赔偿责任,必要时应当要求专业机构负责人和核算报告制作人到庭解释测算方法与过程。

(四) 预测性信息安全港规则

预测性信息安全港规则是一种法律保护制度,旨在保护正常的预测性信息披露,为那些符合规定的有关上市公司发展前景的预测披露行为提供保护,使行为人免于承担民事赔偿责任。要正确认识预测性信息安全港规则的意义,首先就要了解预测性信息。

1. 预测性信息的概念

预测性信息,在美国习惯上称为"软信息"。在传统证券法概念里,证券信息披露主要局限于"硬信息",即对客观可证实的事件的表述,属于"事实"或"事件"。预测性信息则相反,其主要特点在于:第一,它是一种预测性陈述而非事实描述;第二,它在作出之时往往缺乏能证实其准确性的事实依据和数据;第三,它是一种主观评价和估计;第四,它具有形容性。预测性信息一般包含对财务事项、未来经营计划和目标、未来经营表现等方面的预测性陈述。[①]

预测性信息对于证券市场发展极为重要，但也有负面作用。当代证券投资理论认为，证券的市场价格主要取决于上市公司未来的业绩表现，投资者投资某只证券实际上是对发行该证券的上市公司未来的发展前景和价值进行投资。上市公司发布的有关客观存在的事实的陈述，例如营收、利润、投资并购、重大交易等"硬信息"，都是投资者用以判断公司未来发展前景的重要依据。那么，上市公司发布的有关公司未来发展前景的预测性信息更是投资者判断公司未来的发展前景和价值的重要信息，符合投资者面向未来的投资逻辑。然而，预测性信息也是一把双刃剑，其在促进证券市场有效性、消除信息不对称性、降低交易成本的同时，也容易出现虚假陈述、信息被披露义务人操纵及被投资者不合理信赖的风险，成为误导投资者的工具。虽然在一般侵权法意义上，可能构成虚假陈述的信息只是有关客观存在的事实的陈述，意见、看法之类的预测性信息不能成为虚假陈述的内容，但是披露预测性信息的上市公司是证券市场的主体，其披露的信息对所有投资者的投资决策都会产生举足轻重的作用，预测性信息也不例外。因此，披露存在重大错误的预测性信息亦有可能构成虚假陈述。

美国证券交易委员会从诞生起至20世纪70年代初，均无条件地禁止公众公司在申报材料中披露前景预测的内容。其理念是前景预测的本质就是不可信的，不成熟的投资者在作出投资决定时，对这类信息将会产生不适当的依赖。[②] 然而，批评禁止措施的人认为，如果禁止上市公司发布此类预测性信息，中小投资者就无从获取预测公司未来发展状况的信息，而大投资人和机构投资者因其自身地位和获取信息能力远超中小投资者的优势，照样能够通过日常交往的方式获取这些宝贵的预测性信息而从中获益。因此，禁止披露预测性信息实质上造成了证券市场信息获取的不公平。如果预测性信息能够被依法依规披露，并被所有投资者公平合理地利用，对于证券市场发展是大有裨益的。

2. 预测性信息安全港规则的发展过程

20世纪70年代，美国证券交易委员会意识到即便上报的文件中没有

[①] 李国光主编：《最高人民法院关于审理证券市场虚假陈述案件司法解释的理解与适用》，人民法院出版社2015年版，第202页。

[②] 李国光主编：《最高人民法院关于审理证券市场虚假陈述案件司法解释的理解与适用》，人民法院出版社2015年版，第204页。

包括重大预测性信息，投资者仍然可以在市场中获得这些信息，因而有必要采取相应的监管措施。1976年，美国证券交易委员会正式宣布废除禁止披露预测性信息的政策，承认禁止政策有悖于投资者权益保护。1978年，美国证券交易委员会专门制定颁布了《揭示预测经营业绩的指南》和《保护预测安全港规则》等有关规定，以鼓励预测性信息的披露，并最终于1979年采纳了安全港规则①。

（1）1979年安全港规则

1979年，美国证券交易委员会立法为强制性信息披露和自愿性预测信息披露提供了免责制度，以鼓励在文件中披露预测性信息。安全港规则为以下陈述提供了法律保障：一是对某些财务事项的预测，如利润、每股收益、股红或资本结构；二是公司管理者的规划和目标；三是披露的未来经济运行状况；四是与上述陈述相关的前提假设。②

1979年安全港规则规定，预测性信息陈述适用安全港的条件是：该陈述符合特定的条件；该陈述的作出是善意的且具有合理依据；该陈述应局限于有关主体向证券交易委员会申报备案的文件中。

（2）1995年安全港规则

美国1995年《私人证券诉讼改革法》中的安全港规则对安全港条款的适用范围作出了限制。1995年安全港条款规定，除非证券交易委员会作出其他特别规定，不适用安全港条款的前景预测陈述有两大类。第一，下列情况中，有关发行人业务和经营的预测不受安全港条款保护：在首次作出前景预测之前的三年间，发行人被指控犯有1934年证券法第15（b）（4）（B）（I）—（iv）项所述罪行的，或在前述期间内，发行人成为政府诉讼的主体，受到因此作出的司法或行政裁决或命令的处理；在空头支票公司的证券发行中所作的前景预测陈述；零股发行；有关换股合并交易的前景预测陈述；有关股份回购交易的前景预测陈述。第二，下列前景预测陈述不受安全港条款保护：包含于依一般公认会计准则编制的财务报表中；包含于投资公司的注册报表或由投资公司出具的注册报表中；涉及要约收购的；涉及首次公开发行（IPO）的；涉及由合伙人、有限责任公司或直接参与投资方案所作的发行，或关于他们经营状况的；包含于1934

---

① 李国光主编：《最高人民法院关于审理证券市场虚假陈述案件司法解释的理解与适用》，人民法院出版社2015年版，第205页。

② 李国光主编：《最高人民法院关于审理证券市场虚假陈述案件司法解释的理解与适用》，人民法院出版社2015年版，第206页。

年证券法第 13 条（d）款规定的向证券交易委员会申报备案的受益权披露报告中的。①

3. 预测性信息安全港规则的基本构成要件

预测性信息安全港规则有两个基本构成要件：第一，预测性信息披露者的主观心理状态，即信息披露义务人在披露预测性信息时是否出于为广大投资者提供更多有效信息而披露，且没有误导或刻意隐瞒的故意；第二，警示性提示的充分性，即信息披露义务人在披露预测性信息时是否充分提示风险，避免投资者盲目依赖，且在预测性信息的相关事实依据发生变化时及时履行告知和变更义务。

（1）主观心理状态

美国第九巡回法院在苹果电脑一案中确定了披露预测性信息暗含主观心理状态的三个方面：第一，发行人及其他相关人士真实地相信这种陈述；第二，他们有合理的理由相信；第三，信息披露义务人在当时不知道该预测性信息的真实合理性会产生重大影响。② 这三个方面实际表明的就是，信息披露义务人制作预测性信息基于的是当时真实有效的信息和数据，因此他们有足够的理由相信自己披露的预测性信息是科学合理的。同时，信息披露义务人没有隐瞒影响预测性信息科学合理性的关键事实，在披露预测性信息的时候没有保留不利信息，不存在误导投资者的主观意愿。

（2）警示性提示

什么才能构成有意义的警示性提示？或者说，什么样的警示性提示才能表明预测性信息披露人已经尽到了风险提示义务，从而能够获得安全港规则的保护。首先，有意义的警示性提示必须传递实质性信息，揭示可能导致实际结果与预测性信息严重不符的因素。这必须针对具体的未来预测、评估或意见，针对预测性信息依据的具体事实和数据，不能只是泛泛而谈。③ 其次，有意义的警示性提示必须通过充分警示的语言表达出来。为了达到警示性语言的具体和良好的事实基础，信息披露人必须进行细致的尽职调查，切实寻找出可能影响预测的潜在事实因素，这是警示性语言

---

① 李国光主编：《最高人民法院关于审理证券市场虚假陈述案件司法解释的理解与适用》，人民法院出版社 2015 年版，第 207 页。

② 李国光主编：《最高人民法院关于审理证券市场虚假陈述案件司法解释的理解与适用》，人民法院出版社 2015 年版，第 208 页。

③ 李国光主编：《最高人民法院关于审理证券市场虚假陈述案件司法解释的理解与适用》，人民法院出版社 2015 年版，第 208 页。

充分性的基础。警示性语言的充分性在很大程度上取决于这种陈述的具体性和精确性。最后，有意义的警示性提示必须在预测性信息依据的具体事实和数据发生重大变化时及时进行更新。预测性信息披露后，如果由于后来发生的事件导致已披露的预测性信息不再具有科学合理性，那么信息披露人就必须及时对已披露的预测性信息进行更新，否则这样的预测性信息就不再具有充分警示性，而不能获得安全港规则的保护。

4. 我国的预测性信息安全港规则

2022年《虚假陈述司法解释》第六条首次提出了预测性信息安全港规则。与事实性陈述的披露要求不同，预测性信息的披露以合理、谨慎、客观、准确为原则，并不适用通常意义上信息披露真实、准确、完整的标准。同时，规则允许预测性信息与实际情况存在一定差异，即便预测性信息与实际经营情况存在重大差异也可能不构成虚假陈述。因此，2022年《虚假陈述司法解释》第六条是以否定的形式，先原则上规定预测性信息不属于虚假陈述，这是合情合理的。

首先，从侵权法的角度来看，可能构成虚假陈述的内容只能是有关客观存在的事实叙述，意见、看法之类的预测性信息不构成影响投资者作出投资决策的虚假陈述，这些信息本身就具有不确定性，与最终的实际情况存在差异是正常合理的。其次，根据我国现有的证券法律法规、部门规章等规定，预测性信息并非都是信息披露义务人需要强制披露的信息，许多发行人、上市公司披露的预测性信息都是其自愿披露的信息，因此不能对这些信息的质量和准确程度施加过重的注意义务和责任，否则对信息披露义务人是不公平的，会影响他们主动披露预测性信息的积极性。最后，从证券市场长远的健康发展角度来看，主动发布预测性信息应当受到鼓励和支持。如今的证券市场上，中小投资者获取影响投资决策的有效信息的渠道很狭窄，相较于专业的机构投资者，他们本来就处于弱势地位，许多散户更是完全靠直觉"盲选"股票进行投资，而专业的年度报告、半年度报告等对于中小投资者来说过于专业而晦涩难懂。因此，预测性信息对于中小投资者进行投资决策是很有意义的，能够使证券市场的信息被所有投资者公平合理地利用。如果信息披露义务人以善意的主观心态，基于诚信原则作出预测，所依据的假设基本合理，即使与实际情况相出入，也不能将披露这些预测性信息的行为定义为虚假陈述，从而要求信息披露义务人承担民事责任。

然而，2022年《虚假陈述司法解释》第六条在原则上保护预测性信息的同时，规定了如下三种除外情形。

首先是风险提示。充分风险提示的目的在于警示，其意义在于防止投资者对预测性信息无条件信赖。预测性信息本来就具有不确定性和风险性，只能成为投资者的决策参考。发行人、上市公司负有社会责任，应当对全体投资者负责。因此，他们在发布预测性信息时，对于风险提示是负有义务的，必须在披露文件的显要位置提示风险。风险提示必须具体指出可能导致预测性信息与实际情况存在重大差异的因素，进行充分且有意义的提示，让投资者能够理性地对预测性信息进行判断。

其次是预测编制基础。预测性信息之所以能作出，是基于一定的假设、行业历史数据、会计准则等基础材料。如果基础材料是不合理不科学的，那这样的预测性信息显然毫无参考价值，是"忽悠"投资者的假消息，自然也就是虚假陈述。例如，上市公司发布盈利预测，这样的预测必须经过具有证券业务资格的注册会计师审核并发表意见，所依据的会计准则也必须是科学合理的。否则，这样的预测显然是没有意义的。

最后是更正义务。预测性信息都是信息披露义务人对于企业未来某一时间点公司经营状况作出的预测。从预测作出到实际情况发生的过程中如果发生了影响预测性信息科学性和准确性的事件，足以导致投资者变更投资决策，那么信息披露义务人必须及时公告更正。信息披露义务人对自己发布的预测性信息负有"售后服务"的义务。若信息披露义务人怠于履行或不履行该义务，坐视投资者因信赖预测性信息而承担投资损失，那此前的预测性信息自然就成了虚假陈述。

综上所述，2022年《虚假陈述司法解释》规定了预测性信息不属于虚假陈述的除外情况，制定了符合中国国情的预测性信息安全港规则。在规定预测性信息不属于虚假陈述的原则下，反向列明不受安全港规则保护的预测性信息的情形。立法逻辑简洁明了，厘清了出于善意自愿作出的预测性信息披露和虚假陈述的界限。在司法实践中更具有操作性，体现了"以不赔偿为原则，以赔偿为例外"的精神。

5. 预测性信息安全港规则的实践情况

涉及预测性信息披露的证券虚假陈述责任纠纷案，在目前的司法实践中案例较少。一方面，预测性信息披露在我国证券市场信息披露中还不是主流，强制性预测性信息披露本就不多；另一方面，预测性信息披露受到证监会立案调查并被处罚的情况更少。因此，现有关于预测性信息披露的证券虚假陈述责任纠纷案例很少。2022年9月，沈阳市中级人民法院率先适用了2022年《虚假陈述司法解释》第六条预测性信息安全港规则，判决涉案上市公司发布的与实际情况存在差异的预测性信息不构成虚假陈述，公司不需要承担民事赔偿责任。这是预测性信息安全港规则出台以来，目前已知的正式适用该规则并认定预测性信息不构成虚假陈述的第一案。

沈阳中院作出的该判决体现出人民法院对于预测性信息的特征和性质的评价，即预测性信息往往是披露人在缺乏必要数据或客观事实证实其陈述的客观公允性的情况下，主要基于估计和评价所作的预测性披露。预测性信息属于自愿披露，为鼓励自愿披露盈利预测和发展规划等前瞻性信息，不应对披露人施以较重的法律义务。若预测性信息披露人是以善意的主观心态，基于诚信原则作出预测，所依据的各项基本假设是合理的，并履行了预先警示和及时更新预测性信息的义务，即使其作出的陈述与未来实际情况有所出入，也不必且不应当承担证券虚假陈述民事赔偿责任。

预测性信息安全港规则与前文的重大性规则、交易因果关系规则一样，都是被告免于承担证券虚假陈述民事赔偿责任的重要依据。人民法院在审理涉及这些问题的案件时，都会非常谨慎，不会轻易下结论，判决免除被告的民事赔偿责任。预测性信息安全港规则在我国司法领域属于完全新生的规定，没有充足的判例和审判经验，人民法院在如何运用安全港规则方面必定要经历一段时间的摸索和总结。因此，预测性信息安全港规则的实践情况还有待进一步观察和评价。

第三章 证券市场的"保护伞"
——投资者保护体系

2019年修订通过的新《证券法》新增了投资者保护专章（第六章），为投资者提供了更有力的保护。新《证券法》将投资者适当性制度上升到法律层面，创设了公开征集股东权利制度、现金股利分配制度、债券持有人会议制度、债券受托管理人制度、先行赔付制度、代表人诉讼制度等投资者保护制度，拓展了投资者保护的渠道，形成了一套相对完善的投资者保护体系，使投资者保护有法可依。

一、从"退市金钰案"说起

（一）中国"翡翠第一股"

东方金钰是一家以宝石及珠宝饰品的加工、批发、销售，翡翠原材料的批发、销售为主营业务的上市公司。2003年，云南兴龙实业有限公司（以下简称"兴龙实业"）成立。一年之后，兴龙实业实际控制人赵某某通过股权转让及资产置换，将云南兴龙珠宝有限公司注入A股上市公司多佳股份，实现借壳上市，并于2006年更名为东方金钰，成为中国翡翠业第一家上市公司。

上市后的东方金钰市值逐渐扩大，翡翠价格的逐年上涨为东方金钰带来了稳定的利润，2010年前后玉石价格的暴涨也使得东方金钰的股价水涨船高，东方金钰一时风光无两，成为"疯狂的石头"。

东方金钰风光的表面下，却隐藏着巨大的危机。2015年年末，东方金钰第二大股东瑞丽金泽所持有的东方金钰股份及其孳息被认定为徐某的财产予以全部冻结。根据东方金钰于2016年8月披露的公告，东方金钰当时的第一大股东为瑞丽金泽，东方金钰董事长赵某某和朱某某分别持有瑞丽金泽51%、49%的股权，朱某某自述其在瑞丽金泽所持有的股份系徐某出资，其为徐某代持。徐某在东方金钰的"暗仓"被曝光，赵某某也不得已辞去了东方金钰董事长一职，其子赵某接替东方金钰董事长之位。

2019年1月，东方金钰披露了关于收到中国证监会调查通知书的公告，因东方金钰涉嫌信息披露违法违规，中国证监会对其进行立案调查。中国证监会多次对东方金钰虚假陈述案件进行通报，将东方金钰虚假陈述行为定性为主观恶性明显①、影响恶劣②，严重影响上市公司质量提高，严重侵害投资者合法权益③。

2020年9月，东方金钰披露了关于收到中国证监会行政处罚决定书及市场禁入决定书的公告，多年以来的财务造假问题被曝光。行政处罚决定书中载明，2016年12月至2018年5月期间，东方金钰为完成营业收入、利润总额等业绩指标，虚构翡翠原石销售、采购交易，虚增营业收入、营业成本、利润总额，累计虚增利润达三亿多元。时任董事长赵某知悉、授意、指挥信息披露违法行为，时任副总经理杨某某、曹某直接参与虚构销售交易，是违法行为的主要策划者和执行者；时任副总经理尹某某，知悉并参与违法行为；上述人员是直接负责的主管人员。其他时任董事、监事及高级管理人员未履行勤勉尽责义务，是其他直接责任人员。

2020年12月31日，退市新规正式发布，明确了"1元退市"的退市标准。2021年1月13日，上交所发布《关于终止东方金钰股份有限公司股票上市的公告》，东方金钰因连续20个交易日的每日收盘价均低于股票面值（1元），上交所决定终止东方金钰股票上市。中国"翡翠第一股"正式退市，成了2021年A股退市第一股。

2021年2月5日，中证中小投资者服务中心（以下简称"投服中心"）委派公益律师，代理三名投资者向被告赵某、杨某某、曹某、尹某某及东方金钰提起虚假陈述民事赔偿诉讼。

（二）第一责任主体的确定

本案与其他虚假陈述案件所不同的一点在于第一责任主体（第一被告）的认定。作为2022年《虚假陈述司法解释》生效后全国首个适用该司法解释的裁判案件，本案依据2022年《虚假陈述司法解释》第二十条的规定，突破了以往虚假陈述案件将上市公司作为第一责任主体的惯例，将东方金钰实际控制人赵某认定为虚假陈述案件第一责任主体，承担赔偿责任。该案也因此成为中国证监会投资者保护八大典型案例之一。

---

① 中国证监会：《证监会严厉打击上市公司财务造假》，载中国证监会门户网站2020年4月24日，http://www.csrc.gov.cn/csrc/c100028/c1000794/content.shtml。

② 中国证监会：《证监会通报上半年案件办理情况》，载中国证监会门户网站2020年8月7日，http://www.csrc.gov.cn/csrc/c100028/c1000723/content.shtml。

③ 中国证监会：《2020年证监稽查20起典型违法案例》，载中国证监会门户网站2021年1月29日，http://www.csrc.gov.cn/csrc/c100200/c05c3c60224614884871d98cf84f9f39b/content.shtml。

深圳中院在判决书中对该部分说理如下①：原告诉请被告赵某作为第一责任主体，因赵某系东方金钰的实际控制人，系知悉、授意、指挥信息披露违法行为的直接责任人，原告请求被告赵某作为第一责任主体有其侵权责任法上的依据。《中华人民共和国侵权责任法》第六条第一款②规定："行为人因过错侵害他人民事权益，应当承担侵权责任。"该条规定强调的是侵权行为人要承担侵权责任，侵权行为人是第一顺位的责任主体。客观来讲，多个民事主体在承担连带赔偿责任的情况下，在对外责任的实际承担方面并没有本质上的区别。权利人亦可以申请或放弃执行其中的任何债务人。证券虚假陈述作为特殊侵权行为，证券立法从保护投资者权益出发，将信息披露义务人作为第一顺位责任人，这与侵权行为依法追究直接侵权行为人民事赔偿责任的立法理念并不完全一致。但这并不意味着，作为权利人的原告没有选择被告的权利，也不意味着，上市公司作为第一责任主体的僵化适用。上市公司作为第一责任主体承担赔偿责任可能存在对现有中小股东二次伤害的问题。此外，如果上市公司出现债务危机，反而不利于对中小投资者权益的保护。③ 近年来，针对实际控制人或控股股东操纵上市公司实施虚假陈述侵权行为屡禁不止的局面，监管层面多次强调要"追首恶"。2022年《虚假陈述司法解释》第二十条规定："发行人的控股股东、实际控制人组织、指使发行人实施虚假陈述，致使原告在证券交易中遭受损失的，原告起诉请求直接判令该控股股东、实际控制人依照本规定赔偿损失的，人民法院应当予以支持。控股股东、实际控制人组织、指使发行人实施虚假陈述，发行人在承担赔偿责任后要求该控股股东、实际控制人赔偿实际支付的赔偿款、合理的律师费、诉讼费用等损失的，人民法院应当予以支持。"该条规定呼应了行政监管"追首恶"的价值追求，有效解决了对证券违法行为"大股东犯错、小股东买单"归责效果的担忧问题。原告请求将作为东方金钰实际控制人的赵某列为第一责任主体，完全符合前述规定；且被告东方金钰已多次被申请破产重组，陷入债务危机，东方金钰的实际控制人赵某作为第一责任人更有利于保护投资者的合

---

① 故该部分援引自本案原告代理律师于公众号"证券金融诉讼实务"中发布的判决书。赖冠能、方俊：《"虚假陈述新规后首案"本团队代理的东方金钰虚假陈述证券支持诉讼案一审获胜》，载微信公众号"证券金融诉讼实务"，2022年1月30日。
② 即《中华人民共和国民法典》第一千一百六十五条第一款。
③ 该部分援引自本案审判长尚彦卿法官于其公众号"尚法言清"中发布的文章。尚彦卿：《尚法｜全国首宗依照新司法解释判决的证券虚假陈述案："追首恶"的可行路径》，载微信公众号"尚法言清"，2022年7月17日。

(三) 支持诉讼与示范案件

本案中投服中心以国家投资者保护机构的身份提起支持诉讼,并委派公益律师担任本案投资者的诉讼代理人。这是继"美丽生态案""联建光电案"等支持诉讼案以来,投服中心再次以支持诉讼方的角色直接参加虚假陈述诉讼。投服中心支持诉讼可以更好地保护中小投资者的合法权益,促进市场的健康稳定良性发展。[①]

2020年4月,深圳中院发布了《深圳市中级人民法院关于依法化解群体性证券侵权民事纠纷的程序指引(试行)》,提到在处理群体性证券侵权民事纠纷案件时,可以选取一个或若干个案件作为示范案件,先行充分审理,先行裁判,促进平行案件或相同纠纷通过委派调解、委托调解或者法院调解等方式妥善化解。示范案件判决生效后,平行案件应当参照示范案件径行调解,调解不成的,若各方申请按照生效示范判决认定的共通的事实、法律适用标准和处理原则不开庭审理的,则法院可参照示范案件径行裁判;若需要开庭审理的,则可采取在线集中开庭等方式,并简化庭审程序,已经示范案件所确定的事实和证据,可以不再举证、质证。示范案件的实施客观上提高了审判效率,可以更好地加快对投资者进行赔付的工作,凸显了保护投资者的价值取向。

(四) 投资者保护的路径

美国证券市场产生于18世纪末,历经二百余年的发展,美国证券市场已经形成了一套成熟且行之有效的证券市场运作体制,在投资者保护方面也更为完善。借助对美国成熟证券市场的研究,可以帮助我国证券市场建立健全投资者保护机制,提振投资者信心,促进证券市场的良性向上发展。

美国1933年《证券法》及1934年《证券交易法》是罗斯福新政的产物,在1929年经济危机的大背景下通过的《证券法》及《证券交易法》,使美国形成了政府监管下的以投资者保护为核心、信息披露为手段的注册制体系。由美国证券交易委员会负责对上市公司进行注册登记,并在国会的授权下对上市公司进行监管,要求上市公司进行强制信息披露以防止欺诈、操纵市场和内幕交易等扰乱市场秩序的行为发生,进而实现对投资者

[①] 《起诉中退市 深圳中院受理投服中心东方金钰支持诉讼案》,载投服中心门户网站,http://www.isc.com.cn/html/zxxw/20210511/3785.html。

的保护。2002年，基于安然公司与世通公司财务造假丑闻的不良影响，美国国会通过了《2002年公众公司会计改革和投资者保护法案》（《萨班斯-奥克斯利法案》），对《证券法》及《证券交易法》作了修改和补充，要求上市公司规范公司治理和内部控制，以确保所披露的财务报表真实准确。美国的证券监管创造了一种介于对市场放任自由和对能源、电力等与国计民生有重大关系产业进行传统监管之间的监管方式，这种监管方式要求证券市场在透明和公平的条件下自由运作，仅管理证券市场可能发生的市场风险，并不对其投资中所产生的价格风险进行监管①。

　　基于有效市场假说，股票价格能够反映一切可用的、有价值的信息，当利好或利空的信息出现时，会迅速反映在股票价格上。该假说强调在信息充足的前提下由市场进行调节，自行推动经济体发展，这就对证券市场上的信息披露提出了要求，而美国形成的强制信息披露机制则为有效资本市场的形成提供了发展的土壤，正如《萨班斯-奥克斯利法案》首句所言："通过提高公司依法披露文件的准确性和可靠性，保护投资者（权益）"②。

　　尽管在制度上有着强制信息披露的要求，但并非所有上市公司总是愿意详细披露公司信息，美国证券交易委员会也很难对上市公司的欺诈、操纵市场和内幕交易行为有事前的预知，故其监管往往处于滞后的状态。当欺诈、操纵市场或内幕交易行为发生时，必然会有大量投资者遭受严重损失，因此在监管之外，相应的事后惩戒及损害赔偿也是必不可少的。

　　《证券法》针对发行人、券商、实际控制人等主体实施欺诈行为应当承担的民事责任作出了规定；《证券交易法》则将操纵市场及内幕交易行为列为欺诈行为，并同样对实施上述行为的主体应当承担的民事责任进行了规定；《萨班斯-奥克斯利法案》明确了公司管理层在欺诈行为中应当承担的民事责任或刑事责任。除此之外，美国证券交易委员会还在国会的授权下发布了一系列规则。譬如在涉及欺诈行为的案件中，美国证券交易委员会通常会适用10b-5规则③。10b-5规则系美国证券交易委员会依据

---

① 郑学勤：《从美国证券市场投资者保护制度谈起》，载《投资者》2018年第2辑，第205-206页。
② 原文为：To protect investors by improving the accuracy and reliability of corporate disclosures made pursuant to the securities laws, and for other purposes.
③ 第10b-5号规则的内容为：任何人，无论是直接抑或间接，通过州际商务通信手段、工具、邮件或全国性证券交易所的设施实施的以下行为均构成犯罪：a. 制订计划、密谋或设置、圈套进行欺诈；b. 对于当时的情况而言必须记录的重大情况，进行不真实的陈述或予以隐瞒；c. 从事任何对证券买卖构成或可能构成欺诈的行为、业务或者其他商务活动。

《证券交易法》第 10（b）条和《证券法》第 17（a）条制定而成。该规则不仅被用于美国证券交易委员会的行政执法活动及美国证券交易委员会向法院提起的诉讼活动，还更多地被用于遭受损失的投资者提起的民事诉讼活动，尤其是集团诉讼活动中。经过数十年的判例积累，10b-5 规则逐渐被细化且明确，并一直适用至今。以上法律或规则共同构成了投资者保护的重要规范依据。

正是因为有着一套完善的强制信息披露制度及配套的惩戒手段，投资者对证券市场才更具有信心，更愿意将金融资产投入证券市场。根据美国证券业及金融市场协会的统计数据，在 2016 年，美国直接或间接持有股票的家庭占所有家庭的百分比为 51.9%，家庭持有的股票占家庭金融资产总额的百分比为 53.2%。与之相比，根据西南财经大学与广发银行发布的《2018 中国城市家庭财富健康报告》，2017 年我国家庭资产中金融资产占比为 11.8%，而股票在家庭金融资产中的占比仅为 8.1%。[①] 相比而言，我国证券市场起步较晚，相应的制度、规则仍在逐步完善过程中，投资者对证券市场的信心并不充足，投资者更愿意将金融资产配置到更为稳健的理财产品上，而非投入证券市场。因此作好投资者保护、提振投资者信心才是证券市场良性发展的关键所在，信息披露作为其中的重要手段，发挥着不可或缺的作用。

综上，美国证券市场是建立在强制信息披露制度之上，通过信息披露、行政监管及事后惩戒以减少欺诈、操纵市场、内幕交易的情形，所形成的公开透明的注册制证券市场，形成了以强制信息披露为中心的投资者保护路径。他山之石，可以攻玉，美国证券市场作为成熟开放的老牌证券市场，其在投资者保护的制度构建上有许多值得我们学习的内容，目前我国股票发行注册制改革正式启动，学习借鉴美国证券市场的成功经验，有助于我国注册制改革的顺利进行和证券市场监管体系的完善，有利于拓展投资者保护路径，更好地实现投资者保护的目标。

---

① 广发银行、西南财经大学中国家庭金融调查与研究中心：《2018 中国城市家庭财富健康报告》，载中国家庭金融调查与研究中心门户网站 2019 年 1 月 17 日，https://chfs.swufe.edu.cn/info/B21/2581.htm。

二、投资者适当性制度

（一）金融机构的投资者适当性义务

投资者适当性义务是指卖方机构（金融产品发行人、销售者及金融服务提供者）在向金融消费者推介、销售银行理财产品、保险投资产品、信托理财产品、券商集合理财计划、杠杆基金份额、期权及其他场外衍生品等高风险等级金融产品，以及为金融消费者参与融资融券、新三板、创业板、科创板、期货等高风险等级投资活动提供服务的过程中，必须履行的了解客户、了解产品、将适当的产品（或者服务）销售（或者提供）给适合的金融消费者等义务。[①] 在金融市场上，投资者与金融机构往往处于不对等的地位，金融机构具备专业的知识与能力，知晓其所提供的产品的投资收益及风险，因此有必要明确金融机构的投资者适当性义务，确保投资者在金融机构的推介下对相关的产品或服务有充分的了解，在知晓投资收益及风险的前提下自主进行投资，并承担相应的风险。履行投资者适当性义务可以让投资者与金融产品相匹配，使投资者购买到最适合自己的产品或服务，以达到投资者保护的目的。

早在2003年9月，中国证监会发布的《证券公司客户资产管理业务试行办法》（以下简称"《试行办法》"）便对证券公司的投资者适当性义务进行了规定。《试行办法》第四十五条要求证券公司了解客户的资产与收入状况、风险承受能力及投资偏好等基本情况，这是我国关于投资者适当性义务最早的规定。其后十余年间，投资者适当性义务在我国逐渐完善。2016年12月，证监会发布了《证券期货投资者适当性管理办法》，要求经营机构（向投资者销售证券期货产品或者提供证券期货服务的机构）在销售产品或者提供服务的过程中全面了解投资者情况，基于投资者的不同风险承受能力以及产品或者服务的不同风险等级等因素，提出明确的适当性匹配意见，将适当的产品或者服务销售或者提供给适合的投资者。2019年11月，最高法发布的《全国法院民商事审判工作会议纪要》也对卖方机构（金融产品发行人、销售者及金融服务提供者）的投资者适当性义务进行了规定，并规定了在卖方机构违反投资者适当性义务导致金

---

① 引用自《全国法院民商事审判工作会议纪要》第七十二条。

融消费者遭受损失的案件中，将会涉及的责任主体、举证责任分配、损失赔偿数额、免责事由等事项。

法律层面上的投资者适当性义务体现在《证券法》及《证券投资基金法》中。《证券法》第八十八条第一款规定："证券公司向投资者销售证券、提供服务时，应当按照规定充分了解投资者的基本情况、财产状况、金融资产状况、投资知识和经验、专业能力等相关信息；如实说明证券、服务的重要内容，充分揭示投资风险；销售、提供与投资者上述状况相匹配的证券、服务。"《证券投资基金法》第九十八条则规定基金销售机构应当向投资人充分揭示投资风险，并根据投资人的风险承担能力销售不同风险等级的基金产品。除了以上两部法律，相关部门、机构还出台了一系列的行政法规、部门规章和行业规范，共同构成了一套相对完善的投资者适当性义务体系。比如上交所发布的《上海证券交易所投资者适当性管理办法》《上海证券交易所债券市场投资者适当性管理办法》，深交所发布的《深圳证券交易所创业板市场投资者适当性管理实施办法》《深圳证券交易所债券市场投资者适当性管理办法》，北交所发布的《北京证券交易所投资者适当性管理办法》[1] 等。

投资者适当性义务主要包括以下三个要件。其一是金融机构对产品及投资者的了解义务，金融机构应当对自己所提供的产品或服务有充分的了解，尤其是所提供的产品或服务的风险评级，对于风险越高的产品或服务，金融机构应当负有更高的注意义务；同样金融机构应当对投资者的相关情况有充分的了解，包括投资者的基本情况、财产状况、金融资产状况、投资知识和经验、专业能力等相关信息，投资者拒绝提供或未按照要求提供信息的，金融机构应当告知其后果，并按照规定拒绝向其推介相应的产品或服务。其二是金融机构的推介行为及告知说明义务，金融机构应当有针对性地向投资者推介产品或服务，如实说明证券、服务的重要内容，并根据产品的风险和投资者的实际状况，综合一般人能够理解的客观标准和投资者能够理解的主观标准来履行告知说明义务，充分揭示投资风险。其三是匹配义务，即销售、提供与投资者的实际状况相匹配的证券、服务，使金融产品的风险与投资者的评级相匹配。

《证券法》第八十八条第三款规定，证券公司违反第一款（投资者适

---

[1] 北交所在其投资者适当性管理办法中明确，已开通科创板交易权限的个人投资者申请开通北交所交易权限时，无须再核验投资者证券资产和交易年限，无须再通过知识测评等形式对投资者进行适当性综合评估，投资者签署风险揭示书后即可开通北交所交易权限。

当性义务）规定导致投资者损失的，应当承担相应的赔偿责任。依据《全国法院民商事审判工作会议纪要》的相关规定，在责任主体上，遭受损失的投资者可以请求未尽适当性义务的金融产品的发行人、销售者或金融服务的提供者承担赔偿责任，还可以根据《民法总则》第一百六十七条（现《民法典》第一百六十七条）的规定，请求金融产品的发行人、销售者共同承担连带赔偿责任。在举证责任分配上，投资者应当对遭受损失的事实承担初步的举证责任，卖方机构应当对其是否履行了适当性义务承担举证责任[1]。在赔偿数额上，通常以"填平原则"为主，赔偿投资者所受的实际损失（损失的本金和利息，利息按照中国人民银行发布的同期同类存款基准利率计算）。如卖方机构构成欺诈，投资者要求卖方机构赔偿其支付金钱总额的利息损失的，则利息损失的计算标准应当以合同约定为准；合同未约定的，按照全国银行间同业拆借中心公布的贷款市场报价利率进行计算。

同时，金融机构违反投资者适当性义务，也应承担相应的行政责任。《证券法》第一百九十八条规定："证券公司违反本法第八十八条的规定未履行或者未按照规定履行投资者适当性管理义务的，责令改正，给予警告，并处以十万元以上一百万元以下的罚款。对直接负责的主管人员和其他直接责任人员给予警告，并处以二十万元以下的罚款。"《证券期货投资者适当性管理办法》第四十一条规定，经营机构有下列情形（含违反投资者适当性义务的情形）之一的，给予警告，并处以三万元以下罚款；对直接负责的主管人员和其他直接责任人员，给予警告，并处以三万元以下罚款。

（二）投资者的告知义务

在金融机构履行投资者适当性义务的同时，投资者也应当履行告知义务，按照金融机构的要求提供相应的信息。《证券法》第八十八条第二款规定："投资者在购买证券或者接受服务时，应当按照证券公司明示的要求提供前款所列真实信息。拒绝提供或者未按照要求提供信息的，证券公司应当告知其后果，并按照规定拒绝向其销售证券、提供服务。"

---

[1] 卖方机构应当举证的内容包括：已经建立了金融产品（或者服务）的风险评估及相应管理制度；对金融消费者的风险认知、风险偏好和风险承受能力进行了测试；向金融消费者告知产品（或者服务）的收益和主要风险因素。

(三) 产品（或服务）分级

产品（或服务）的分级是金融机构履行适当性义务的要件之一，通过投资者分类与产品（或服务）分级，才能达到销售、提供与投资者状况相匹配的产品、服务的目的。《证券期货投资者适当性管理办法》并未对产品（或服务）的分级标准进行详述，仅说明划分产品（或服务）风险等级时应当综合考虑流动性、到期时限、杠杆情况、结构复杂性、投资单位产品或者相关服务的最低金额、投资方向和投资范围、募集方式、发行人等相关主体的信用状况、同类产品或者服务过往业绩等因素。就存在以下因素的产品（或服务），应当审慎评估其风险等级：存在本金损失的可能性、产品或者服务的流动变现能力、产品或者服务的可理解性、产品或者服务的募集方式、产品或者服务的跨境因素、自律组织认定的高风险产品或者服务等。

2017 年，中国证券业协会发布了《证券经营机构投资者适当性管理实施指引（试行）》，中国期货业协会发布了《期货经营机构投资者适当性管理实施指引（试行）》，两份行业规定将证券、期货行业中的产品（或服务）险等级由低至高至少划分为五级，分别为 R1、R2、R3、R4、R5 级，风险等级的具体划分方法、标准及其变更应当告知投资者。证券期货经营机构应当根据已经确定的五个产品（或服务）风险等级及资者的风险承受能力，对投资者提出适当性匹配意见，履行适当性义务。

（四）投资者的分类

我国对投资者分类的表述主要体现在《证券法》及《证券期货投资者适当性管理办法》中。《证券法》第八十九条第一款规定："根据财产状况、金融资产状况、投资知识和经验、专业能力等因素，投资者可以分为普通投资者和专业投资者。专业投资者的标准由国务院证券监督管理机构规定。"《证券期货投资者适当性管理办法》则进行了细化，明确了专业投资者的标准，并规定专业投资者之外的投资者为普通投资者。

依据《证券期货投资者适当性管理办法》第八条，专业投资者应当符合以下五个条件之一。第一，经有关金融监管部门批准设立的金融机构，经行业协会备案或者登记的证券、期货公司子公司，私募基金管理人。第二，上述机构面向投资者发行的理财产品。第三，社会保障基金、企业年金等养老基金，慈善基金等社会公益基金，合格境外机构投资者（QFII）、人民币合格境外机构投资者（RQFII）。第四，同时符合下列条件的法人或者其他组织：最近1年末净资产不低于2 000万元；最近1年末金融资产①不低于1 000万元；具有2年以上证券、基金、期货、黄金、外汇等投资经历。第五，同时符合下列条件的自然人：金融资产不低于500万元，或者最近3年个人年均收入不低于50万元；具有2年以上证券、基金、期货、黄金、外汇等投资经历，或者具有2年以上金融产品设计、投资、风险管理及相关工作经历，或者属于本条第一项规定的专业投资者的高级管理人员、获得职业资格认证的从事金融相关业务的注册会计师和律师。

需要注意的是，普通投资者与专业投资者在一定条件下可以相互转化。上述第四项和第五项规定的专业投资者可以书面告知经营机构选择成为普通投资者。符合以下条件的普通投资者也可以转化为专业投资者，必要条件为：投资者以书面形式向经营机构提出申请并确认自主承担可能产生的风险和后果、提供相应材料②，经营机构通过追加了解信息、投资知识测试或者模拟交易等方式对投资者进行谨慎评估，确认其符合相应要求，说明对不同类别投资者履行适当性义务的差别，警示可能承担的投资风险，并自主决定是否同意其转化。具体条件为：最近1年末净资产不低于1 000万元，最近1年末金融资产不低于500万元，且具有1年以上证券、基金、期货、黄金、外汇等投资经历的除专业投资者外的法人或其他组织；金融资产不低于300万元或者最近3年个人年均收入不低于30万元，且具有1年以上证券、基金、期货、黄金、外汇等投资经历或者1年以上金融产品设计、投资、风险管理及相关工作经历的自然人投资者。

与专业投资者相比，普通投资者在证券市场中往往处于相对劣势的地位，因此《证券法》对普通投资者进行了倾斜性保护。《证券法》第八十九条第二款规定："普通投资者与证券公司发生纠纷的，证券公司应当证明其行为符合法律、行政法规以及国务院证券监督管理机构的规定，不存在误导、欺诈等情形。证券公司不能证明的，应当承担相应的赔偿责任。"在《证券期货投资者适当性管理办法》中，则对普通投资者的倾斜保护予以明确，普通投资者在信息告知、风险警示、适当性匹配等方面享有特别

---

① 此处所述金融资产，是指银行存款、股票、债券、基金份额、资产管理计划、银行理财产品、信托计划、保险产品、期货及其他衍生产品等。

② 依据《证券经营机构投资者适当性管理实施指引（试行）》第六条的规定，普通投资者申请转化成为专业投资者需要提供的材料包括：专业投资者申请书、确认自主承担产生的风险和后果；法人或其他组织投资者提供的最近一年财务报表、金融资产证明文件、一年以上投资经历等证明材料；自然人投资者提供的金融资产证明文件或者近三年收入证明或一年以上投资经历或工作经历等证明材料。

保护，主要体现在以下几个方面。

第一，特别注意义务。经营机构向普通投资者销售高风险产品或者提供相关服务，应当履行特别的注意义务，包括制定专门的工作程序，追加了解相关信息，告知特别的风险点，给予普通投资者更多的考虑时间，或者增加回访频次等。

第二，信息告知义务。经营机构向普通投资者销售产品或者提供服务前，应当告知下列信息：可能直接导致本金亏损的事项；可能直接导致超过原始本金损失的事项；因经营机构的业务或者财产状况变化，可能导致本金或者原始本金亏损的事项；因经营机构的业务或者财产状况变化，影响客户判断的重要事由；限制销售对象权利行使期限或者可解除合同期限等全部限制内容；适当性匹配意见。

第三，配套留痕义务。经营机构通过营业网点向普通投资者进行告知、警示，应当全过程录音或者录像；通过互联网等非现场方式进行的，经营机构应当完善配套留痕安排，由普通投资者通过符合法律、行政法规要求的电子方式进行确认。

第四，适当性匹配要求。禁止经营机构向普通投资者主动推介风险等级高于其风险承受能力或不符合其投资目标的产品或者服务。

（五）产品（或服务）与投资者的匹配

在证券、期货市场的产品（或服务）与投资者的匹配上，中国证券业协会及中国期货业协会进行了明确，在《证券经营机构投资者适当性管理实施指引（试行）》及《期货经营机构投资者适当性管理实施指引（试行）》中，普通投资者按其风险承受能力等级由低到高至少划分为五级，分别为：C1（含风险承受能力最低类别的投资者[①]）、C2、C3、C4、C5，投资者风险承受能力等级与产品（或服务）的风险等级适当性匹配的具体方法为：C1级投资者匹配R1级的产品或服务；C2级投资者匹配R2、R1级的产品或服务……C5级投资者匹配R5、R4、R3、R2、R1级的产品或服务；专业投资者可以购买或接受所有风险等级的产品或服务。需要注意的是，如果投资者（除风险承受能力最低类别的C1级投资者）主动要求购买风险等级高于其风险承受能力的产品或者接受相关服务的，经营机构应当就产品或者服务风险高于其承受能力向投资者进行特别的书面风险警

---

① 符合下列情形之一的自然人为风险承受能力最低类别的投资者：不具有完全民事行为能力；没有风险容忍度或者不愿承受任何投资损失；法律、行政法规规定的其他情形。

示，投资者仍坚持购买的，经营机构可以向其销售相关产品或者提供相关服务。

三、公开征集股东权利制度

公开征集股东权利是指符合一定条件的主体公开征集上市公司股东的授权委托，代为出席股东大会，并代为行使提案权、表决权等股东权利的行为。该制度起源于英美法系的表决权征集制度，公司股东通过征集小股东的表决权以达到取得公司控制权的目的。表决权征集制度发展到现在，其适用范围已不止局限在表决权，还延伸到股东提案权等其他股东权利上。在我国，公开征集股东权利制度是中小股东间接参与公司治理的途径之一。对于股权分散的上市公司来说，中小股东可以通过征集股东权利表达诉求，实现对公司的监督，维护自身的合法权益，影响公司经营决策，同时还能够防止大股东恶意操纵公司股东大会，实现程序上的民主。

我国公开征集股东权利的实践源于1994年的"君万之争"，时为万科股东的君安证券代表四家股东向万科发起《告万科企业股份有限公司全体股东书》，要求董事会进行改革。"君万之争"后，又出现了"胜利股份代理权之争""广西康达代理权之争"等事件，但由于当时公开征集股东权利制度相关的法律法规尚不完善，公开征集股东权利往往沦为争夺公司控制权的工具。对于经营者而言，公开征集股东权利可以帮助其稳固对公司的管理；对于经营者之外的征集者而言，公开征集股东权利可以帮助其夺取公司的经营管理权。实践过程中对公开征集股东权利的滥用，严重损害了上市公司及其他股东的合法权益，修订《证券法》时在投资者保护专章中已对该制度予以明确。

《证券法》将公开征集股东权利制度上升到了法律的层面，2021年11月中国证监会发布的《公开征集上市公司股东权利管理暂行规定》进一步对公开征集股东权利制度进行了细化。《证券法》第九十条规定："上市公司董事会、独立董事、持有百分之一以上有表决权股份的股东或者依照法律、行政法规或者国务院证券监督管理机构的规定设立的投资者保护机构（以下简称投资者保护机构），可以作为征集人，自行或者委托证券公司、证券服务机构，公开请求上市公司股东委托其代为出席股东大会，并代为行使提案权、表决权等股东权利。依照前款规定征集股东权利的，征集人应当披露征集文件，上市公司应当予以配合。禁止以有偿或者变相有偿的方式公开征集股东权利。公开征集股东权利违反法律、行政法规或者国务院证券监督管理机构有关规定，导致上市公司或者其股东遭受损失的，应当依法承担赔偿责任。"

（一）征集主体

公开征集股东权利的征集主体包括上市公司董事会、独立董事、持有百分之一以上有表决权股份的股东或者依照法律、行政法规或者国务院证券监督管理机构的规定设立的投资者保护机构，但存在下列情形的独立董事或股东不得公开征集：被中国证监会采取证券市场禁入措施尚在禁入期的；最近36个月内受到中国证监会行政处罚，或者最近12个月内受到证券交易所公开谴责；因涉嫌犯罪正在被司法机关立案侦查或者涉嫌违法违规正在被中国证监会立案调查，尚未有明确结论意见；因贪污、贿赂、侵占财产、挪用财产或者破坏社会主义市场经济秩序，被判处刑罚，执行期满未逾五年，或者因犯罪被剥夺政治权利，执行期满未逾五年；法律、行政法规以及中国证监会规定的不得公开征集的其他情形。

（二）征集方式

征集方式分为自行征集和委托征集，征集人可自行或者委托证券公司、证券服务机构公开征集，请求上市公司股东委托其代为出席股东大会，并代为行使提案权、表决权等股东权利。禁止以有偿或者变相有偿的方式公开征集，以有偿或变相有偿的方式公开征集有"钱权交易"之嫌。需要注意的是，征集人存在以下情形时，证券公司、证券服务机构不得为其代为征集：征集人不符合法律规定的；征集事项明显损害上市公司整体利益；拟采用有偿或者变相有偿的方式公开征集；中国证监会规定的其他情形；证券公司、证券服务机构与征集人和征集事项存在利害关系。

（三）信息披露

征集人在信息披露上有更高的要求，征集人应当依法充分披露股东作出授权委托所必需的信息，披露的信息应当真实、准确、完整，简明清晰、通俗易懂，符合相关信息披露要求或格式指引，不得有虚假记载、误导性陈述或者重大遗漏。征集人应当通过上市公司在证券交易所网站和符合中国证监会规定条件的媒体上披露征集文件，上市公司应当予以配合。若征集人在其他媒体上发布相关信息，其内容不得超出在上述媒体上披露的内容，发布时间不得早于上述媒体披露的时间。

（四）征集程序

征集人符合相应条件的，应当将拟披露的征集公告及相关备查文件提交股东大会的召集人，召集人于收到文件后的2个交易日内披露征集公告，征集公告应当载明：征集人符合征集条件及依法公开征集的声明、征集日至行权日期间持续符合条件的承诺；征集事由及拟征集的股东权利；征集人基本信息及持股情况；征集人与上市公司董事、监事、高级管理人员、持股百分之五以上股东、实际控制人及其关联人之间的关联关系；征集人与征集事项之间可能存在的利害关系；征集主张及详细理由，并说明征集事项可能对上市公司利益产生的影响；征集方案，包括拟征集股东权利的确权日、征集期限、征集方式、征集程序和步骤、股东需提交的材料及递交方式等；股东授权委托书[①]；其他需要说明的事项。征集人委托证券公司、证券服务机构公开征集的，征集公告还应当包括授权委托情况、证券公司和证券服务机构基本情况、与征集人和征集事项不存在利害关系的声明。备查文件包括：征集人身份证明文件；征集人符合征集主体资格条件的证明材料；征集公告涉及其他事项的相关材料。

（五）法律责任

公开征集股东权利制度作为中小股东间接参与公司管理的一项制度，与中小股东的合法权益息息相关，在实践中若出现征集人违法征集或未按照法律规定征集的情形，应当承担相应的法律责任。民事责任方面，《证券法》第九十条第四款规定："公开征集股东权利违反法律、行政法规或者国务院证券监督管理机构有关规定，导致上市公司或者其股东遭受损失的，应当依法承担赔偿责任。"行政责任方面，《证券法》第一百九十九条规定："违反本法第九十条的规定征集股东权利的，责令改正，给予警告，可以处五十万元以下的罚款。"《公开征集上市公司股东权利管理暂行规定》第三十一条规定，征集人、上市公司、召集人未按照规定履行信息披露义务的，责令改正，给予警告，并处以五十万元以上五百万元以下的罚款；对直接负责的主管人员和其他直接责任人员给予警告，并处以二十

[①] 股东授权委托书应当载明以下内容：（1）授权委托事项；（2）授权委托的权限；（3）授权委托的期限以最近一期股东大会为限；（4）股东的信息，包括姓名或名称、公民身份证号码或统一社会信用代码、股东账户、持股数量、联系方式等；（5）股东实际持股份额应以确权日为准、股东将所拥有权益的全部股份对应的权利份额委托给征集人的说明；（6）其他需要说明的事项。

万元以上二百万元以下的罚款。征集人、证券公司、证券服务机构、上市公司、召集人违反除信息披露义务外的其他要求的，责令改正，给予警告，可以处五十万元以下的罚款。

（六）投服中心主动征集股东权利

投服中心首个公开征集股东权利的实践发生在 2021 年 6 月的中国宝安 2020 年年度股东大会上，投服中心通过公开征集表决权，在大会中提出了有关公司章程修改的临时提案，就中国宝安公司章程中存在的不合理条款进行修订。出席该次股东大会的股东（代理人）共 3 026 人，代表股份数 15.45 亿股。其中，中小投资者共 3 019 人，代表股份数 8.47 亿股，公司章程修订议案最终获得的同意股份数占有效表决权股份总数的 74.15%，议案获得通过。[①]

投服中心作为中国证监会批准设立并直接管理的具有公益性质的投资者保护机构，在维护中小投资者权益持股行权、支持诉讼或提起证券代表人诉讼及提供调解服务等方面发挥着重要的作用。投服中心主动征集股东权利，能够通过其专业的知识为中小投资者提供强有力的帮助，激发中小投资者参与公司管理的意愿，还能够克服中小投资者在信息获取方面的弊端，解决信息不对称的情况，同时能够更好地发挥其投资者保护的职责，从而避免公开征集股东权利制度成为其他股东寻求私利的工具，以达到投资者保护的目标。

四、现金股利分配制度

上市公司通常以现金股利和股票股利的方式向股东分配利润，现金股利是指上市公司以现金形式分配给股东的股利（现金分红）；股票股利是指以股票形式分配给股东的股利，包括转股、送股等（通常会采取高送转的方式）。大多数股东更愿意获得现金股利，这样股东可以在不出售股票的前提下取得实际的现金收益，然而大多数上市公司往往缺少现金分红的意愿，或者即使进行了现金分红，分红率也较低，不利于投资者保护，因此中国证监会出台了相关规定，强制上市公司进行现金分红。

对于上市公司现金分红的监管源于 2004 年证监会发布的《关于加强

---

① 《中国宝安集团股份有限公司 2020 年度股东大会决议公告》（公告编号：2021-046）。

社会公众股股东权益保护的若干规定》（已废止），该规定要求"上市公司最近三年未进行现金利润分配的，不得向社会公众增发新股、发行可转换公司债券或向原有股东配售股份"。2006年发布的《上市公司证券发行管理办法》（已失效）、2008年发布的《关于修改上市公司现金分红若干规定的决定》和2013年发布的《上市公司监管指引第3号——上市公司现金分红》（已于2023年修订）等文件对现金股利分配制度进行了进一步细化。除了上述证监会发布的文件，上交所也制定了《上海证券交易所上市公司现金分红指引》（已失效）、《上海证券交易所上市公司自律监管指引第1号——规范运作》，要求上市公司应以现金方式分配利润。《证券法》第九十一条也规定："上市公司应当在章程中明确分配现金股利的具体安排和决策程序，依法保障股东的资产收益权。上市公司当年税后利润，在弥补亏损及提取法定公积金后有盈余的，应当按照公司章程的规定分配现金股利。"上述法律、法规及规章制度文件共同构成了我国关于上市公司强制性现金股利分配制度的基础。综合来看，上市公司进行现金分红，应当着重关注以下几点。

1. 前提条件

上市公司进行现金分红的前提条件为上市公司当年税后利润在弥补亏损及提取法定公积金后有盈余，且公司内部制定了相应的利润分配政策，如公司章程中规定了利润分配的其他前提条件的，也应当同时满足。

2. 现金分红比例

现金分红应当优先于股票股利进行分配，上市公司具备现金分红条件时，应当采用现金分红进行利润分配。现金分红比例占利润分配的比例（利润为现金股利与股票股利之和）通常按照如下标准施行：公司发展阶段属成熟期且无重大资金支出安排的，现金分红比例不低于80%；公司发展阶段属成熟期且有重大资金支出安排的，现金分红比例不低于40%；公司发展阶段属成长期且有重大资金支出安排的，现金分红比例不低于20%；公司发展阶段不易区分但有重大资金支出安排的，可以按照前项规定处理。

3. 方案的制定、审议及执行

上市公司现金分红方案由董事会制定，董事会应当充分听取中小股东的意见和诉求，独立董事应当就现金分红方案发表明确意见。独立董事也可以在征集中小股东意见的前提下，向董事会提出分红提案。董事会通过后交由股东大会审议，应当严格执行经股东大会审议批准的现金分红方案。现金分红实施的期限为股东大会审议通过分配方案后的两个月内。上市公司应当在年报中对现金分红政策的制定及执行情况进行披露,披露内容包括:是否符合公司章程的规定或股东大会决议的要求、分红标准和比例是否明确和清晰、相关的决策程序和机制是否完备、独立董事是否履职尽责并发挥了应有的作用、中小股东是否有充分表达意见和诉求的机会、中小股东的合法权益是否得到了充分保护等;如现金分红政策进行了调整或变更,还应当披露调整或变更的条件及程序是否合规透明等情况。

4. 证监会重点关注情形

上市公司应当避免出现以下证监会重点关注的情形:第一,章程中没有现金分红政策或现金分红政策不明确的;第二,章程规定不进行现金分红的;第三,公司无法按照既定现金分红政策确定利润分配方案的;第四,有能力分红但不分红或分红水平较低的;第五,存在大比例现金分红情形的。

五、债券投资者保护制度

我国债券市场中流通的债券种类繁多,在债券市场的监管上,也呈现出多头监管的特色。通常国债的发行审批由财政部负责,金融债由中国人民银行负责(银监会协助),企业债由国家发改委负责,公司债券由证监会负责,中期票据由央行主管下的交易商协会负责。[①] 多头监管造成我国债券市场相互独立,市场的分割客观上不利于市场主体的公平竞争;各监管机构适用不同的规则、体系增加了市场主体的交易成本,客观上并不利于我国证券市场的良好发展。

在意识到市场分割存在的弊端后,监管机构也积极进行改革的探索。2023年3月,中共中央、国务院印发了《党和国家机构改革方案》,该方案第十条提到:"中国证券监督管理委员会由国务院直属事业单位调整为国务院直属机构,强化资本市场监管职责,划入国家发展和改革委员会的企业债券发行审核职责,由中国证券监督管理委员会统一负责公司(企业)债券发行审核工作。"此次债券市场监管的改革,将中国证监会纳入企业债券的监管体系中,是债券市场监管统一的重要一步。

目前我国的债券市场规模庞大,根据中国人民银行的统计,截至2022

---

① 李敏:《我国债券市场监管分割及统一路径》,载《中国政法大学学报》2021年第2期,第168页。

年年末,我国的各类债券余额合计达 144 万亿元,其中金融债券余额超 51 万亿元,公司信用类债券余额超 32 万亿元。① 与规模庞大的债券市场伴生的是层出不穷的债券违约,根据 Wind 统计,2022 年共有 82 只债券违约,违约金额达到 536.46 亿元,其中房地产业及制造业债券违约情形最为严重。到 2023 年第一季度,债券市场信用债违约企业共计 9 家,其中新增违约企业 3 家,涉及违约的债券 10 只,违约规模 112.08 亿元;展期企业共有 18 家,其中新增展期企业 3 家,涉及展期债券 41 只,展期规模 514.78 亿元。②

表 3.2　各年度债券违约情况(数据来源:Wind 金融终端 App 债券违约板块)

年份/年	债券违约数量/只	违约金额/亿
2020	183	1 898.33
2021	177	1 828.24
2022	82	536.46
2023	55	332.85

债券违约的情况不断发生,保护债券投资者的合法权益显得尤为重要,对于不同监管机构所监管的不同种类债券,各监管机构也发布了相应规则予以规制。由于本书侧重点落在《证券法》上,故本节所研究的债券均为受中国证监会监管的公司债券。涉及公司债券投资者保护的法律法规、部门规章、规范性文件主要有《证券法》、证监会发布的《公司债券发行与交易管理办法》及沪、深、京交易所发布的债券上市规则,除此之外,最高法 2020 年发布的《债券纠纷会议纪要》也是重要的参考。

(一)债券持有人会议

债券持有人会议制度早在 2015 年证监会发布的《公司债券发行与交易管理办法》中就有相关规定:发行公司债券,应当在债券募集说明书中约定债券持有人会议规则。债券持有人会议规则应当明确债券持有人通过债券持有人会议行使权利的范围,债券持有人会议的召集、通知、决策机

---

① 参见中国人民银行网站,http://www.pbc.gov.cn/diaochatongjisi/116219/116319/4458449/4458454/index.html,2023 年 8 月 8 日访问。
② 中债资信评估有限责任公司:《专题报告〔2023〕第 33 期(总第 1678 期)2023 年一季度违约总结》,载中债资信网站 2023 年 10 月 13 日,https://www.chinaratings.com.cn/CreditResearch/Industry/TopicReport/141052.html。

制和其他重要事项。《证券法》将债券持有人会议制度进行明确规范，并上升到法律层面。《证券法》第九十二条第一款规定："公开发行公司债券的，应当设立债券持有人会议，并应当在募集说明书中说明债券持有人会议的召集程序、会议规则和其他重要事项。"该条确立了债券持有人会议的必要性，要求明确债券持有人会议的召集程序、会议规则和其他重要事项。关于债券持有人会议更为细致的程序性事项规定在《公司债券发行与交易管理办法》、沪深京交易所发布的债券上市规则及相应的债券持有人会议规则参考文本[①]中，因此下文对债券持有人会议程序性事项的介绍主要依据上述规章制度。

1. 会议召集的情形

《公司债券发行与交易管理办法》、沪深京交易所发布的债券上市规则及相应的债券持有人会议规则参考文本对应当召集债券持有人会议的情形的规定较为类似，通常在出现可能影响债券投资者权益、需要投资者作出决定或授权采取相应措施的重大事项时，应当召开债券持有人会议，具体情形可以分为以下三类。

第一类是出现对债券本身的相关事项进行修改或变更的情形，包括：拟变更债券募集说明书的约定（如变更债券偿付基本要素、变更增信或其他偿债保障措施、变更债券投资者保护措施、变更募集说明书约定的募集资金用途等）；拟修改债券持有人会议规则；拟解聘、变更债券受托管理人；拟变更债券受托管理协议的主要内容（如变更受托管理事项授权范围、变更利益冲突风险防范解决机制、变更与债券持有人权益密切相关的违约责任等）。

第二类是发行人自身出现重大不利事项的情形，包括：发行人不能或预计不能按期支付本息；发行人（及发行人合并报表范围内的重要子公司）发生减资、合并、分立、被托管、解散、申请破产或者依法进入破产程序等事项；发行人（及发行人合并报表范围内的重要子公司）已经或预计不能按期支付除本期债券以外的其他有息负债，可能导致本期债券发生违约；发行人提出债务重组方案；发行人管理层不能正常履行职责，导致发行人债务清偿能力面临严重不确定性；发行人或控股股东、实际控制人无偿或以明显不合理低价处置发行人资产或者以发行人资产对外提供担

---

① 指《深圳证券交易所公司债券持有人会议规则编制指南（参考文本）》与《上海证券交易所公司债券存续期业务指南第1号——公司债券持有人会议规则（参考文本）》，这两份文本为各公司债券制定债券持有人会议规则提供了相应的参考。

保，导致发行人偿债能力面临严重不确定性。

第三类是其他非因发行人原因产生的情形，包括：增信主体（保证人）、增信措施（担保物）或者其他偿债保障措施发生重大变化且对债券持有人利益有重大不利影响；发行人、单独或合计持有本期债券总额百分之十以上的债券持有人书面提议召开；发生其他对债券持有人权益有重大影响的事项；法律、行政法规、部门规章、规范性文件规定或者本期债券募集说明书、债券持有人会议规则约定的应当由债券持有人会议作出决议的其他情形。

2. 会议召集的主体

债券受托管理人是债券持有人会议的召集主体，这是基于债券受托管理人制度所当然延伸出来的属于债券受托管理人的权利与义务。发行人、单独或合计持有本期债券总额百分之十以上的债券持有人也可以向债券受托管理人书面提议召开持有人会议，债券受托管理人应当自收到书面提议之日起5个交易日内书面回复是否召集持有人会议并说明理由。同意召集会议的，债券受托管理人应当于书面回复日起15个交易日内召开持有人会议，提议人同意延期召开的除外。

在债券受托管理人应当召集而未召集债券持有人会议时，发行人、单独或合计持有本期债券总额百分之十以上的债券持有人有权自行召集债券持有人会议，这是对会议召集主体的例外规定。

3. 会议的通知与公告

一般而言，债券持有人会议应当自召开的前10个交易日内由召集人（债券受托管理人或自行召集债券持有人会议的提议人）发布召开会议的通知，但沪深京交易所均允许债券持有人会议规则另行约定通知的时间（应当理解为债券持有人会议规则可以对提前通知期限予以延长），上交所还特别规定出现需要紧急召集持有人会议，保护持有人权益的情况时，可以缩短会议提前通知期限。

债券持有人会议召开的通知中应当包括以下事项：债券基本情况；召集人、会务负责人姓名及联系方式；会议召集事由；会议时间和地点；会议召开形式（现场、非现场或两者相结合的形式）；会议拟审议议案（上交所要求会议拟审议议案应当最晚于债权登记日前公告，增补议案应当及时披露并给予相关方充分讨论决策时间；深交所、北交所要求临时议案应不晚于债权登记日前一交易日公告）；会议议事程序；债权登记日（上交所要求债权登记日为持有人会议召开日前1个交易日，深交所、北交所要求债权登记日为持有人会议召开日前1—3个交易日）；委托参会人员的委托手续（授权委托书和身份证明）。

债券持有人会议决议公告应当在会议表决截止日次 1 个交易日披露，会议决议公告包括但不限于以下内容：会议召开情况；出席会议的债券持有人所持表决权情况；会议有效性；各项议案的议题、表决结果及决议生效情况。

4. 会议的议案

债券持有人会议的议案由发行人、单独或者合计持有本期债券总额百分之十以上的债券持有人提出，会议拟审议议案应当于债权登记日前（深交所要求不晚于债权登记日前 1 个交易日）公告，未公告的议案不得提交该次债券持有人会议审议。

5. 会议的召开

通常而言，在债权登记日登记在册的债券持有人均有权出席债券持有人会议并行使表决权。沪深京交易所还规定受托管理人可以作为征集人，征集债券持有人委托其代为出席债券持有人会议，并代为行使表决权。债券持有人会议应当由代表本期债券未偿还份额且享有表决权的二分之一以上（享有表决的比例可以由债券持有人会议规则另行规定，但不得低于二分之一）债券持有人出席方能召开。除此之外，发行人、债券清偿义务承继方等关联方及债券增信机构应当按照召集人的要求出席债券持有人会议并接受问询。资信评级机构可以应召集人邀请列席会议。同时会议召开需要有律师进行现场见证，并出具相应的法律意见书。

6. 会议的表决

债券持有人进行表决时，每一张未偿还的债券享有一票表决权。如果债券持有人会议规则对表决权有其他约定，则从其约定。发行人及其关联方，包括发行人的控股股东、实际控制人、合并范围内子公司、同一实际控制人控制下的关联公司（仅同受国家控制的除外）等，本期债券的保证人或者其他提供增信或偿债保障措施的机构或个人，债券清偿义务承继方，其他与拟审议事项存在利益冲突的机构或个人等主体需要回避表决。

表决事项通过的比例通常按照债券持有人会议规则的约定，对于涉及重大事项的议案，经全体有表决权的债券持有人所持表决权的三分之二以上（表决通过的比例可以由债券持有人会议规则另行规定，但不得低于三分之二）同意方可生效，对于一般事项的议案，经超过出席债券持有人会议且有表决权的持有人所持表决权的二分之一（表决通过的比例可以由债券持有人会议规则另行规定，但不得低于二分之一）同意方可生效。

重大事项通常包括：拟同意第三方承担本期债券清偿义务；拟下调票

面利率的（债券募集说明书明确约定发行人单方面享有相应决定权的除外）；相关方提议减免、延缓偿付本期债券应付本息的（债券募集说明书明确约定发行人单方面享有相应决定权的除外）；拟减免、延缓增信主体或其他负有代偿义务第三方的金钱给付义务；拟减少抵押/质押等担保物数量或价值，导致剩余抵押/质押等担保物价值不足以覆盖本期债券全部未偿本息；拟修改债券募集说明书、本规则相关约定以直接或间接实现上述目的；拟修改关于债券持有人会议权限范围的相关约定等。除债券持有人会议规则约定的上述重大事项，其他表决事项应当按照一般事项进行表决。

7. 会议的决议

《债券纠纷会议纪要》中明确，债券持有人会议根据债券募集文件规定的决议范围、议事方式和表决程序所作出的决议，且不存在法定无效事由的，应当认定为合法有效，对全体债券持有人具有约束力。《公司债券发行与交易管理办法》也规定，债券持有人会议形成的决议对全体债券持有人有约束力，债券持有人会议规则另有约定的除外。

但需要注意的是，上交所在 2022 年修订债券上市规则时将"债券持有人会议通过的决议，对所有债券持有人均有同等约束力"的条文删去，规定债券持有人会议形成的生效决议，"受托管理人应当积极落实或者督促发行人和其他相关方予以落实"，深交所在 2022 年修订债券上市规则时也作了相应的变更。这样的变更是因为债券持有人会议的决议效力应当由上位法进行规定，交易所的规则法律位阶较低，若交易所的债券上市规则对债券持有人会议的决议效力进行规定，则事实上剥夺了债券持有人提出异议的权利。在域外立法中通常也是由法律对债券持有人会议的效力范围进行规范。比如，日本公司法第 734 条第 2 款规定，公司债权人会议决议对持有该类别公司债的所有公司债权人有效。韩国商法典第 498 条第 2 款规定，公司债债权人集会的决议对全体公司债债权人生效。[①] 尽管《债券纠纷会议纪要》与《公司债券发行与交易管理办法》中对债券持有人会议的决议效力有相关规定，但两者均不属于法律，因此对债券持有人会议的决议效力应当在《公司法》或《证券法》的层面上进行明确。

---

① 刘斌：《债券持有人会议的组织法建构》，载《中国政法大学学报》2022 年第 5 期，第 138 页。

（二）受托管理人制度

2004年中国证监会发布的《证券公司债券管理暂行办法》（已失效）规定了债权代理人制度，发行人应当为债券持有人聘请债权代理人，代理人可以由信托投资公司、基金管理公司、证券公司、律师事务所、证券投资咨询机构等机构担任，这是我国受托管理人制度的雏形。其后，中国证监会于2007年发布的《公司债券发行试点办法》（已失效）则初步明确了受托管理人制度的规则，规定了受托管理人的资格、职责等事项。2015年中国证券业协会发布了《公司债券受托管理人执业行为准则》（已失效），从受托管理人资格、权利与义务、变更、自律管理等多个方面对受托管理人制度进行了规定。同年中国证监会发布了《公司债券发行与交易管理办法》，对受托管理人制度进行了细化，并在2021年的修订中对该制度进一步完善。

2019年修订的《证券法》对受托管理人制度进行了概括性的规定，将该制度上升到了法律层面，《证券法》第九十二条第二款规定："公开发行公司债券的，发行人应当为债券持有人聘请债券受托管理人，并订立债券受托管理协议。受托管理人应当由本次发行的承销机构或者其他经国务院证券监督管理机构认可的机构担任，债券持有人会议可以决议变更债券受托管理人。债券受托管理人应当勤勉尽责，公正履行受托管理职责，不得损害债券持有人利益。"

在刚性兑付与债券市场零违约的时代，受托管理人作为信息传递的工具，事实上对债券管理的参与度并不高，监管机构、立法机关与债券发行人、持有人等也并未对受托管理人制度给予太多的关注度。随着"刚性兑付"的打破与近年来债券违约的频发，债券持有人权益的保护越来越重要，受托管理人作为保障投资者权益的重要角色，其重要性也日益凸显。下文将对受托管理人制度进行分析，探讨其在投资者保护中所发挥的重要作用。

1. **受托管理人资格**

依据《证券法》的规定，受托管理人应当由本次发行的承销机构或者其他经证监会认可的机构担任，对于其他经证监会认可的机构范围，并无相关的规定。2020年，中国人民银行、国家发展改革委、中国证监会三家监管机构共同发布了《关于公司信用类债券违约处置有关事宜的通知》，其中提到了"鼓励熟悉债券市场业务、具备良好风险处置经验或法律专业能力的机构担任受托管理人"，尽管该通知仍未对证监会认可的机构进行具体规定,但可以理解为对受托管理人的履职能力的规定。

此外,《公司债券受托管理人执业行为准则》中对不得担任受托管理人的情形也进行了规定,依据该准则,本次发行提供担保的机构、自行销售的发行人以及发行人的实际控制人、控股股东、合并报表范围内子公司及其他关联方不得担任本次发行的受托管理人。

2. 受托管理人的职责

受托管理人通常具有以下职责:

(1) 关注发行人和保证人的资信状况、担保物状况、增信措施及偿债保障措施的实施情况及其他可能影响债券持有人权益的重大事项

这里提及的发行人"其他可能影响债券持有人权益的重大事项"通常包括:发行人名称、股权结构或生产经营状况发生重大变化;发行人财务报告审计机构、资信评级机构变更;发行人三分之一以上董事、三分之二以上监事、董事长、总经理或具有同等职责的人员发生变动;发行人法定代表人、董事长、总经理或具有同等职责的人员无法履行职责;发行人控股股东或者实际控制人变更;发行人重大资产抵押、质押、出售、转让、报废、无偿划转以及重大投资行为或重大资产重组;发行人发生超过上年末净资产百分之十的重大损失;发行人放弃债权或者财产超过上年末净资产的百分之十;发行人股权、经营权涉及被委托管理;发行人丧失对重要子公司的实际控制权;发行人主体或债券信用评级发生变化,或者债券担保情况发生变更;发行人转移债券清偿义务;发行人一次性承担他人债务超过上年末净资产百分之十,或者新增借款、对外提供担保超过上年末净资产的百分之二十;发行人未能清偿到期债务或进行债务重组;发行人涉嫌违法违规被有权机关调查,受到刑事处罚、重大行政处罚或行政监管措施、市场自律组织作出的债券业务相关的处分,或者存在严重失信行为;发行人法定代表人、控股股东、实际控制人、董事、监事、高级管理人员涉嫌违法违规被有权机关调查、采取强制措施,或者存在严重失信行为;发行人涉及重大诉讼、仲裁事项;发行人出现可能影响其偿债能力的资产被查封、扣押或冻结的情况;发行人分配股利,作出减资、合并、分立、解散及申请破产的决定,或者依法进入破产程序、被责令关闭;发行人涉及需要说明的市场传闻;募集说明书约定或发行人承诺的其他应当披露事项;募投项目情况发生重大变化,可能影响募集资金投入和使用计划,或者导致项目预期运营收益实现存在较大不确定性;其他可能影响发行人偿债能力或债券持有人权益的事项。当出现上述重大事项时,受托管理人应当按照规定和约定履行受托管理职责。

（2）监督发行人募集资金的使用情况

发行人的募集资金应当存于指定专项账户，受托管理人对债券募集资金的接收、存储、划转情况进行监督，并与发行人以及存放募集资金的银行订立监管协议，监督募集资金账户是否存在资金混同存放的情形。

募集资金的使用情况应与债券募集说明书的约定相一致，受托管理人应当对募集资金专项账户的流水、募集资金的使用凭证、募集资金使用的内部决策流程进行核查，看是否符合法律法规规定及债券募集说明书约定。

募集资金用途变更的，受托管理人应当核查募集资金变更是否履行了法律法规规定及债券募集说明书约定的相关流程。

募集资金使用存在违法违规情形的，受托管理人应当督促发行人整改，并披露临时受托管理事务报告。

（3）监督发行人的偿债能力和增信措施的有效性

受托管理人应至少提前二十个交易日掌握公司债券还本付息、赎回、回售、分期偿还等的资金安排，督促发行人按时履约，并按照要求将债券兑付资金安排等情况向证券交易所和证券登记结算机构进行报告。

（4）定期或不定期向市场公告受托管理事务报告

定期受托管理事务报告应至少一年一次，在每年6月30日前向市场公告上一年度的受托管理事务报告。受托管理事务报告中应当包括：受托管理人履职情况；发行人的经营与财务状况；募集资金使用及专项账户运作情况与核查情况；内外部增信机制、偿债保障措施的有效性分析，发生重大变化的，说明基本情况及处理结果；发行人偿债保障措施的执行情况以及公司债券的本息偿付情况；公司债券募集说明书中约定的其他义务的执行情况（如有）；债券持有人会议召开的情况；偿债能力和意愿分析；与发行人偿债能力和增信措施有关的其他情况及受托管理人采取的应对措施。

在出现以下情形时，受托管理人应当在知道或应当知道该等情形发生之日起五个交易日内披露临时受托管理事务报告，临时受托管理事务报告中应当包括具体情况、对本期债券可能产生的影响、已采取或拟采取的应对措施等：受托管理人在履行受托管理职责时发生利益冲突；发行人未按照相关规定与募集说明书的约定使用募集资金；内外部增信机制、偿债保障措施发生重大变化；发行人违反募集说明书承诺且对债券持有人权益有重大影响；发现发行人及其关联方交易其发行的公司债券；其他可能影响债券持有人权益的重大事项；因发行人未提供真实、准确、完整的材料或拒绝配合受托管理工作，经提醒后仍未补正，导致受托管理人无法履行受托管理职责。

（5）根据规定和约定及时召集债券持有人会议

当出现前文所述召集债券持有人会议的情形时，受托管理人应当及时召集债券持有人会议。

（6）持续督导发行人履行信息披露义务

披露的信息应当真实、准确、完整、及时、公平，不得有虚假记载、误导性陈述或者重大遗漏。

披露的信息应当刊登在本期债券交易场所的互联网网站和符合中国证监会规定条件的媒体，同时将其置备于公司住所、证券交易场所，供公众查阅。

披露的信息包括但不限于定期受托管理事务报告、临时受托管理事务报告、中国证监会及自律组织要求披露的其他文件。

（7）预计发行人不能偿还债务时，要求发行人追加担保，并可依法申请财产保全

预计发行人不能偿还债务时，受托管理人应当要求发行人追加担保或其他偿债保证措施，或依法申请财产保全，并同时将上述措施告知证券交易场所和证券登记结算机构。

（8）勤勉处理债券持有人与发行人之间的谈判或者诉讼事务

（9）取得并保管担保的权利证明或其他有关文件（如发行人为债券设定担保）

（10）债券违约时可以接受债券持有人的委托，以自己名义代表债券持有人参与诉讼或者破产等法律程序，或者申请处置抵质押物

受托管理人在采取上述风险处置措施时，应当于每个季度结束后及时向债券投资者披露违约处置进展、召开债券持有人会议（如有）等履行职责的情况。

受托管理人的诉讼主体资格规定在《公司债券发行与交易管理办法》与《公司债券受托管理人处置公司债券违约风险指引》（以下简称《债券违约风险指引》）中，《债券违约风险指引》明确了受托管理人可以在债券持有人会议的授权下提起民事诉讼、仲裁、申请财产保全，参与破产重整、和解、清算等程序。但两部文件的效力位阶较低，《证券法》则对受托管理人的诉讼主体资格进行了明确，《证券法》第九十二条第三款规定："债券发行人未能按期兑付债券本息的，债券受托管理人可以接受全部或者部分债券持有人的委托，以自己名义代表债券持有人提起、参加民事诉

讼或者清算程序。"2020 年 7 月发布的《债券纠纷会议纪要》中也明确，受托管理人以自己的名义代表债券持有人提起、参加民事诉讼，或者申请发行人破产重整、破产清算的，人民法院应当依法予以受理。尽管《债券纠纷会议纪要》不能作为裁判的依据，但其作为最高人民法院的指导性意见，也表明了最高人民法院对受托管理人的诉讼主体资格持肯定性态度。

3. 受托管理人的变更

受托管理人出现无法履职的情形时，应当召开债券持有人会议变更受托管理人，无法履职的情形包括：受托管理人未能或未按约定履行受托管理人职责；受托管理人停业、解散、破产或依法被撤销；受托管理人提出书面辞职等。

受托管理人变更的，应当自完成移交手续之日起五个交易日内，由新任受托管理人向中国证券业协会报告，报告内容包括但不限于：新任受托管理人的名称、新任受托管理人履行职责起始日期、受托管理人变更原因以及资料移交情况。

4. 受托管理人在债券违约处置中的作用

受托管理人在债券违约处置中也发挥着重要的作用，中国人民银行、国家发改委、证监会在 2020 年 6 月发布了《关于公司信用类债券违约处置有关事宜的通知》，其中特别强调了要充分发挥受托管理人和债券持有人会议制度在债券违约处置中的核心作用。因此，在债券违约处置中，受托管理人在债券持有人会议的授权下可以积极参与债券违约处置的各项程序。

发生债券违约时，通常会选择的处置方式主要有三种，其一是通过司法程序予以救济，其二是债权债务人进行协商，其三是提供增信措施，发行人通常会选择其中的一种或几种进行处置。

司法程序包括民事诉讼、仲裁、申请财产保全、参与破产重整、和解或清算等，受托管理人可以在债券持有人会议的授权下代表债券持有人提起相关诉讼、仲裁，依法申请法定机关采取财产保全措施或参与破产重整、和解或清算。以往的债券违约诉讼通常是以个别起诉为主，受托管理人在其中可能并不会发挥太大的作用，《债券纠纷会议纪要》中对受托管理人的诉讼主体资格进行了明确，同时要求"对于债券违约合同纠纷案件，应当以债券受托管理人或者债券持有人会议推选的代表人集中起诉为原则，以债券持有人个别起诉为补充"。集体诉讼有助于节约司法资源，提高审理效率，受托管理人在违约诉讼中也能够发挥较大的作用，达成保护债券持有人合法权益的效果。如全国首例债券虚假陈述集体诉讼"五洋债案",该案中存在债券违约与债券虚假陈述两个行为,作为案涉债券主承销商及受托管理人的某证券公司是因审慎核查不足、专业把关不严、未勤勉尽职导致虚假陈述行为发生而被列为被告,而非因债券发行人的债券违约,受托管理人在债券违约中仍能发挥其相应的作用。

除债券违约诉讼外,破产诉讼也是重要的司法救济途径。破产程序包括破产重整、破产和解和破产清算,其中破产重整是实务中更为通用的做法,受托管理人在取得债券持有人的授权后可以参与破产程序。

协商的方式有自筹资金、第三方代偿、债务重组等。自筹资金偿还债务通常适用于发行人债务规模较小,且仍有一定的融资能力的情况。第三方代偿通常是由发行人的关联方或与发行人达成协议的第三方代为偿还债务。债务重组是指债券违约时,债券持有人与发行人依据协议或法院裁判对原有的偿债条件进行调整,如债券展期、折价交易、债转股、实物偿债等,其中,债券展期是最为常用的方式。

同样,受托管理人在发行人债券违约后,可以要求发行人追加担保,督促并协助发行人及时签订担保合同、担保函,办理担保物抵押、质押登记工作,担保物的价值应当能够覆盖违约债券的本息,当担保物发生价值减损或灭失,无法覆盖违约债券本息时,受托管理人可以要求发行人再次追加担保。对担保物的处置应当以债券募集说明书或受托协议中约定的内容为准,无其他约定时,受托管理人可以在债券持有人会议的授权下处置担保物。除追加担保外,受托管理人也可以根据债券募集文件、债券受托协议的约定或债券持有人会议决议的授权,依法申请法定机关采取财产保全措施,避免发行人转移财产。

六、先行赔付制度

证券市场的先行赔付制度是独立于诉讼之外的证券市场多元纠纷解决协调机制之一,本质上是一种诉讼外的民事和解行为。先行赔付制度指的是发行人因欺诈发行、虚假陈述或者其他重大违法行为给投资者造成损失的,由可能承担赔付责任的主体先行向受损失的投资者进行赔付,先行赔付后可以向其他责任人进行追偿。先行赔付制度可以让投资者在因上市公司欺诈发行、虚假陈述等行为遭受损失后,无须通过诉讼程序,及时得到赔偿,有利于减轻投资者诉累,同时也一定程度上节约了我国的司法资源。

2019 年《证券法》出台前，我国没有明确规定先行赔付制度的法律法规，可供参考的有《最高人民法院关于审理证券市场因虚假陈述引发的民事赔偿案件的若干规定》（已失效），该规定明确人民法院审理虚假陈述证券民事赔偿案件，应当注重调解，鼓励当事人和解，这是先行赔付制度的基础。在中国证监会发布的《公开发行证券的公司信息披露内容与格式准则第 1 号——招股说明书（2015 修订）》（已失效）中，提到保荐人应在招股说明书中承诺，因其出具的文件有虚假记载、误导性陈述或者重大遗漏，给投资者造成损失的，将先行赔偿投资者损失，但该文件仅属于效力位阶较低的部门规范性文件，没有将先行赔付制度上升到法律层面。

尽管当时的先行赔付制度在法律规定上尚不完善，但我国证券市场已经事实上有了先行赔付的实践，即"万福生科案"[①]"海联讯案"[②]"欣泰电气案"[③]。这三个案件有如下共同点：其一，均是由责任人（保荐人、控股股东）自发设立了专项赔付基金用于赔付投资者所受损失；其二，先行赔付程序独立于诉讼程序；其三，赔付流程较快，往往在几个月内就完成了对大多数投资者的赔付。先行赔付的实践使投资者的合法权益可以得到及时、有效的保护，不过执行中还是存在诸多问题，尤其是在后续追偿方面产生了很多纠纷（虽然平安证券与万福生科达成了和解，但兴业证券与欣泰电气产生了追偿权诉讼纠纷），因此虽然《证券法》修订前有大量的虚假陈述案件，但先行赔付的案例实际上也只有上述三例。

2019 年《证券法》修订后，先行赔付制度上升到了法律层面。《证券法》第九十三条规定："发行人因欺诈发行、虚假陈述或者其他重大违法行为给投资者造成损失的，发行人的控股股东、实际控制人、相关的证券公司可以委托投资者保护机构，就赔偿事宜与受到损失的投资者达成协议，予以先行赔付。先行赔付后，可以依法向发行人以及其他连带责任人追偿。"该条明确了先行赔付的主体，即控股股东、实际控制人及相关的证券公司，同时规定了赔付主体的追偿权，避免先行赔付主体承担超额赔

[①] 万福生科因涉嫌欺诈发行及信息披露违法，于 2013 年 9 月收到中国证监会的行政的处罚决定书。2013 年 5 月，万福生科保荐人平安证券宣布出资 3 亿元成立万福生科投资者利益补偿专项基金，由平安证券先行赔付投资者所受损失，该案是我国首例由证券公司先行赔付的案例。

[②] 海联讯因骗取发行核准违法和信息披露违法，于 2014 年 11 月收到中国证监会的行政处罚决定书和市场禁入决定书。2014 年 7 月，海联讯四股东出资 2 亿元设立投资者利益补偿专项基金，先行赔付投资者所受损失，该案是我国首例由控股股东主动出资先行赔付的案例。

[③] 欣泰电气因涉嫌欺诈发行及信息披露违法违规，于 2016 年 7 月收到中国证监会的行政处罚决定书和市场禁入决定书。2017 年 6 月，欣泰电气保荐机构兴业证券出资 5.5 亿元设立欣泰电气欺诈发行先行赔付专项基金。

偿责任。"紫晶存储案"便是对该条的实际应用，广东紫晶信息存储技术股份有限公司（以下简称"紫晶存储"）因欺诈发行、信息披露违法违规，于2023年4月收到中国证监会行政处罚决定书及市场禁入决定书。紫晶存储的保荐机构中信建投发布关于拟设立紫晶存储事件先行赔付专项基金与申请适用证券期货行政执法当事人承诺制度的公告，拟与其他中介机构共同出资人民币10亿元设立紫晶存储事件先行赔付专项基金。该案是首例科创板上市公司因财务造假而被强制退市的案件，也是新《证券法》实施后首个适用先行赔付的案件。

我国的先行赔付制度虽然有了相应的法律依据，但在具体的应用上仍需要进行完善。比如，对先行赔付的程序规定并不完善，通常都是由责任人自行与投资人签订先行赔付协议，而后进行先行赔付；再比如，先行赔付流程中缺少监管部门的介入，投资者保护机构也未在其中发挥其应有的作用等。如何使先行赔付制度落深落实，发挥其应有的作用，更好地保障投资者合法权益，应当是未来先行赔付制度探索的方向。

七、证券纠纷调解制度

证券纠纷调解是保护投资者合法权益的重要途径，与先行赔付制度同属于独立于诉讼之外的证券市场多元纠纷解决协调机制之一。根据投服中心在中国投资者网发布的《2022年度投资者知权、行权、维权现状调查报告》，进行维权的投资者中，向第三方机构申请调解的占比为37.37%，仅次于诉讼维权（含特别代表人诉讼）；投资者选择调解维权的主要原因有：自身专业知识欠缺，调解成本低，调解耗时短，整理诉讼维权所需材料难等（见图3.1、图3.2）。

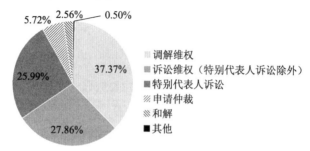

图3.1 投资者的维权方式选择

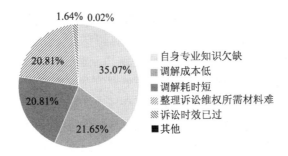

图 3.2　投资者选择调解方式维权的主要原因

证券纠纷调解是投资者在面临证券纠纷时会选择的一个重要维权途径。由于证券纠纷具有复杂性、专业性、涉案人数众多、社会影响力大等特点，依托诉讼处理海量的证券纠纷，需要花费大量的时间成本，也势必会给司法系统带来巨大的挑战。而通过非诉方式解决证券纠纷，不仅提高了效率，使投资者尽快获得赔偿，也极大程度上节约了司法资源，落实了"坚持把非诉讼纠纷解决机制挺在前面"的要求，满足了《证券法》投资者保护的制度理念。

我国证券纠纷调解制度近年来发展较快，2012 年 6 月，中国证券业协会就发布了《中国证券业协会证券纠纷调解工作管理办法（试行）》《中国证券业协会证券纠纷调解规则（试行）》《中国证券业协会调解员管理办法（试行）》三项业务规则①，分别对证券调解的组织架构、受理范围、调解程序、调解员的聘用、培训及考核等事项进行了规范。2013 年 12 月，国务院办公厅发布了《国务院办公厅关于进一步加强资本市场中小投资者合法权益保护工作的意见》，强调要建立多元化纠纷解决机制，支持投资者与市场经营主体协商解决争议或达成和解协议。2016 年 5 月，最高法、中国证监会发布了《最高人民法院、中国证券监督管理委员会关于在全国部分地区开展证券期货纠纷多元化解机制试点工作的通知》，强调建立试点调解组织制度，证券期货监管机构负责监督指导各试点的调解组织工作，并确定了 8 家证券期货纠纷多元化解机制试点调解组织②。

---

①　2016 年 1 月，中国证券业协会对三项业务规则进行了修订，修订后，原"两法一则"变更为"一法一则"，即《中国证券业协会证券纠纷调解工作管理办法》与《中国证券业协会证券纠纷调解规则》，关于调解员的选定和聘任规定在了《中国证券业协会证券纠纷调解工作管理办法》中。

②　证券期货纠纷多元化解机制试点调解组织名单：中国证券业协会、中国期货业协会、中国证券投资基金业协会、中国证券投资者保护基金有限责任公司、中证中小投资者服务中心有限责任公司、深圳证券期货业纠纷调解中心、广东中证投资者服务与纠纷调解中心、天津市证券纠纷人民调解委员会。

2018年11月，最高人民法院、中国证监会又发布了《关于全面推进证券期货纠纷多元化解机制建设的意见》，在总结试点工作经验的基础上，决定在全国联合开展证券期货纠纷多元化解机制建设工作，工作内容包括：第一，加强调解组织管理，包括加强证券期货调解组织建设，规范调解组织内部管理，加强调解员队伍建设，建立证券期货纠纷特邀调解组织和特邀调解员名册制度等；第二，健全诉调对接工作机制，明确证券期货纠纷多元化解机制范围，明确调解协议的司法确认制度，落实委派调解或者委托调解机制，建立示范判决、小额速调、无争议事实记载等机制，探索建立调解前置程序，充分运用在线纠纷解决方式开展工作；第三，强化纠纷多元化解机制保障落实，充分发挥督促程序功能，明确调解协议所涉纠纷的司法审理范围，加大对多元化解机制的监管支持力度，加强执法联动，严厉打击损害投资者合法权益的行为，加强经费保障和人员培训。

《证券法》在法律层面规定了证券纠纷调解制度，《证券法》第九十四条第一款规定："投资者与发行人、证券公司等发生纠纷的，双方可以向投资者保护机构申请调解。普通投资者与证券公司发生证券业务纠纷，普通投资者提出调解请求的，证券公司不得拒绝。"该条将证券纠纷调解分为自愿调解与强制调解，自愿调解基于意思自治原则，投资者与发行人、证券公司发生纠纷时可以向投资者保护机构申请调解；而强制调解则注重对普通投资者的特殊保护（关于普通投资者与专业投资者的区分详见本章之"二、投资者适当性制度"之"（四）投资者的分类"），要求证券公司履行保护普通投资者的义务。

目前我国主要有以下四种证券纠纷调解机构：第一种是由中国证监会直接监管的调解机构，主要是中证中小投资者服务中心有限责任公司和中国证券投资者保护基金有限责任公司（以下简称"投保基金公司"）；第二种是行业协会设立的调解机构，如中国证券业协会于2012年与36家地方证券业协会建立的证券纠纷调解协作机制；第三种是地方事业单位设立的调解机构，代表为由深圳国际仲裁院、深圳市证券业协会、深圳市期货业协会和深圳市投资基金同业公会共同设立的深圳证券期货业纠纷调解中心；第四种是在地方政府、证监局指导下依据《人民调解法》设立的民间调解组织。当投资者与发行人、证券公司等发生纠纷时，投资者可以选择的调解机构范围并不仅仅局限于《证券法》规定的投资者保护机构，投资者保护机构以外的其他调解组织也是可供选择的对象。

证券纠纷调解制度逐渐趋于完善，中国证券业协会建立了证券经营机构自主协商解决纠纷、地方证券业协会就地调解纠纷和协会统筹行业纠纷化解的三位一体多元解决纠纷机制，通过搭建在线纠纷调解申请平台、设立专业委员会、发布调解规则、建立调解保障制度、加强专业培训与指导、构建简易调解与普通调解分层纠纷解决体系等系列举措，构建了立体化、协同治理的纠纷解决体系。① 根据证监会发布的报告，2022年各调解组织调解成功案件3 268件，投资者获赔3.42亿元。② 证券纠纷调解已成为解决证券纠纷的重要途径。

八、投资者保护机构

（一）投资者保护机构简介

我国的投资者保护机构主要为中国证券投资者保护基金有限责任公司与中证中小投资者服务中心有限责任公司，即投保基金公司与投服中心。二者共同作为我国的投资者保护机构，履行《证券法》规定的法定职责，但在具体的工作内容上，二者也存在一些差别。

1. 投保基金公司

2005年6月，国务院批准中国证监会、财政部、中国人民银行发布《证券投资者保护基金管理办法》，并决定设立国有独资的中国证券投资者保护基金有限责任公司，负责基金的筹集、管理和使用。2005年8月，投保基金公司正式成立，主要职责包括：筹集、管理和运作证券投资者保护基金，监测证券公司风险，参与证券公司风险处置工作等。

在投资者保护上，投保基金公司通常在以下场合发挥着作用。③

（1）风险防范

投保基金公司在投资者风险防范上发挥着重要作用：一是对投资者的资金安全进行监控，识别并防范系统风险；二是完善证券公司风险监测指标体系，对证券公司重点业务进行风险监测；三是对交易结算资金情况进行持续监测分析，分析重点板块客户资金变动情况，支持服务监管。

---

① 中证报：《中证协多措并举 引导行业增强投保质效》，载中国证券业协会门户网站2023年5月15日，https://www.sac.net.cn/tzzzj/zxsd/gzdtz/202305/t20230515_59781.html。
② 证监会：《中国证监会2022年法治政府建设情况》，载证监会门户网站2023年3月31日，http://www.csrc.gov.cn/csrc/c100028/c7399314/content.shtml。
③ 引自中国证券投资者保护基金有限责任公司发布的《中国资本市场投资者保护状况蓝皮书（2022）》。

(2) 损失测算

在康美药业虚假陈述民事责任纠纷案件中，投保基金公司接受法院委托，配合法院完成康美药业案 5.5 万名投资者的损失测算，支持了首例特别代表人诉讼落地。除康美药业一案外，投保基金公司还为其余 10 家上市公司民事赔偿案件提供了损失计算支持。

(3) 证券纠纷调解

投保基金公司积极履行证券纠纷调解职能，深化示范判决纠纷调解机制。据统计，2022 年投保基金公司全年成功调解案件 223 件，调解金额合计 670 余万元。

(4) 参与先行赔付

投保基金公司在欣泰电气、海联讯、万福生科、紫晶存储等先行赔付案件中，督促责任方积极成立先行赔付基金，并作为先行赔付基金的管理人，推动了先行赔付的落实。

(5) 证券市场调查与投资者保护评价

投保基金公司根据多层次资本市场发展情况，定期发布证券投资者信心调查专报；同时持续开展投资者保护状况分析评价，编制并发布相关报告。

(6) 12386 热线服务

据统计，2022 年投保基金公司通过 12386 热线处理投资者有效诉求 120 466 件，为投资者挽回损失 6 136.18 万元，处理咨询类转办诉求 8 996 件。

(7) 投保基金的筹集、管理及使用

投保基金公司每年进行投保基金的收缴工作，在确保资金绝对安全的前提下，通过购买国债，提升投保基金保值增值水平，确保出现法定赔付情形时[1]，投资者的损失能够正常得到弥补。

2. 投服中心

2013 年 12 月，国务院办公厅发布了《国务院办公厅关于进一步加强资本市场中小投资者合法权益保护工作的意见》，其中第九条提到，要完善投资者保护组织体系，探索建立中小投资者自律组织和公益性维权组织，向中小投资者提供救济援助。因此，2014 年，中国证监会批准设立投服中心并直接管理。投服中心是以公司形式存在的非营利性组织，主要职责包括投资

---

[1] 依据《证券投资者保护基金管理办法》第十九条，基金的用途为：(一) 证券公司被撤销、被关闭、破产或被证监会实施行政接管、托管经营等强制性监管措施时，按照国家有关政策规定对债权人予以偿付；(二) 国务院批准的其他用途。

者教育、证券纠纷调解、公益性诉讼支持、公益性持股行权等。

在投资者保护上,投服中心通常在以下场合发挥着作用。

(1) 持股行权

投服中心作为投资者保护机构及上市公司之股东(投服中心几乎持有沪深京三市每一家上市公司的一手股票),可以通过公开征集股东权利,代为行使提案权、表决权(详见本章之"三、公开征集股东权利制度")。据统计,投服中心2022年参加了210家上市公司的2021年年度业绩说明会,并于2023年3月31日启动年度股东大会专项行权工作,对500家年度股东大会行权,以起到示范引领的功效,提高投资者行权意愿。

(2) 维权事务

2021年投服中心代表52 037名投资者向康美药业提起虚假陈述责任纠纷,一审胜诉获赔约24.59亿元。除代表人诉讼外,投服中心在支持诉讼与股东代位诉讼中也发挥着重要的作用,下文将对支持诉讼、股东代位诉讼及代表人诉讼进行具体论述。

(3) 证券纠纷调解

据统计,2022年投服中心全年共登记纠纷3 601件,受理2 128件,调解成功1 153件,投资者获赔2.35亿元。在诉调对接上,投服中心与多家法院建立合作关系,2022年接收委托委派案件795件,受理719件,调解成功315件,投资者获赔2 497.06万元。①

(4) 投资者教育

由于普通投资者在投资过程中缺少证券期货相关的专业知识,因此投服中心面向投资者开展公益性宣传和教育,引导投资者理性投资。投服中心通过开展一系列投资者教育活动,丰富了投资者相关专业知识储备,更有利于投资者参与行权、维权。

(5) 投资者研究与调查监测

投服中心就中小投资者权益保护领域的热点难点痛点问题开展多项研究,并创刊《投服中心研究》用于宣传研究成果。此外,投服中心多年开展投资者专项调查,了解投资者知权、行权、维权现状。

(二) 投资者保护机构的职能

除本章前述的公开征集股东权利、先行赔付、证券纠纷调解等职能

---

① 引自中国证券投资者保护基金有限责任公司发布的《中国资本市场投资者保护状况蓝皮书(2022)》。

外,《证券法》还赋予了投资者保护机构支持诉讼、股东代表诉讼及代表人诉讼等职能,且从实践中来看,通常是由投服中心履行这三项职能。投服中心作为我国《证券法》意义上的投资者保护机构之一,在证券、期货等诉讼活动中,发挥着重要的作用。因此下文将以投服中心为例,讨论其作为投资者保护机构所发挥的作用。

1. 支持诉讼

2016年7月,投服中心接受中小投资者委托,就匹凸匹金融信息服务(上海)股份有限公司虚假陈述行为向上海市第一中级人民法院提起民事损害赔偿诉讼,这是全国第一例证券支持诉讼案件。2017年5月,上海市第一中级人民法院一审判决原告胜诉。该案随后被上海市高级人民法院列入2017年度金融商事审判十大案例。

在该案判决时,《证券法》尚未修订,因此投服中心并未以支持诉讼方的身份参与诉讼,而是接受原告的委托指派专门人员作为原告的委托诉讼代理人参与诉讼,其支持诉讼的法律依据为《民事诉讼法》第十五条:"机关、社会团体、企业事业单位对损害国家、集体或者个人民事权益的行为,可以支持受损害的单位或者个人向人民法院起诉。"2019年《证券法》则直接为投服中心支持诉讼提供了法律依据,《证券法》第九十四条第二款规定:"投资者保护机构对损害投资者利益的行为,可以依法支持投资者向人民法院提起诉讼。"此后投服中心即可以支持诉讼方的身份参与诉讼,如"美丽生态案""退市金钰案"等。

根据投服中心在中国投资者网发布的《2022年度投资者知权、行权、维权现状调查报告》,从对填写调查问卷并通过诉讼进行维权的投资者最近一次诉讼维权结果的调查来看,胜诉的投资者占比为75.06%,败诉的投资者占比为7.24%;诉讼维权成功的原因中,第一是投服中心的指导和帮助,占比46.21%,第二是自身诉讼维权知识充分,占比38.62%,第三是自己积极主动维权,占比36.03%;诉讼维权失败的原因中,第一是自身缺乏法律、金融专业知识,占比56.36%,第二是维权不够积极主动,占比41.82%,第三是法律制度不健全,占比32.73%。[1] 从上述数据来看,部分普通投资者受知识及能力所限,很难获取上市公司虚假陈述、内幕交易、操纵市场等行为的证据,在诉讼中往往也处于信息不对称的地

---

[1] 《2022年度投资者知权、行权、维权现状调查报告可视化版本》,载中国投资者网2023年7月28日,https://www.investor.org.cn/investor_interaction/questionnaire/tzzbg/202307/t20230728_688624.shtml。

位，无法进行专业的举证、质证，因此投服中心作为支持诉讼方参与诉讼活动，可以凭借其专业优势完成诉讼中的举证、质证活动，帮助普通投资者获得相应的赔偿。

投服中心参与支持诉讼已经有一套较为完备的流程。投服中心会发布公告征集适格的投资者，并帮助投资者收集相关证据材料，对投资者遭受的损失进行专业核定，① 并聘请专业的公益律师提起诉讼（如"退市金钰案"便是由投服中心委派公益律师担任投资者的诉讼代理人），案件判决后投服中心会通过媒体及自身平台对案件进展进行宣传，帮助投资者树立行权、维权意识。该流程在特别代表人诉讼中也较为类似，并且确实卓有成效。

目前实践中有的法院采取"支持诉讼+示范判决"的模式，这种模式的优点在于确立示范判决后，可以将支持诉讼案件的效力辐射到其余暂未提起诉讼的同案中，其余投资者在提起诉讼时，法院也无须再对案件事实情况进行重复审理，可以直接引用示范判决已经确认的内容，客观上提高了审判效率，避免了司法资源的浪费，达到投资者保护的目的。

2. 股东代表诉讼

全国首例投资者保护机构股东代表诉讼案件是"大智慧董监高损害公司利益案"，该案被列入中国证监会2023年5月发布的"投资者保护典型案例"。大智慧公司因2013年年度报告存在信息披露违法行为受到中国证监会行政处罚，一并被处罚的还包括时任董监高的张某某、王某等共14人及承担年报审计工作的会计师事务所等。遭受损失的投资者陆续提起证券虚假陈述责任纠纷诉讼。投服中心作为大智慧公司的股东（持有大智慧公司一手股票），于2021年4月向大智慧公司发出股东质询建议函，建议公司向相关责任人进行追偿，但大智慧公司并未采取任何措施。因公司怠于履行追偿职责，故投服中心依据《证券法》第九十四条的规定，于2021年9月8日以股东身份代表大智慧公司向上海金融法院提起股东代表诉讼，将张某某等中国证监会认定的直接负责的主管人员列为被告和第三人。

因被告张某某全额向大智慧赔偿诉请损失，投服中心的诉讼请求和诉讼目的已全部实现，因此投服中心向上海金融法院申请撤回起诉，上海金

---

① 同时需要注意的是，投资者保护机构（包括投保基金公司）有时会单纯作为鉴定机构对投资者损失进行专业核定，而不以支持诉讼的身份参与诉讼过程，以保持其作为鉴定机构的中立地位。

融法院裁定准予投服中心撤诉。该案是全国首例由投保机构提起的股东代表诉讼，也是上市公司因证券欺诈被判令承担民事赔偿责任后，全国首例投保机构提起的、向公司董监高追偿的案件。

股东代表诉讼规定在《公司法》第一百九十条，是指公司的董监高执行公司职务时违反法律法规或者公司章程，损害公司利益的，具有相应资格的股东有权以自己的名义向违反义务的董监高提起诉讼。提起股东代位诉讼的主体是有限责任公司的股东、股份有限公司连续一百八十日以上单独或者合计持有公司百分之一以上股份的股东。

依据《公司法》的相关规定，当上市公司董监高执行公司职务时违反法律法规或者公司章程，给公司造成损失时，投服中心作为仅持有上市公司一手股票的股东，原则上无法提起股东代表诉讼。因此，《证券法》将股东代表诉讼的门槛降低，或者说在股东代表诉讼中为投资者保护机构设定了特例，特别规定了投资者保护机构提起股东代表诉讼的权利。同时将股东代表诉讼的责任主体进行了扩展，将控股股东、实际控制人纳入适格被告的范围。《证券法》第九十四条第三款规定："发行人的董事、监事、高级管理人员执行公司职务时违反法律、行政法规或者公司章程的规定给公司造成损失，发行人的控股股东、实际控制人等侵犯公司合法权益给公司造成损失，投资者保护机构持有该公司股份的，可以为公司的利益以自己的名义向人民法院提起诉讼，持股比例和持股期限不受《中华人民共和国公司法》规定的限制。"

该条豁免了投资者保护机构持股比例和持股期限的要求，但事实上依据《公司法》的规定，股东提起代表诉讼时，必须履行相应的前置程序，而对于投资者保护机构是否需要履行前置程序并未有法律明确规定。有观点认为，基于新法优于旧法、特别法优于一般法的原则，在投资者保护机构提起股东代表诉讼时，应当优先适用《证券法》，而《证券法》并未对前置程序有要求，因此投保机构可以直接提起股东代表诉讼，无须履行前置程序；另一种观点认为，当投资者保护机构向董监高提起股东代表诉讼时，应当依照《公司法》要求履行前置程序，当投资者保护机构向控股股东、实际控制人提起股东代表诉讼时，则无须履行前置程序；第三种观点认为，投资者保护机构提起股东代表诉讼，原则上均应当履行前置程序，股东代表诉讼只是作为公司内部监督失灵而设置的救济措施，故只能在用尽公司内部救济措施之后才能启动。

第三种观点应当是现今的主流观点，中国人民大学法学院的叶林教授认为，投保机构是我国创新投资者保护制度的重要机构，经过多年实践，已形成良好的社会声誉，绝大多数上市公司和市场主体高度尊重投保机构的建议和意见。在投保机构向公司提出书面请求时，上市公司往往能够作出认真或积极回应。即使公司董事会或监事会决定不向董监高提起诉讼，通常也会向投保机构讲明不起诉的理由。因此，投保机构提出请求，这本身就是对上市公司治理的重要推动。① 北京金融法院丁宇翔法官提出，从体系解释的角度分析，应当认为，无论是普通的股东代表诉讼，还是投资者保护机构的特别股东代表诉讼，都应遵循提起股东代表诉讼的前置程序的要求。并且这样解释，也符合股东代表诉讼机制衡平投资者保护与公司日常经营秩序维护的制度本旨。② 从投服中心的实践来看，在"大智慧董监高损害公司利益案"中，投服中心向大智慧公司发出股东质询建议函，要求公司向相关责任方追责，在"美丽生态案"中，投服中心也按照《公司法》的规定履行了前置程序，美丽生态公司在投服中心的建议下，向直接责任人提出了追偿调解金诉讼。从上述案件中可以看到，投服中心在实践中仍会按照《公司法》的规定履行前置程序。

还有需要注意的一点是，投资者保护机构作为发起股东代表诉讼的一种例外情形，不应当与一般性的股东代表诉讼发生冲突。当有符合条件的股东依据《公司法》的规定提起股东代表诉讼后，投服中心可以以支持诉讼的身份为股东提供相应的帮助，无须以投资者保护机构的身份另行提起股东代表诉讼，以免徒增成本，弱化一般股东代表诉讼的必要性。

3. 代表人诉讼

我国的证券纠纷代表人诉讼可分为普通代表人诉讼与特殊代表人诉讼。

普通代表人诉讼指的是依据《民事诉讼法》第五十六条、第五十七条，《证券法》第九十五条第一款、第二款规定提起的诉讼，《证券法》第九十五条第一款、第二款规定："投资者提起虚假陈述等证券民事赔偿诉讼时，诉讼标的是同一种类，且当事人一方人数众多的，可以依法推选代表人进行诉讼。对按照前款规定提起的诉讼，可能存在有相同诉讼请求的其他众多投资者的，人民法院可以发出公告，说明该诉讼请求的案件情况，通知投资者在一定期间向人民法院登记。人民法院作出的判决、裁

---

① 叶林：《投保机构发起代位诉讼的主要障碍与应对建议》，载《投资者》2021 年第 4 期，第 156 页。

② 丁宇翔：《新〈证券法〉之下投保机构股东代表诉讼的价值定位》，载《投资者》2021年第 4 期，第 132 页。

定，对参加登记的投资者发生效力。"

特别代表人诉讼指的是依据证券法第九十五条第三款规定提起的诉讼，《证券法》第九十五条第三款规定："投资者保护机构受五十名以上投资者委托，可以作为代表人参加诉讼，并为经证券登记结算机构确认的权利人依照前款规定向人民法院登记，但投资者明确表示不愿意参加该诉讼的除外。"

在普通代表人诉讼中，诉讼代表人为推选产生的普通投资者，普通代表人诉讼采取明示加入的模式，诉讼代表人的诉讼行为只对其所代表的当事人发生效力，总体而言与其他民事诉讼中发生的代表人诉讼并无太大差异。在特别代表人诉讼中，诉讼代表人为投资者保护机构，采取"默示加入、明示退出"的模式，除明确向法院表示不参加该诉讼的投资者外，都默认成为案件原告。"默示加入、明示退出"的模式可以有效降低投资者的维权成本，提升中小投资者的维权意识，帮助投资者获得民事赔偿，妥善快速化解群体性纠纷。

第四章　证券市场的"底线"
——证券刑事犯罪

资本市场在推动构建社会主义市场经济体制、推动高质量发展过程中发挥着至关重要的作用，党和国家高度重视资本市场的发展。党的二十大报告明确指出，健全资本市场功能，提高直接融资比重。注册制改革深入发展，极大地激发了企业上市的活力。

随着资本市场的快速发展，也出现了众多上市公司"爆雷"的事件，例如，康得新和康美药业的财务造假案、中毅达违规披露重要信息案、恺英网络操纵证券市场案、长园集团董事长职务侵占案、鲜某背信损害上市公司利益案等。此外，资本市场进入强监管时代，证券期货领域的刑事立法不断深化。

为了应对资本市场乱象，国家高度重视对资本市场的监管，加强对资本市场刑事犯罪的打击力度。党的二十大报告在指明资本市场的重要性的同时，强调依法将各类金融活动全部纳入监管，防止发生系统性风险，依法规范和引导资本健康发展。2020年7月，最高人民法院下发《关于加强证券、期货犯罪审判工作依法严惩证券、期货犯罪的通知》，要求各级人民法院以"零容忍"的态度依法从严惩处证券、期货犯罪。2020年12月，最高人民法院在北京、天津、上海、重庆、深圳、大连、青岛、郑州等地设立8家"人民法院证券期货犯罪审判基地"，集中管辖证券期货犯罪案件。2021年9月18日，最高检驻证监会检察室揭牌成立，随后继续加强北京、天津、辽宁、上海、重庆、青岛、深圳等7家证券期货犯罪审判基地建设，集中办理疑难复杂证券犯罪案件，加强案件数量较大地区检察机关办案力量建设。2022年6月底，公安部开展"百日行动"，三个月时间侦办证券、期货犯罪案件82起，抓获犯罪嫌疑人227名，① 充分体现了国家司法机关对于惩治证券期货领域刑事犯罪的态度和决心。

在立法方面，2019年修订的《证券法》大幅度提高了违法犯罪的成

---

① 人民公安报：《"百日行动"以来侦办证券期货犯罪案件82起》，载公安部网站2022年9月10日，https://www.mps.gov.cn/n2255079/n8310277/n8568134/n8568146/c8688557/content.html。

本。例如，扩大内幕信息的知情人范围①和内容②范围。为了依法惩治证券、期货违法犯罪活动，防范化解重大金融风险，保护投资者合法权益，促进资本市场稳定健康发展。证券期货领域刑事法网不断趋于严密，体现在犯罪圈扩大、罪名增多，入罪标准和量刑标准不断完善。1993 年陆续出台的《公司法》《股票发行与交易管理暂行条例》《禁止证券欺诈行为暂行办法》都规定了"构成犯罪的，依法追究刑事责任"。然而，1997 年《刑法》之前并没有证券犯罪的法定刑。1997 年《刑法》修订充分考虑到我国证券市场的新情况和新问题，初设证券犯罪，新增 8 条 11 个罪名③。2006 年《刑法修正案（六）》增设背信损害上市公司利益罪。2009 年《刑法修正案（七）》增设利用未公开信息交易罪。2020 年《刑法修正案（十一）》配合《证券法》的修改，对证券期货犯罪进一步细化，并加重了对证券期货犯罪的处罚力度。例如，对于欺诈发行证券罪，主体增设了股东、实际控制人，扩大欺诈发行的对象和行为，增加五年以上有期徒刑量刑档次，罚金修改为不设限额罚金；对于违规披露、不披露重要信息罪的法定刑修改为两档，增加五年以上十年以下的法定刑档次，罚金修改为无限额罚金模式，增设控股股东、实际控制人可以成为该罪主体，新增单位犯罪；对于操纵证券、期货市场罪，在原有操纵方式的基础上新增规定了三种操纵证券、期货市场的行为方式。此外，最高法、最高检、公安部以司法解释、通知等方式不断完善证券期货犯罪的入罪、定罪、量刑的标准，不断完善证券期货领域的刑事法网。

从案件的发生率来看，资本市场违法违规新增案件近三年来持续下

---

① 《证券法》第五十一条规定，证券交易内幕信息的知情人包括：（一）发行人及其董事、监事、高级管理人员；（二）持有公司百分之五以上股份的股东及其董事、监事、高级管理人员，公司的实际控制人及其董事、监事、高级管理人员；（三）发行人控股或者实际控制的公司及其董事、监事、高级管理人员；（四）由于所任公司职务或者因与公司业务往来可以获取公司有关内幕信息的人员；（五）上市公司收购人或者重大资产交易方及其控股股东、实际控制人、董事、监事和高级管理人员；（六）因职务、工作可以获取内幕信息的证券交易场所、证券公司、证券登记结算机构、证券服务机构的有关人员；（七）因职责、工作可以获取内幕信息的证券监督管理机构工作人员；（八）因法定职责对证券的发行、交易或者对上市公司及其收购、重大资产交易进行管理可以获取内幕信息的有关主管部门、监管机构的工作人员；（九）国务院证券监督管理机构规定的可以获取内幕信息的其他人员。

② 将《证券法》第八十条第二款、第八十一条第二款所列重大事件列入内幕信息。

③ 欺诈发行股票、债券罪；提供虚假财会报告罪；擅自设立金融机构罪；伪造、变造、转让金融机构经营许可证罪；伪造、变造国家有价证券罪；伪造、变造股票、公司、企业债券罪；擅自发行股票、公司、企业债券罪；内幕交易、泄露内幕信息罪；编造并传播证券交易虚假信息罪；诱骗投资者买卖证券罪；操纵证券交易价格罪。

降，但上市公司涉及刑事案件的发生率整体呈上升趋势。根据中国证监会近年来通报的案件办理情况，2020年，中国证监会全年办理案件740起，依法向公安机关移送及通报线索116件；2021年，证监会全年办理案件609起，依法向公安机关移送涉嫌犯罪案件和通报线索177件，同比增长约53%；2022年，中国证监会全年办理案件603件，向公安机关移送涉嫌犯罪案件和通报线索123件，案件查实率90%。

本章以《中华人民共和国刑法》等相关刑事立法规范为基础，结合司法判例，从罪名释义、特征、犯罪行为认定、入罪标准、相关问题等角度，对欺诈发行证券罪，违规披露、不披露重要信息罪，擅自发行股票、公司、企业债券罪，内幕交易、泄露内幕信息罪，利用未公开信息交易罪，背信损害上市公司利益罪，操纵证券、期货市场罪等罪名进行论述，以帮助读者对证券领域刑事犯罪相关内容形成初步的认识。

一、欺诈发行证券罪[①]

（一）欺诈发行证券罪的概念

欺诈发行证券罪是指在招股说明书、认股书、公司、企业债券募集办法等发行文件中隐瞒重要事实或者编造重大虚假内容，发行股票或者公司、企业债券、存托凭证或者国务院依法认定的其他证券，数额巨大、后果严重或者有其他严重情节的行为。

---

① 《刑法》第一百六十条：在招股说明书、认股书、公司、企业债券募集办法等发行文件中隐瞒重要事实或者编造重大虚假内容，发行股票或者公司、企业债券、存托凭证或者国务院依法认定的其他证券，数额巨大、后果严重或者有其他严重情节的，处五年以下有期徒刑或者拘役，并处或者单处罚金；数额特别巨大、后果特别严重或者有其他特别严重情节的，处五年以上有期徒刑，并处罚金。

控股股东、实际控制人组织、指使实施前款行为的，处五年以下有期徒刑或者拘役，并处或者单处非法募集资金金额百分之二十以上一倍以下罚金；数额特别巨大、后果特别严重或者有其他特别严重情节的，处五年以上有期徒刑，并处非法募集资金金额百分之二十以上一倍以下罚金。

单位犯前两款罪的，对单位判处非法募集资金金额百分之二十以上一倍以下罚金，并对其直接负责的主管人员和其他直接责任人员，依照第一款的规定处罚。

（二）欺诈发行证券罪的特征

本罪的犯罪主体为特殊主体，是指在证券发行文件中负有如实陈述义务的相关主体，即法律规定有权发行证券的单位和个人，包括控股股东、实际控制人。① 需要注意的是，控股股东、实际控制人组织、指使实施欺诈发行证券与单位实施欺诈发行证券的区别在于是否符合单位的意志，如果在发行文件中隐瞒重要事实或者编造重大虚假内容是通过股东会、股东大会等决策机构同意的，应当认定为单位犯罪，追究单位及直接负责的主管人员和其他直接责任人员的刑事责任，此时单位及控股股东、实际控制人无须承担相应的刑事责任；如果控股股东、实际控制人私自对发行文件中的重要事实和重大内容进行篡改，则应认定为个人犯罪。此外，在证券发行过程中，中介机构组织或人员与发行主体串通共谋实施欺诈发行证券的行为，也有可能成立欺诈发行证券罪的共同犯罪。

本罪的犯罪对象具有特定性，本罪侵犯的对象是股票和公司、企业债券、存托凭证②或者国务院依法认定的其他证券。需要注意的是，本罪规定的"股票或者公司、企业债券、存托凭证或者国务院依法认定的其他证券"特指已经发行的股票或者公司、企业债券、存托凭证或者国务院依法认定的其他证券，如果只是制作了虚假的招股说明书、认股书、公司、企业债券募集办法等发行文件，尚未实施发行股票或者公司、企业债券、存托凭证或者国务院依法认定的其他证券的行为，或者尚未发行即被阻止、不予注册或者撤回申请，都不构成本罪。③

本罪的实行行为具有广泛性，表现在行为人发行股票或者公司、企业债券、存托凭证或者国务院依法认定的其他证券的过程中，在招股说明书、认股书、公司、企业债券募集办法等发行文件中隐瞒重要事实或者编造重大虚假内容。需要注意的是，本条"发行文件"包含了影响投资者作

---

① 《公司法》第二百六十五条：（二）控股股东，是指其出资额占有限责任公司资本总额超过百分之五十或者其持有的股份占股份有限公司股本总额超过百分之五十的股东；出资额或者持有股份的比例虽然低于百分之五十，但依其出资额或者持有的股份所享有的表决权已足以对股东会、股东大会的决议产生重大影响的股东；（三）实际控制人，是指通过投资关系、协议或者其他安排，能够实际支配公司行为的人。

② 存托凭证（Depository Receipts，简称 DR），是指在一国证券市场流通的代表外国公司有价证券的可转让凭证，包括境外基础证券发行人在中国境内发行的存托凭证，以及境内企业在境外发行的存托凭证。

③ 王爱立主编：《〈中华人民共和国刑法〉释义与适用》（上册），人民法院出版社 2021 年版，第 376 页。

出决策的重要信息的其他文件，如公司监事会对募集说明书真实性、准确性、完整性的审核意见，募集资金使用的可行性报告等。除此之外，在注册制下，证券发行制度由核准制转变为注册制，审查方式由实质审查转变为形式审查。证券发行过程中，主管部门主要是通过向发行人提出问题、发行人回答问题的方式来进行，在这种问答环节所形成的文件也属于本罪规定的发行文件。①

本罪自由刑趋重，罚金刑趋重。《刑法修正案（十一）》实施之前，本罪最高刑期为有期徒刑五年，《刑法修正案（十一）》将本罪的自由刑修改为两档，增加五年以上的量刑档。在司法实践中，本罪判处实刑的比例较高，缓刑的适用比例相对较低。在罚金方面，《刑法修正案（十一）》规定了"非法募集资金金额百分之二十以上一倍以下罚金"，总体来看，本罪的罚金刑越来越重。

（三）欺诈发行证券罪的入罪标准

构成本罪需要满足"数额巨大""后果严重"或者"有其他严重情节"之一，如果没有达到"数额巨大""后果严重"，或者没有"其他严重情节"不构成本罪。根据《最高人民检察院 公安部关于公安机关管辖的刑事案件立案追诉标准的规定（二）》第五条："在招股说明书、认股书、公司、企业债券募集办法中隐瞒重要事实或者编造重大虚假内容，发行股票或者公司、企业债券、存托凭证或者国务院依法认定的其他证券，涉嫌下列情形之一的，应予以立案追诉：

（一）非法募集资金金额在一千万元以上的；

（二）虚增或者虚减资产达到当期资产总额百分之三十以上的；

（三）虚增或者虚减营业收入达到当期营业收入总额百分之三十以上的；

（四）虚增或者虚减利润达到当期利润总额百分之三十以上的；

（五）隐瞒或者编造的重大诉讼、仲裁、担保、关联交易或者其他重大事项所涉及的数额或者连续十二个月的累计数额达到最近一期披露的净资产百分之五十以上的；

（六）造成投资者直接经济损失数额累计在一百万元以上的；

（七）为欺诈发行证券而伪造、变造国家机关公文、有效证明文件或

---

① 王爱立主编：《〈中华人民共和国刑法〉释义与适用》（上册），人民法院出版社2021年版，第376页。

者相关凭证、单据的；

（八）为欺诈发行证券向负有金融监督管理职责的单位或者人员行贿的；

（九）募集的资金全部或者主要用于违法犯罪活动的；

（十）其他后果严重或者有其他严重情节的情形。"

"其他后果严重或者有其他严重情节的情形"是指"数额巨大"之外，足以破坏证券市场诚信机制、造成投资者财产权益遭受重大损失的欺诈发行行为。[①]

（四）如何理解"隐瞒重要事实或者编造重大虚假内容"

根据刑法对欺诈发行证券罪的罪状描述，只有在发行文件中隐瞒的事实是重要事实或者编造的内容是具有重大性的内容的才成立欺诈发行证券罪，如果隐瞒或者编造的只是一般性的事实或者内容，则没有构成本罪的可能性。关键在于如何鉴别重要事实、重大虚假内容与一般性的事实、虚假内容。现行刑事法律、法规等没有对重要事实和重大虚假内容作出规定和解释。

首先，《证券法》第十九条规定，发行人报送的申请文件应当充分披露投资者作出价值判断和投资决策所必需的信息。以科创板发行条件为例，企业最为核心的要求是科技创新定位与财务情况，发行人对科技创新定位或者财务情况进行虚假记载（如编造或者隐瞒与主营业务、核心技术、成长性、市值或营收等相关的事项），构成隐瞒重要事实或者编造重大虚假内容。

其次，基于投资者保护的理念，在适用欺诈发行证券罪时，对重要事实、重大虚假内容鉴别应当采取投资者决策的标准。[②] 所谓重要事实或者重大内容，指的是可能对他人投资决策产生误导，从而作出错误决定的事实。例如，虚构或者夸大公司生产经营利润、净资产；对所筹集资金提出虚假的使用计划；故意隐瞒、遗漏公司所负债务、签订的重大合同以及重大诉讼事项；严重损害投资者合法权益和社会公共利益的其他情形等。在发行注册制下，本罪强调的是企业在基本定位和财务层面对市场或者投资

---

① 欺诈发行证券罪侵害的法益是证券市场的诚信机制和投资者的财产权益。需要说明的是，目前理论界对于欺诈发行证券罪保护的法益尚未达成统一的共识。

② 杨芬、李想：《欺诈发行证券罪的规范构造》，载《中国刑警学院学报》2022年第2期，第56页。

者进行重大信息误导,而非对公司是否能够顺利发行证券或者发行价格的误导。①

(五)私募债券属于欺诈发行证券罪的规制对象

私募债券是否属于欺诈发行证券罪的规制对象一直存在争议,主要有肯定说与否定说两种相反的观点。肯定说认为,基于法条表述和规范目的,公募债券和私募债券均可以成为欺诈发行证券罪的行为对象。否定说认为,欺诈发行私募债券行为难以侵害投资者对证券审查机关的信赖,且私募债券的发行对象是特定的少数人。本书认为,欺诈发行证券罪的规制对象应当包含私募债券。首先,本罪保护的法益是证券市场诚信机制②,证券发行注册制下,信息披露成为发行的核心,投资者的决策更多依赖发行人所披露的发行信息,而不是基于对证券审查机关的信赖。其次,近年来的司法实践中,也不乏对欺诈发行私募债券行为以欺诈发行证券罪追究刑事责任的案例。例如,无锡市中级人民法院认为欺诈发行股票、债券罪属于《刑法》"妨害国家对公司、企业的管理秩序罪"范畴,对本罪中"公司、企业债券"的理解除应根据《刑法》的规定,还应根据《公司法》《证券法》等专门法律的规定。《公司法》规定,公司债券是指公司依照法定程序发行、约定在一定期还本付息的有价证券。公司发行债券应当符合《证券法》的规定。《证券法》规定,公司证券可分为公开发行的证券和不公开发行的证券。私募债券虽然在发行方式、对投资者的要求、是否须经国家证券监管部门审核等方面与公开发行的公司、企业债券不同,但其本质仍是公司、企业债券,应受《刑法》相关规定的调整。③

(六)募集说明书等同于刑法规定的募集办法

欺诈发行证券罪中将涉及的文件称为"募集办法",而债券发行中信息披露的常用文件是募集说明书。实践中,常有将募集说明书与刑法规定的募集办法不是同一概念作为抗辩事由的。实质上,募集说明书与募集办法仅是名称的不同,二者的功能和内容是相同的。在债券发行过程中,募集说明书和募集办法的主要功能都是向投资者说明债券发行的具体情况,

---

① 谢杰:《全面注册制背景下证券市场虚假陈述犯罪的实践解构》,载《清华法学》2023年第3期,第47页。
② 商浩文:《论欺诈发行证券罪的规范构造——以〈刑法修正案(十一)〉为视角》,载《中国政法大学学报》2021年第5期,第250页。
③ 江苏省无锡市中级人民法院(2018)苏02刑初49号刑事判决书。

进行信息披露。根据《公司法》第一百九十五条的规定，公司债券募集办法应当载明的主要事项包括公司名称、债券募集资金的用途、债券总额和债券的票面金额、债券利率的确定方式、还本付息的期限和方式、债券担保情况、债券的发行价格、发行的起止日期、公司净资产额、已发行的尚未到期的公司债券总额、公司债券的承销机构。《深圳证券交易所中小企业私募债券业务试点办法》第十二条规定，私募债券募集说明书应至少包括发行人基本情况；财务状况；本期私募债券发行基本情况及发行条款（包括私募债券名称、本期发行总额、期限、票面金额、发行价格或利率确定方式、还本付息的期限和方式等）；承销机构及承销安排；募集资金用途及私募债券存续期间变更资金用途程序；私募债券转让范围及约束条件；信息披露的具体内容和方式；偿债保障机制、股息分配政策、私募债券受托管理及私募债券持有人会议等投资者保护机制安排；私募债券担保情况（若有）；私募债券信用评级和跟踪评级的具体安排（若有）；本期私募债券风险因素及免责提示；仲裁或者其他争议解决机制；发行人对本期私募债券募集资金用途合法合规、发行程序规范性的声明；发行人全体董事、监事和高级管理人员对发行文件真实性、准确性和完整性的承诺等。因此，募集说明书的内容基本涵盖了募集办法中的主要事项，属于欺诈发行证券罪中规定的"发行文件"。

（七）编造担保材料属于编造重大虚假内容

证券发行人应当保证发行文件及信息披露内容真实、准确、完整，不得有虚假记载、误导性陈述或重大遗漏。因此，编造担保材料可以构成欺诈发行证券罪中对重大虚假内容的编造。某公司欺诈发行证券案中，法院认为，该公司根据承销商的要求准备材料，其中包括政府平台提供的不可撤销连带责任担保材料，并在其备案材料及募集说明书中均作为一个重要内容向投资者披露。当事人认为，如果没有政府融资平台作出的不可撤销连带责任担保，发行不会审核通过；不是因为有政府平台担保，不可能信任该公司，也不可能购买该公司的私募债券。因此，编造担保材料应当属于欺诈发行证券罪中的"编造重大虚假内容"。

（八）控股股东、实际控制人组织、指使行为的认定

控股股东、实际控制人系自然人的情况下，往往会担任发行人的董事长、总经理等直接负责的主管人员，导致出现欺诈发行证券罪的主体身份重叠的问题。《刑法修正案（十一）》对控股股东、实际控制人直接实施

具体虚假陈述行为和控股股东、实际控制人组织、指使实施虚假陈述行为规定了不同的罚金刑。其中，控股股东、实际控制人直接实施具体虚假陈述行为构成犯罪的，适用无限额罚金刑；控股股东、实际控制人组织、指使实施虚假陈述行为构成犯罪的，适用"非法募集资金金额百分之二十以上一倍以下"的限额罚金刑。因此，需要对控股股东、实际控制人组织、指使的行为进行准确认定，选择契合主体身份特征的刑法条款追究行为人的刑事责任。

关于"组织"行为的具体认定。认定控股股东、实际控制人"组织"实施欺诈发行证券犯罪行为时，应当避免控股股东、实际控制人刑事法律风险的泛化。因此，需要区分"组织"行为与发行人内部管理行为。控股股东、实际控制人基于股权、投资等关系，通过控制董事会对发行人进行经营管理，董事会通过总经理、财务总监等下设部门执行具体的工作。在这种分层式控制关系的模式下，控股股东、实际控制人的行为属于发行人内部管理行为，基于单位犯罪理论追究其刑事责任，不能简单地直接认定控股股东、实际控制人实施了"组织"行为。"组织"行为应当是区别于发行人内部管理行为的外部行为，即在控股股东、实际控制人实施了独立于公司内部管理行为的外部行为的情况下，才能认定其实施了"组织"行为。例如，控股股东、实际控制人为发行人伪造主营业务收入进行关联交易、为掩饰债务而提供借款等。

关于"指使"行为的具体认定。控股股东、实际控制人"指使"实施欺诈发行证券犯罪行为，是指指令、指挥、支使、控制他人实施在发行文件中隐瞒重要事实或者编造重大虚假内容的行为。例如，控股股东、实际控制人未在发行人公司任职的情况下，要求、命令发行人内部人员在发行股票、债券等证券过程中进行虚假陈述。

（九）典型案例

案例一

案件事实：2011年3月，被告A公司提出在创业板上市的申请因持续盈利能力不符合条件而被中国证监会驳回。2011年至2013年，被告人温某某与被告人刘某某合谋采取虚减应收账款、少计坏账等手段，虚构有关财务数据，在向证监会报送的首次公开发行股票并在创业板上市申请文件的定期财务报告中记载重大虚假内容。2014年1月，证监会核准A公司在创业板上市。随后A公司在首次公开发行股票并在创业板上市招股说明书中载入了具有重大虚假内容的财务报告。2014年1月，A公司股票在深交所创业板挂牌上市，首次以每股发行价格 16.31 元的价格向社会公众公开发行 1 577.8 万股，共募集资金 2.57 亿元。

判决结果：以欺诈发行股票罪判处 A 公司罚金；以欺诈发行股票罪、违规披露重要信息罪判处温某某有期徒刑，并处罚金；以欺诈发行股票罪、违规披露重要信息罪判处刘某某有期徒刑，并处罚金。

案例二

案件事实：2013 年下半年，被告人关某与其夫陈某某（董事长、法定代表人/另案处理），明知公司财务状况不符合发债要求的情况下，伙同代理记账的被告人刘某某及财务负责人周某，向承销券商提供虚假财务数据，致使承销券商依据上述虚假的财务数据决定对该公司发行私募债券项目立项。后，关某伙同周某、刘某某通过制作虚假增值税专用发票、纳税凭证等财务凭证及虚假财务报表的方式，虚增公司营业收入及利润，并通过某事务所出具了虚增营业收入 6.7 亿余元，虚增利润 1.4 亿余元，虚增资本公积金 6 517 万余元的审计报告。2014 年 1 月，承销商出具了包含上述审计报告数据的《某公司 2013 年中小企业私募债券募集说明书》。2014 年 3 月至 7 月，该公司以上述募集说明书向深交所备案后，先后向三家机构投资者发行两年期私募债券共计 0.9 亿元。2016 年 7 月上述债券到期后，该公司无力支付本息。

判决结果：判处被告人关某、周某、刘某某有期徒刑，并处罚金。判处陈某某有期徒刑（另案处理）。

二、违规披露、不披露重要信息罪[①]

（一）违规披露、不披露重要信息罪的概念

违规披露、不披露重要信息罪，是指依法负有披露义务的公司、企业向股东和社会提供虚假或者隐瞒重要事实的财务会计报告，或者对依法应当披露的其他重要信息不按照规定披露，严重损害股东利益或者他人利益，或者有其他严重情节的行为。

---

① 本罪吸收自《全国人民代表大会常务委员会关于惩治违反公司法的犯罪的决定》第四条，1997 年《刑法》第一百六十一条规定的罪名是提供虚假财务会计报告罪。2007 年，最高人民法院、最高人民检察院通过司法解释将罪名修改为违规披露、不披露重要信息罪。

(二) 违规披露、不披露重要信息罪的特征

本罪的犯罪主体是特殊主体。构成本罪的主体只限于"依法负有信息披露义务的公司、企业"和"控股股东、实际控制人"。如何判断公司、企业及控股股东、实际控制人是否负有信息披露义务是判断是否构成本罪的关键。

对"依法负有信息披露义务的公司、企业"的认定。结合条文规定，认定相关"公司、企业"是否能构成本罪的主体，主要依据相关法律是否规定了信息披露的法定义务，需要对所依之"法"进行解释。《刑法》作为其他法律实施的保障法，具有谦抑性。[1] 应当审慎确定发动刑罚权依据的法律范围。参照《刑法》第九十六条及司法解释[2]关于国家规定的理解，此处所依之"法"的范围仅限于全国人大及其常委会制定的法律、决定，以及国务院制定的行政法规、规定的行政措施、发布的决定和命令，例如，《公司法》《证券法》《证券投资基金法》等。此外，《上市公司收购管理办法》等文件也可以作为认定信息披露义务主体的依据。地方性法规、部门规章及未经立法程序出台的国务院的行政措施、发布的决定和命令等设定的义务不属于本条规定的刑法义务。

对"控股股东、实际控制人"的认定。控股股东、实际控制人本质在于对公司、企业享有控制权，对公司、企业决策具有支配力和影响力。《刑法》中的控股股东和实际控制人应当采取实质判定的方式认定。[3] 控股股东可通过持股比例等标准进行判断；实际控制人需要通过投资关系、协议等材料，结合证人证言、行为人的供述与辩解、行为人对公司的组织控制等方面综合审查认定。

本罪属于实行单罚制的单位犯罪。由于公司、企业是负有信息披露义务的主体，只有在认定公司、企业等单位构成本罪的前提下，才能追究相关人员的刑事责任。根据《刑法》第三十条、第三十一条的规定，单位犯罪应当负刑事责任，对单位判处罚金，对直接负责的主管人员和其他直接责任人员判处刑罚。考虑到公司、企业的违法犯罪行为已经严重损害了广

---

[1] 张明楷：《论刑法的谦抑性》，载《法商研究（中南政法学院学报）》，1995年第4期，第55页。

[2] 参见《最高人民法院关于准确理解和适用刑法中"国家规定"的有关问题的通知》（法发〔2011〕155号）。

[3] 曹坚：《以"穿透式"思维理解刑法实际控制人条款》，载《检察日报》2021年2月4日，第3版。

大股东的利益或者其他人的利益，如果对单位再判处罚金将加重公司、企业的负担，更不利于对股东或其他人合法权益的保护。因此本罪在刑罚设置上，规定只追究直接负责的主管人员和其他直接责任人员的刑事责任，对单位不再判处罚金。需要注意的是，控股股东或实际控制人属于单位的，应当实行双罚制。

本罪侵犯的是公司、企业的信息披露制度。2019 年《证券法》专章规定了证券领域的信息披露行为，信息披露成为证券市场的一项重要法律制度。信息披露在保护投资者、保障证券市场高效运行、促进国民经济健康发展中发挥着巨大作用。公司、企业披露的财务会计报告及其他重要信息有虚假记载、误导性陈述或者重大遗漏，不仅会使社会公众因此作出错误判断而遭受损失，甚至可能影响社会稳定，影响国民经济的良性发展。依法负有信息披露义务的公司、企业信息公布的不对称、信息获取的高成本等证券市场的内在缺陷，加之投资者的行为差异，会加剧证券价格背离基础价值，导致"经济泡沫"，破坏社会生产力。

本罪的自由刑和罚金刑趋重，适用频率增加。《刑法修正案（十一）》实施之前，本罪只有一个量刑档，最高刑期为有期徒刑五年。《刑法》修改后，增加五年以上、十年以下量刑档。在罚金刑方面，将倍比罚金刑修改为无限额罚金刑，加大违法成本。结合《证券法》对信息披露制度的强化规范，以及《刑法修正案（十一）》对证券领域法制改革的回应，违规披露、不披露重要信息罪将会由"僵尸条款"转变为"活跃条款"。

（三）违规披露、不披露重要信息罪的入罪标准

违规披露、不披露重要信息的行为只有满足"严重损害股东利益或者其他人利益"或者"有其他严重情节"，才能构成犯罪。《刑法修正案（十一）》将本罪由纯粹的结果犯修改为情节犯。《最高人民检察院 公安部关于公安机关管辖的刑事案件立案追诉标准的规定（二）》（以下简称《立案追诉标准（二）》）第六条规定了九种追诉的情形，主要分为两种类型。即行为后果类和行为情节类[①]，具体见表 4.1。

[①] 高卫萍：《违规披露、不披露重要信息罪的追责范围》，载《人民司法》2020 年第 26 期，第 27 页。

表 4.1 违规披露、不披露重要信息罪的追诉情形

追诉情形	内容
行为后果类	1. 造成股东、债权人或者其他人直接经济损失数额累计一百万元以上 2. 致使不符合发行条件的公司、企业骗取发行核准或者注册并上市交易 3. 致使公司、企业发行的证券被终止上市交易
行为情节类	1. 虚增或者虚减资产达到当期披露的资产总额百分之三十以上 2. 虚增或者虚减营业收入达到当期披露的营业收入总额百分之三十以上 3. 虚增或者虚减利润达到当期披露的利润总额百分之三十以上 4. 未按规定披露的重大诉讼、仲裁、担保、关联交易或者其他重大事项所涉及的数额或者连续十二个月的累计数额达到最近一期披露的净资产百分之五十以上 5. 在财务会计报告中将亏损披露为盈利,或者将盈利披露为亏损 6. 多次提供虚假的或者隐瞒重要事实的财务会计报告,或者多次对依法应当披露的其他重要信息不按照规定披露

除了上述列举的应当追诉的情形,《立案追诉标准（二）》还做了兜底性规定,只要违规披露的重要信息致使股东、债权人或者其他人的利益遭受严重侵害,或者有其他严重情节,都应当立案追诉。需要注意的是,必须有证据证明违规披露重要信息的行为造成了"严重损害股东、债权人或者其他人利益"的后果,否则即使存在违规披露信息的情形,也不构成本罪。

（四）违规披露、不披露重要信息罪中的刑事责任人员认定

信息披露犯罪属于行政犯,准确认定信息披露犯罪案件中刑事责任人员的范围,需要根据证券行政法规的相关规定进行认定。只有对信息披露违法行为负有责任的人员才应当追究刑事责任,主要包含两类人员：一是对信息披露行为负有法定责任的人员,如对定期报告负有法定义务的董事、监事和高级管理人员[①],以及对财务会计报告负有法定义务的董事长、

---

① 《证券法》第八十二条：发行人的董事、高级管理人员应当对证券发行文件和定期报告签署书面确认意见。发行人的监事会应当对董事会编制的证券发行文件和定期报告进行审核并提出书面审核意见。监事应当签署书面确认意见。发行人的董事、监事和高级管理人员应当保证发行人及时、公平地披露信息,所披露的信息真实、准确、完整。董事、监事和高级管理人员无法保证证券发行文件和定期报告内容的真实性、准确性、完整性或者有异议的,应当在书面确认意见中发表意见并陈述理由,发行人应当披露。发行人不予披露的,董事、监事和高级管理人员可以直接申请披露。

经理、财务负责人①等；二是对信息披露行为不具有法定责任的人员，主要指的是董事、监事、高级管理人员以外的相关人员②。只要有证据证明该类人员组织、参与、实施了信息披露违法犯罪行为，都应当视情形认定为直接负责的主管人员或者其他直接责任人员，包括实际承担或者履行董事、监事或者高级管理人员职责的人员。

（五）违规披露、不披露重要信息罪中"重大性"的判断标准

违规披露、不披露重要信息罪中的"重要事实""重要信息"指的是公司上市之后基于持续披露信息义务的要求，应当向市场公开的、对公司证券定价具有重大影响的事项。在司法认定过程中，需要注意以下问题。

第一，重要信息的范围不局限于投资性信息，非投资性的信息也包含在重要信息的范围之内，只要是能够严重影响股东和其他人利益的信息，即可认定为本罪规定的重要信息。

第二，上市公司仍需根据信息披露义务要求进行充分披露。股票发行注册制及相关制度没有对拟公开发行企业的营利性作出绝对性要求，公司上市后不再有编造虚假盈利数据的"需求"，但实行注册制不等于放松监管。例如，在科创板进行首次公开募股的未盈利公司，需要持续披露未盈利的原因及对公司的影响，并结合行业特点披露经营信息。③ 在定期报告中隐瞒盈利的成因及对公司现金流、业务拓展、人才引进、团队稳定、研发投入、持续性经营等造成影响的，属于隐瞒"重要事实"；未充分披露公司的科研水平、科研人员、科研投入等信息，不能准确反映行业竞争力，影响投资者决定的，属于不按照规定披露的其他"重要信息"。

第三，预期分析不是"重要信息"，业绩报告属于"重要信息"。即使预期分析最终被证明明显偏离实际情况，但它只是对上市公司资产价值、经营能力的预测，投资者通常能够基于理性判断预测、识别风险，因此不属于能够影响投资者决策的"重要信息"；业绩报告则是基于数据或

---

① 《上市公司信息披露管理办法》第五十一条第三款：上市公司董事长、经理、财务负责人应当对公司财务会计报告的真实性、准确性、完整性、及时性、公平性承担主要责任。

② 《信息披露违法行为行政责任认定规则》第十七条：董事、监事、高级管理人员之外的其他人员，确有证据证明其行为与信息披露违法行为具有直接因果关系，包括实际承担或者履行董事、监事或者高级管理人员的职责，组织、参与、实施了公司信息披露违法行为或者直接导致信息披露违法的，应当视情形认定其为直接负责的主管人员或者直接责任人员。

③ 《科创板上市公司持续监管办法（试行）》第十一条、第十二条。

事实进行的预披露,对投资者的决策具有重要影响,违规披露业绩报告可能构成本罪的实行行为。

第四,通过风险揭示条款向投资者揭露可能造成实际结果与预期性陈述显著差异的重要因素,可以规避构成提供虚假或者隐瞒重大事实的实行行为的法律风险。这种提示必须是直接根据特定的预期、估计、推测性意见作出的实质性风险提示。预测性信息披露即使偏离实际结果,只要充分揭示其风险,且无证据证明信息披露义务人对其预测性信息披露所依赖的事实的虚假性是明知的,就不应当认定为对投资者具有误导性。通过提示性、警示性的用语充分揭示与信息披露内容相关的风险,即使前期披露的数据与最终财务数据存在明显差异,也可以主张不构成违规披露。需要注意的是,目前证券虚假陈述刑事法律中尚未设置免责事由,信息披露义务人在披露重要信息过程中需谨慎行事。

(六) 违规披露、不披露重要信息罪中的财务会计报告

重要信息的范围主要包括财务会计报告和其他重要信息。财务会计报告是重要信息的主要表现形式。根据《企业财务会计报告条例》的规定,财务会计报告是指企业对外提供的反映企业某一特定日期财务状况和某一会计期间经营成果、现金流量的文件。财务会计报告分为年度、半年度、季度和月度财务会计报告。《证券法》规定,上市公司应当定期公布年度报告和中期报告(半年报)。因此,年度财务会计报告和半年度财务会计报告属于本罪规定中的重要信息。对于季度、月度财务会计报告(通常指会计报表)能否认定为刑法意义上的"财务会计报告",学界和实务界存在分歧。

反对意见认为,财务会计报告是一个严谨、规范的概念,其结构和内容有明确的规定,刑法条文使用财务会计报告的表述,表明其意图规制的对象只包含财务会计报告,包含财务会计数据的其他文件不在规制范围。公司、企业在法律法规要求之外提供的季度、月度财务会计报告不应认定为本罪规定中的财务会计报告,即使季度、月度财务会计报告内容有虚假或者隐瞒,也不应当作入罪处理。

赞同意见认为,本罪规制的财务会计报告包含名为财务报表、会计报表等包含主要财会数据的信息载体,因此,季度、月度财务会计报告属于本罪规制的对象。虽然,对于季度、月度财务会计报告隐瞒、虚报的行为是否应当纳入刑法打击范围存在争议,但司法实践中已经发生季报造假入罪的判例。因此,上市公司在季度、月度财务会计报告等包含主要财会数

据的文件披露过程中应当防范可能的刑事法律风险。

(七) 未受行政处罚人员的刑事责任承担

是否应当追究在违规披露重要信息案件中未被采取行政处罚的人员的刑事责任？实践中存在两种观点。反对者认为，行为人未受行政处罚的，不应当追究刑事责任。理由是行政犯应当先由证券监管部门稽查处罚，构成犯罪的才移送司法机关追究刑事责任；对于经过证券监管部门调查，未被行政处罚的人员，司法机关就应当遵循刑法的谦抑性，不予追究刑事责任。支持者认为，经审查有必要的，可以直接追究刑事责任。理由在于刑事司法具有独立性，是否追究违规披露案件中的相关人员的刑事责任，应当依据《刑法》《刑事诉讼法》等刑事相关法律进行判断，是否受到行政处罚并非刑事追责的必要条件。

上市公司负有确保信息披露真实、准确、完整的责任人员分为董监高与非董监高（主要指的是直接负责的主管人员或者其他直接责任人员）两类。上市公司董监高对信息披露的真实性、准确性、完整性负有签字保证的责任[1]，在证券监管部门调查过程中，只要能证明对外披露的信息存在虚假，而签字、背书的董监高不能证明其已经履行了勤勉尽责义务，就可以推定构成违法。对非董事、监事、高级管理人员进行行政处罚的证明标准则要更高。《信息披露违法行为行政责任认定规则》规定，确有证据证明董监高之外的其他人员与信息披露违法行为有直接因果关系，包括实际承担或者履行董监高职责，组织、参与、实施了公司信息披露违法行为或者直接导致信息披露违法的，视情况认定其为直接负责的主管人员或者其他直接责任人员。在证券监管调查中，非董监高人员易于躲避行政监管调查，规避行政处罚。在刑事调查中，该部分人员的责任会被进一步查清。因此，未被行政处罚的人员仍然会因其行为的刑事违法性、社会危害性，受到刑事处罚。

(八) 典型案例

案例一

案件事实：顾某某等人在无真实贸易背景的情况下，开具大量销售出库单、发票，在账面上制作大规模退货记录，将形成的销售记录记为当期

---

[1] 主要指的是上市公司董监高在股东会、董事会、监事会的文件中签字。上市公司披露信息会在上述"三会"会议中审议，最终形成"三会"决议，由董监高签字确认。

收入，制造利润增长的假象。在顾某某等人的安排下，公司将 2002 至 2004 年间的虚假销售记录及财会资料编入财务会计报告，经董事会讨论通过后在媒体上发布。

判决结果：改判顾某某等人无罪。

案例二

案件事实：韩某某在担任公司董事长、总裁期间，于 2011 年指派时任副总裁兼财务总监的陶某等公司高级管理人员，通过组织公司财务部、市场部、客户服务中心、生产管理部等部门虚报数据等方式虚增公司 2011 年的收入及利润，合计虚增利润 2.58 亿余元，占公司 2011 年年度报告披露利润总额的 34.99%。

判决结果：判决韩某某有期徒刑，并处罚金；陶某免于刑事处罚。

三、擅自发行股票、公司、企业债券罪[①]

（一）擅自发行股票、公司、企业债券罪的概念

擅自发行股票、公司、企业债券罪，是指未经国家有关主管部门批准，擅自发行股票或者公司、企业债券，数额巨大、后果严重或者有其他严重情节的行为。

（二）擅自发行股票、公司、企业债券罪的特征

本罪的犯罪主体是一般主体，自然人和单位均可构成本罪的主体，包含不具备发行股票、公司、企业债券资格的自然人和单位，也包括具备发行股票、债券资格，但未经国家有关主管部门批准，擅自发行股票、公司、企业债券的自然人和单位。

本罪侵犯的是复杂客体，即国家的证券发行管理制度及投资人和债权人的合法权益。擅自发行股票、债券将会造成金融秩序混乱，引发金融风险，损害投资者或债权人的合法权益。因此，向社会发行股票、债券必须

---

① 《刑法》第一百七十九条：未经国家有关主管部门批准，擅自发行股票或者公司、企业债券，数额巨大、后果严重或者有其他严重情节的，处五年以下有期徒刑或者拘役，并处或者单处非法募集资金金额百分之一以上百分之五以下罚金。

单位犯前款罪的，对单位判处罚金，并对其直接负责的主管人员和其他直接责任人员，处五年以下有期徒刑或者拘役。

经过有关监管部门的严格审批。本罪的犯罪对象是股票和公司、企业债券,其中股票发行既包括首次发行也包括增资发行,既包括变相发行的股份公司的股票(股份),也包括变相转让有限公司的股权;债券发行既包括公司债券,也包括企业债券。

本罪的实行行为表现为未经国家有关主管部门批准,擅自发行股票或者公司、企业债券。一是未经国家有关主管部门批准,向社会不特定对象发行股票、公司企业债券;二是未经国家有关主管部门批准,向社会不特定对象以转让股权等方式变相发行股票、公司企业债券;三是向特定对象发行、变相发行股票、公司企业债券累计超过二百人。

(三)擅自发行股票、公司、企业债券罪的入罪标准

擅自发行股票、公司、企业债券罪的行为只有达到"数额巨大、后果严重或者有其他严重情节",才构成犯罪。发行股票、债券的数额以行为人擅自发行股票债券的实际价值计算,擅自发行的股票、债券的票面数额不作为本罪的认定依据。[①] 根据《立案追诉标准(二)》的规定,非法募集资金金额在一百万元以上的予以立案追诉。"后果严重"指的是在非法募集资金金额未达到立案追诉标准的情况下,擅自发行股票、债券,无法及时清偿或退还投资者的财产,给投资者造成严重损失。根据《立案追诉标准(二)》的规定,造成投资者直接经济损失数额累计在五十万元以上的予以立案追诉。"其他严重情节"是指通过弄虚作假、严重违法手段欺骗主管部门,获得批准,取得发行权,或者在擅自发行股票、债券过程中,经制止仍继续违法擅自发行的行为。此外,《立案追诉标准(二)》规定,募集资金全部或者主要用于违法犯罪活动,以及造成其他严重后果或者其他严重情节的情形应当予以立案追诉。

(四)"擅自发行"的认定

根据擅自发行股票、公司、企业债券罪的罪状描述及立法目的,"未经国家有关主管部门批准"的含义应当与"擅自"的含义作同一理解。所谓"擅自发行"是指未经国务院证券监督管理机构或国务院授权

[①] 胡云腾等主编:《刑法罪名精释:对最高人民法院、最高人民检察院关于罪名司法解释的理解和适用(上)》,人民法院出版社2022年版,第373页。

部门批准①，公开发行股票、债券的行为。主要包括两种情形：一是既不符合股票、债券发行条件，也没有得到有关主管部门的批准，而径自发行股票债券；二是发行人虽然符合发行股票、债券的条件，但未经有关主管部门的批准，而径自发行股票债券。"未经批准"既包括未向主管部门提出申请，也包括虽然提出申请，但未得到批准，或者已作出批准但发现不符合法律规定，予以撤销后仍然发行股票、债券的情况。

根据《最高人民法院关于审理非法集资刑事案件具体应用法律若干问题的解释》的规定，发行的实行行为包括直接发行和变相发行。直接发行指的是未经国家有关主管部门批准，向社会不特定对象发行，或者向特定对象发行股票、债券累计超过二百人，一般表现为直接增发股票数量的行为，实践中较为容易认定。变相发行是指未经国家有关主管部门批准，向社会特定对象以转让股权等方式变相发行股票、债券，或者向特定对象变相发行股票、债券超过二百人。需要注意的是，并非只要发行或变相发行股票、债券超过二百人，即构成擅自发行股票、公司、企业债券罪。例如，根据《证券法》的规定，向特定对象发行证券累计超过二百人，属于公开发行的情形，但依法实施员工持股计划的员工人数不计算在内。在此情况下，即使向特定对象发行股票、债券的人数超过二百人也不构成擅自发行行为。

（五）股权转让可以构成擅自发行股票罪

股权转让是指公司股东依法将自己的股权出卖、赠与、互易给其他个人或公司等，使他人成为公司股东的民事法律行为。《公司法》在第五章第一节对股份公司发行股票的形式、种类、发行原则、发行价格等进行了概括性的规定；《证券法》在第二章对股票发行的方式、发行条件、发行规则等作了规定，但均没有对股票发行的概念作出界定。《股票发行与交易管理暂行条例》第八十一条规定，股票公开发行是指发行人通过证券经营机构向发行人以外的社会公众就发行人的股票作出的要约邀请、要约或者销售行为。《证券法》第二十六条规定，证券承销业务采取代销或者包销的方式，证券代销是指证券公司代发行人发售证券，在承销期结束时，将未售出的证券全部退还给发行人的承销方式；证券包销是指证券公司将发行人的证券按照协议全部购入或者在承销期结束时将售后剩余证券全部

---

① 证券法修改后，股票发行由核准制转为注册制，但股票、债券的发行仍然需要符合《公司法》《证券法》等相关法律法规关于证券发行条件的规定。

自行购入的承销方式。理论界对于证券发行的概念也没有形成统一的观点，存在不同的表述。有学者认为证券发行是发行主体以筹集资金为目的向社会公众或机构投资者销售证券的发行行为。有学者认为证券发行是发行主体向社会公众或特定的人销售证券（股票与公司债券）的活动。还有学者认为证券发行是创设证券权利的复杂行为，包括劝导投资、投资者认购、发行人分配证券、接受资金和交付证券在内的各种行为。根据法律法规对证券发行的规定及理论界的观点，证券发行实质上是一种通过销售证券，为购买者（即投资者）创设股东权利，从而获得资金的行为。股票是证券的一种类型，股票发行实质也是发行主体为了达到获取资金的目的，销售股票并为他人创设股东权利的行为。因此，股权转让与股票发行在一定意义上都属于将公司股份转让给他人，以获取资金的行为。股权转让行为违反法律法规规定的，可以构成擅自发行股票罪的实行行为，依法追究转让方的刑事责任。

（六）向二百人以下"特定对象"转让股权（股份）行为的认定

向二百人以下"特定对象"转让股权（股份）的行为是否构成违法犯罪，关键在于该行为能否被认为是向社会公众擅自转让股权（股票）的行为。《证券法》规定，非公开发行证券，不得采用广告、公开劝诱和变相公开方式。《国务院办公厅关于严厉打击非法发行股票和非法经营证券业务有关问题的通知》规定，严禁任何公司股东自行或者委托他人以公开的方式向社会公众转让股票。向特定对象转让股票、未依法报经证监会核准的，转让后，公司股东累计不得超过二百人。因此，向二百人以下特定对象转让股权（股票）的行为符合向社会公众擅自转让的条件，即符合擅自发行股票罪的客观构成要件，达到立案标准的，应依法追究其刑事责任。根据相关法律法规和司法实践情况，通过中介公司、电话联系、口口相传、发短信、广告、公告、广播、传真、信函、推介会、说明会、网络、公开劝诱等公开方式或变相公开方式向社会公众转让股权（股票），即使人数在二百人以下，也会被认定为变相公开发行股票。需要注意的是，股东的亲戚朋友等与其存在身份关系的人属于证券发行中的特定对象。

(七）擅自发行股票、公司、企业债券罪与欺诈发行证券罪的区别

欺诈发行证券罪是指在招股说明书、认股书、公司、企业债券募集办法等发行文件中隐瞒重要事实或者编造重大虚假内容，发行股票或者公司、企业债券、存托凭证或者国务院依法认定的其他证券数额巨大、后果严重或者有其他严重情节的行为。两罪的共同之处在于都违反了《公司法》《证券法》等法律法规关于证券发行的规定，都侵犯了国家对证券市场的管理制度和投资者、股东、债权人及社会公众的合法利益，主观上都是故意。两罪的区别体现在以下两个方面。

犯罪主体不同。擅自发行股票、公司、企业债券罪的犯罪主体是一般主体，凡是达到刑事责任年龄、具有刑事责任能力的自然人或单位均可成为本罪的主体。欺诈发行证券罪的犯罪主体是特殊主体，即法律规定的有权发行股票、债券的单位和个人，以及组织、指使实施在发行文件中隐瞒重要事实或者编造重大虚假内容的控股股东、实际控制人。

实行行为不同。擅自发行股票、公司、企业债券罪表现在行为人未经过有关主管部门的批准而发行股票、债券，即行为人发行股票、债券的行为不符合法律法规关于股票、债券发行方式和发行程序的规定，强调的是股票、债券的发行在程序上不合法，其本身并不存在发行文件造假的情形。欺诈发行证券罪的实行行为主要表现为发行人在招股说明书、认股书、公司、企业债券募集办法等发行文件中实施隐瞒重大事实或者编造虚假内容，以达到顺利发行证券，募集资金的目的，欺诈发行证券一般是经过主管部门批准之后实施的发行行为。

需要注意的是，如果在申请发行文件中弄虚作假，骗取主管机关的审批文件，获取证券发行资格，则同时构成擅自发行股票、公司、企业债券罪和欺诈发行证券罪，属于想象竞合犯，从一重罪论处，不实行数罪并罚。由于两罪的法定刑相同，实践中需要根据个案具体情况，结合犯罪行为的严重性程度和立案追诉标准等，选择较重的罪名。

（八）擅自发行股票、公司、企业债券罪与非法吸收公众存款罪的区别

非法吸收公众存款罪是指违反国家有关规定，非法吸收公众存款或者变相吸收公众存款，扰乱金融秩序的行为。与擅自发行股票、公司、企业债券罪相比，两罪同属于《刑法》分则第三章第四节破坏金融管理秩序

罪，侵犯的法益都是金融管理秩序的正常运行。在行为方面，都表现为未经过有关部门的许可，实施一定的行为。然而，由于两罪规制的行为及刑罚后果不同，司法实践中需要对两罪进行区分。

两罪是一般与特别的关系。擅自发行股票、公司、企业债券罪属于特别规定；非法吸收公众存款罪属于一般规定，具有基础性的意义。非法吸收公众存款与擅自发行股票、公司、企业债券在本质上都属于为公司、企业非法吸收资金的行为。不同之处在于，非法吸收公众存款是未经有关部门依法许可或者借用合法经营形式，通过网络、媒体、推介会、手机短信等方式向社会公开宣传，承诺在一定期限内以货币、实物、股权等方式还本付息或者给付回报，向社会公众非法吸收资金；擅自发行股票、公司、企业债券是未经国家有关主管部门批准，通过向社会不特定对象发行、以转让股权等方式变相发行股票、公司、企业债券或者向超过二百人的特定对象发行、变相发行股票、公司、企业债券，以此方式非法吸收资金。

行为时主观故意的内容不同。行为人在实施非法吸收公众存款的行为时，其主观上不具有发行股票、债券的真实意图，只是为了以虚假转让股权、发售虚构债券等方式非法吸收吸金；而行为人实施擅自发行股票、公司、企业债券的行为时，主观上不仅具有通过发行股票、债券达到非法吸收资金的意图，还具有使认股人成为股东的意图。

实行行为不同。非法吸收公众存款罪的实行行为是行为人在未得到有关部门批准的情况下，公开向不特定社会公众吸收资金，并承诺还本付息或者给付回报，不具有发行股票、债券的真实内容，例如，在虚假转让股权的同时，承诺如果公司不能上市则对投资人还本付息。擅自发行股票、公司、企业债券的实行行为是行为人未经国家有关主管部门批准，向不特定对象发行、变相发行股票或者向超过二百人的特定对象发行、变相发行股票，其行为具有发行股票的真实内容，例如，签订股份认购协议书、股权确认书、股权变更凭单、股权过户登记申请、股权过户凭单、发放持股证明等股票发行行为，但其不具有还本付息的特征。此外，可以结合债券的特点对擅自发行债券与非法吸收公众存款进行区分。例如，公开发行债券筹集资金必须按照公司债券募集办法列举资金用途，发行人改变资金用途必须经过债券持有人会议作出决议，公开发行债券募集的资金不得用于弥补亏损和非生产性支出。非法吸收公众存款所获得的资金的用途没有特别的规定。

获取收益的方式不同。通过发行股票（股权）的方式非法吸收公众存款，集资者往往承诺还本付息，即投资者获得的收益主要是利益或者其他固定回报，除此之外，投资人不享有股东权利；擅自发行股票罪中，投资者购买股票（股权）意味着成为公司的股东，其获得收益的方式取决于公司是否进行分红，或者通过再次转让股票（股权），并且投资者在成为股东之后可以行使股东权利。

需要注意的是，以销售股权的名义变相吸收公众存款，达到立案追诉标准的，则可能同时构成擅自发行股票罪和非法吸收公众存款罪，根据想象竞合的原理，择一重罪处罚。

（九）擅自发行股票、公司、企业债券罪与集资诈骗罪的区别

擅自发行股票、公司、企业债券罪与集资诈骗罪同属于非法集资类案件。集资诈骗罪，是指以非法占有为目的，违反国家金融管理法律规定，使用诈骗方法进行非法集资，扰乱国家金融管理秩序，侵犯不特定多数人的财产所有权，数额较大的行为。擅自发行股票、公司、企业债券罪与集资诈骗罪的主要区别体现在以下方面。

第一，侵犯的客体不同。擅自发行股票、公司、企业债券罪侵犯的客体是简单客体，即国家对股票和公司、企业债券的发行管理制度；集资诈骗罪侵犯的客体是复杂客体，既侵犯了国家的金融管理制度，也侵犯了不特定多数人的财产所有权。

第二，主观目的不同。擅自发行股票、公司、企业债券罪的行为人主观上是为个人或者单位牟取经济利益，具有非法募集资金的目的；集资诈骗罪的行为人主观上必须具有非法占有的目的，这是构成集资诈骗罪不可或缺的主观要件。需要注意的是，以非法占有为目的，采取隐瞒真相、编造事实等欺骗手段，擅自发行股票、公司、企业债券的，以集资诈骗罪定罪处罚。

行为主体主观上是否具有非法占有的目的，主要可以从行为主体的身份、履约能力、履约行为、对非法筹集的资金的处置等方面进行综合分析。

从行为主体的身份分析。行为人是否使用虚假名义或者冒用他人名义实施集资犯罪行为。擅自发行股票、公司、企业债券犯罪案件中，行为人往往是未经国家主管部门批准擅自发行股票、债券，既可能是其发行的股票、债券不符合法律规定的条件，也可能是符合法律规定的发行股票、债券的条件而没有经过国家主管部门的批准，一般不会出现行为人使用虚假名义或者冒用他人名义的情形；集资诈骗犯罪案件中，行为人使用虚假名义或者冒用他人名义，通过使用化名、虚假的企业法人营业执照、私刻的

公章及虚假协议书等，引诱投资者上当，使投资者难以索回投资款项。

从行为主体的履约能力分析。行为人在实施非法筹集资金行为时是否具有偿还能力或者盈利能力，是否存在集资项目，以及是否存在集资需求。擅自发行股票、债券犯罪案件中，行为人在最初实施发行股票、债券行为之时，往往具有一定的资金实力，具有清偿能力或者盈利能力，其犯罪目的往往是扩大生产经营而对外募集资金；集资诈骗犯罪案件中，行为人募集资金，发行股票、债券时，公司往往是"皮包公司"，或者已经濒临歇业、停产、倒闭，没有盈利的可能，也没有偿还能力，行为人故意隐瞒真相，对外宣称的公司经营状况、资金项目和用途等都是虚假的。需要注意的是，行为人为了擅自发行股票、债券募集资金进行一些虚假宣传，没有非法占有的目的，则不构成集资诈骗罪。

从行为主体的履约行为分析。行为人是否有履行发行文件及相关协议的诚意和实际行动。擅自发行股票、债券犯罪案件中，行为人募集资金通常情况下是为了解决生产经营资金不足的问题，所募集的资金往往用于生产经营活动，例如，购买厂房、机器设备，以及进行研究开发、贸易活动等，行为人具有履约的诚意，即使客观情况发生变化或者经营不善导致破产或者丧失偿还能力，也不能认定行为主体具有非法占有的目的；集资诈骗犯罪案件中，行为主体往往没有按照宣传的资金用途，将募集的资金用于生产经营活动，也没有履约的诚意和行动。

从行为主体对非法筹集的资金的处置分析。行为人是否将募集到的资金用于生产经营活动。擅自发行股票、债券犯罪案件中，行为主体将募集的资金投入生产经营活动中，严格按照募集资金的用途使用资金；集资诈骗案件中，行为人通常将募集资金直接用于个人消费、挥霍等，或者隐匿财产、携款潜逃，致使投资者遭受损失。

（十）典型案例

案例一

案件事实：深圳某投资公司未经证监部门批准，以公司计划在多伦多证券交易所创业板上市，购买原始股上市后可以获得高额回报为名，通过电话联系、口口相传等公开、变相公开方式向社会不特定对象以每股3.8元（后变为1元）出售公司股票。投资者有意向后，公司组织召开上市业务说明会或向投资者演示、介绍公司情况及增发股票业务，投资者付款后与公司签订股份认购协议书、股权确认书，作为投资者购买、持有公司股票的证明。经统计，共向50余名投资者收取股本金462.3万元。

判决结果：以擅自发行股票罪，判处行为人有期徒刑。

案例二

案件事实：2015年至2017年，A公司申请在全国中小企业股转系统挂牌，未获成功。张某某在未经主管部门批准的情况下，以A公司即将在全国中小企业股转系统挂牌、投资人可获取高额回报、承诺两年内挂牌无果全额回购并支付高额利息等理由，隐瞒A公司连年亏损的事实，自行招揽或委托中介机构，采用电话推销、口口相传等手段，向131名投资人转让A公司股权，获得1.48亿余元。

判决结果：以擅自发行股票罪，判处A公司罚金、行为人有期徒刑。

四、内幕交易、泄露内幕信息罪[①]

（一）内幕交易、泄露内幕信息罪的概念

内幕交易、泄露内幕信息罪，是指证券、期货交易内幕信息的知情人员或者非法获取证券、期货交易内幕信息的人员，在涉及证券的发行，证券、期货交易或者其他对证券、期货交易价格有重大影响的信息尚未公开前，买入或者卖出该证券，或者从事与该内幕信息有关的期货交易，或者泄露该信息，或者明示、暗示他人从事上述交易活动。

（二）内幕交易、泄露内幕信息罪的特征

内幕交易、泄露内幕信息罪的犯罪主体为特殊主体，是知悉内幕信息的人，即内幕人员。《刑法》第一百八十条将内幕交易、泄露内幕信息罪的犯罪主体分为证券、期货交易内幕信息的知情人员和非法获取证券、期货交易内幕信息的人员（以下分别简称"知情人员"与"非法获取人

---

① 《刑法》第一百八十条：证券、期货交易内幕信息的知情人员或者非法获取证券、期货交易内幕信息的人员，在涉及证券的发行，证券、期货交易或者其他对证券、期货交易价格有重大影响的信息尚未公开前，买入或者卖出该证券，或者从事与该内幕信息有关的期货交易，或者泄露该信息，或者明示、暗示他人从事上述交易活动，情节严重的，处五年以下有期徒刑或者拘役，并处或者单处违法所得一倍以上五倍以下罚金；情节特别严重的，处五年以上十年以下有期徒刑，并处违法所得一倍以上五倍以下罚金。

单位犯前款罪的，对单位判处罚金，并对其直接负责的主管人员和其他直接责任人员，处五年以下有期徒刑或者拘役。

内幕信息、知情人员的范围，依照法律、行政法规的规定确定。

员")两个大类,但并未对其范围进行明确的规制。《最高人民法院 最高人民检察院关于办理内幕交易、泄露内幕信息刑事案件具体应用法律若干问题的解释》(以下简称《内幕交易司法解释》)对该罪特殊主体的内涵和外延进行了界定,① 而《证券法》和《期货交易管理条例》又对其进行了细化规定。②

"知情人员"因为本身的职业属性,通常能在第一时间接触到内幕信息,法律将其直接规定为内幕信息的知情人员。值得注意的是,在司法实践中,对"知情人员"的认定要注意把握以下三个问题。一是要严格区分证券、期货监督管理机构的规定与证券、期货监督管理机构的认定。《证券法》第五十一条、《期货交易管理条例》第八十一条第十二项的兜底内容均授予监督管理机构规定内幕信息的知情人员的权力。在理解和适用兜底内容时,要将监督管理机构对内幕信息的知情人员的规定与具体案件中监督管理机构对内幕信息的知情人员的认定区分开来。前者是一种抽象行政行为;而后者往往是应司法机关的请求,基于监督管理机构对专业知

---

① 《内幕交易司法解释》第一条:下列人员应当认定为刑法第一百八十条第一款规定的"证券、期货交易内幕信息的知情人员":(一)证券法第七十四条规定的人员;(二)期货交易管理条例第八十五条第十二项规定的人员。

第二条:具有下列行为的人员应当认定为刑法第一百八十条第一款规定的"非法获取证券、期货交易内幕信息的人员":(一)利用窃取、骗取、套取、窃听、利诱、刺探或者私下交易等手段获取内幕信息的;(二)内幕信息知情人员的近亲属或者其他与内幕信息知情人员关系密切的人员,在内幕信息敏感期内,从事或者明示、暗示他人从事,或者泄露内幕信息导致他人从事与该内幕信息有关的证券、期货交易,相关交易行为明显异常,且无正当理由或者正当信息来源的;(三)在内幕信息敏感期内,与内幕信息知情人员联络、接触,从事或者明示、暗示他人从事,或者泄露内幕信息导致他人从事与该内幕信息有关的证券、期货交易,相关交易行为明显异常,且无正当理由或者正当信息来源的。

② 《证券法》第五十一条:证券交易内幕信息的知情人包括:(一)发行人及其董事、监事、高级管理人员;(二)持有公司百分之五以上股份的股东及其董事、监事、高级管理人员,公司的实际控制人及其董事、监事、高级管理人员;(三)发行人控股或者实际控制的公司及其董事、监事、高级管理人员;(四)由于所任公司职务或者因与公司业务往来可以获取公司有关内幕信息的人员;(五)上市公司收购人或者重大资产交易方及其控股股东、实际控制人、董事、监事和高级管理人员;(六)因职务、工作可以获取内幕信息的证券交易场所、证券公司、证券登记结算机构、证券服务机构的有关人员;(七)因职责、工作可以获取内幕信息的证券监督管理机构工作人员;(八)因法定职责对证券的发行、交易或者对上市公司及其收购、重大资产交易进行管理可以获取内幕信息的有关主管部门、监管机构的工作人员;(九)国务院证券监督管理机构规定的可以获取内幕信息的其他人员。

《期货交易管理条例》第八十一条第十二项:内幕信息的知情人员,是指由于其管理地位、监督地位或者职业地位,或者作为雇员、专业顾问履行职务,能够接触或者获得内幕信息的人员,包括:期货交易所的管理人员以及其他由于任职可获取内幕信息的从业人员,国务院期货监督管理机构和其他有关部门的工作人员以及国务院期货监督管理机构规定的其他人员。

识、经验的把握而出具的一种意见材料，既不是抽象行政行为，也不是具体行政行为。证券、期货监督管理机构出具的认定意见，经司法机关审查，具有客观性、真实性和合法性的，可以作为定案的证据。二是要明确发行人（上市公司）的控股股东、实际控制人控制的其他公司的董事、监事、高级管理人员不是法定的内幕信息知情人员。三是明确内幕信息的知情人员不包括单位。

而"非法获取证券、期货交易内幕信息的人员"通常可以分为三类：一是非法手段型获取内幕信息的人员，即获取信息的手段行为本身是非法的，如通过窃取、骗取等手段获取内幕信息的；二是特定身份型获取内幕信息的人员，即获取信息的手段行为未必是非法的，但其作为具有特定身份的人员不应获取内幕信息，如内幕信息知情人员的配偶从知情人员处获取内幕信息；三是积极联系型获取内幕信息的人员，即主动联络、接触内幕信息知情人，手段未必是非法的，但结合行为目的分析，行为人毕竟是从内幕信息的知情人员处获取不应该获取的内幕信息，因此其获取行为是非法的。

对于被动获取信息，并以此为根据，买卖证券、期货，获得利益或避免损失的，能否认定为本罪的主体？出于审慎起见，《刑法》和相关的司法解释，并未将被动型获取内幕信息人员纳入本罪的法定主体范围。但是有两个前提：第一，此处被动型获取内幕信息人员必须是内幕信息知情人员的近亲属或者与其关系密切的人之外的人，如果是内幕信息知情人员的近亲属或者与其关系密切的人，则无论是主动获取还是被动获取内幕信息，均属于非法获取内幕信息的人员。第二，被动型获取内幕信息人员主观上必须是明知：一是明知信息的性质，即明知信息是内幕信息；二是明知信息的来源，即明知信息是内幕信息的知情人员泄露的，或者明知信息是他人非法获取的。

主观上是否以谋利为目的，客观上是否盈利，不影响内幕交易、泄露内幕信息罪的成立。2012年最高人民法院发布的内幕交易、泄露内幕信息犯罪典型案例中，被告辩护人提出内幕交易的目的在于获利或止损，现有证据证明被告买入股票后并未抛售，其买入股票的目的在于长期持有，而非套现获利，因此不能认定被告利用内幕信息进行内幕交易。但法院最终认定，内幕交易罪侵犯的客体是国家对证券市场交易的管理制度和投资者公平交易、公开交易的合法权益。无论被告在买卖股票时所持何种目的，只要作为内幕信息的知情者，在内幕信息价格交易敏感期内买卖该特定证券，无论是否获利，均不影响对内幕交易犯罪性质的认定。可见主观上是否以谋利为目的，并不影响罪名的成立。

一般情况下，行为人实施内幕交易的目的在于盈利，但从法律规定上看，盈利并非法定构成要件，即便内幕交易出现亏损，也不影响本罪构成。2022年最高院等发布证券犯罪典型案例中，被告获悉内幕信息后两次实施内幕交易，虽然亏损9万元，但两次交易累计成交额为412万元，法院认定属于"情节特别严重"，判处被告有期徒刑，并处罚金。[①] 该案例明确了在内幕信息敏感期反复交易的，对交易成交额累计计算；实施内幕交易并亏损，交易成交额符合追诉标准的，也要依法追究刑事责任。内幕交易犯罪以谋利为意图，破坏证券市场公平交易秩序，司法解释、立案追诉标准均规定，达到证券交易成交额、获利或者避免损失数额等其中之一标准的，即应当认定为《刑法》第一百八十条第一款规定的"情节严重"。内幕交易成交额达到"情节严重"标准的，严重破坏了证券市场公平交易秩序，无论获利或亏损，均应当依法追究行为人的刑事责任，且数次交易的交易数额应当依法累计计算。

本罪侵犯对象的是证券、期货市场正常的交易秩序及其他投资者的合法权益。[②] 投资者从事证券交易的风险主要来自其对取得信息的判断及建立在此判断基础上的证券投资行为，并不在于先占还是后占信息。[③] 内幕人员先占发行公司的内幕信息，借助时间差和信息不对称，利用这一不平等的优势与不知情的普通投资者进行交易，实质上是将所有商业风险都转嫁给不知情的普通投资者，进而达到利用他人的损失获取利益或者将自己的损失转嫁于他人的目的，严重侵害了普通投资者的合法权益。随着证券、期货市场的不断发展，我国陆续出台《证券法》《期货交易管理条例》等法律法规完善证券、期货市场相关规则，如证券发行、交易、上市、信息披露等相关规定，逐渐形成了一套高效合理运行的管理秩序。而内幕人员违反内幕信息公开披露规则实施内幕交易、泄露内幕信息的行为，通过侵害其他投资者的合法权益为自身谋取不正当利益，违背了证券、期货市场公正、公平、公开的原则，破坏了证券、期货市场的正常运行秩序，对资本市场的稳定健康发展极具危害性。

本罪共有三种行为方式，即内幕信息的知情人员或非法获取内幕信息

[①] 最高人民检察院：《最高法、最高检、公安部、中国证监会联合发布依法从严打击证券犯罪典型案例》，载最高人民法院门户网站2022年9月9日，https://www.court.gov.cn/zixun/xiangqing/371451.html。

[②] 顾肖荣、张国炎：《证券期货犯罪比较研究》，法律出版社2003年版，第404页。

[③] 刘宪权：《金融犯罪刑法学原理》，上海人民出版社2017年版，第321页。

的人员，在该信息尚未公开前从事证券、期货交易的行为，泄露内幕信息的行为，以及明示、暗示他人进行交易的行为。

第一，证券、期货交易行为指在内幕信息的知情人员或非法获取内幕信息的人员为自己或者他人的利益，在内幕信息公开之前，买入或者卖出某一证券的行为，是内幕交易、泄露内幕信息罪最为传统的行为表现方式。而在实际的交易活动中，内幕人员为了规避监管，往往通过操控、借用他人证券账户等其他方式进行交易。

第二，泄露内幕信息行为，是指相关内幕信息尚未披露，而内幕人员向他人提前披露该信息，致使他人利用该信息从事相关交易的情形。[1] 内幕人员将处于保密阶段的内幕信息提前泄露出去，扩大了知悉发行公司内幕信息的人员范围，导致无权知悉该信息的非内幕人员知悉该信息。从实质上说，泄露内幕信息行为是内幕人员在未经法定程序、未具备合理理由的情况下向他人公开了内幕信息。[2]

第三，"明示、暗示他人从事上述交易活动"是刑法修正案新增的行为方式，一般称之为建议交易行为，即行为人在其获知内幕信息的基础上，通过明示或暗示的方式建议他人进行证券、期货交易，如提出交易时机，交易证券、期货合约的种类，交易证券、期货的价位，交易量的大小等。[3]

虽然作为本罪的行为方式，但"明示、暗示他人从事上述交易活动"并不必然附随内幕信息的泄露，故不能一概认定为泄露内幕信息罪。明示、暗示的重点是对证券、期货交易行为的提示或建议，提示的内容包括交易时机，证券、期货的种类及价位，交易量大小等。两者的区别在于提示、建议的方式有"明""暗"之分，明示是指明确告知并建议他人从事与该内幕信息有关的证券、期货交易。暗示是指用含蓄的言语或举动示意他人从事特定的证券、期货交易。

在明示行为中，行为人以明确告知被建议人内幕信息的方式建议交易，必定包含了泄露内幕信息行为，如果被建议者进行了相关交易，则可以认定为泄露内幕信息罪。从共同犯罪的角度分析，行为人虽然没有亲自实施交易行为，但其建议行为直接导致了投资者有针对性地实施证券、期

---

[1] 刘宪权、谢杰：《证券期货犯罪刑法理论与实务》，上海人民出版社2012年版，第199页。
[2] 林小锐：《证券型内幕交易、泄露内幕信息罪构成要件研究》，广东财经大学2021年博士学位论文，第14页。
[3] 刘宪权：《论内幕交易犯罪最新司法解释及法律适用》，载《法学家》2012年第5期，第46页。

货交易行为,是投资者犯意及行为的引起者和教唆者,可认定为内幕交易罪的共犯。行为人既有泄露内幕信息的行为,又是内幕交易的共犯,兼具选择性罪名中的两种行为,在同一内幕信息范围内应当以内幕交易、泄露内幕信息罪定罪处罚。

在暗示行为中,行为人并不必然泄露内幕信息,只是含蓄地建议他人买卖证券或期货,并导致了他人有针对性地实施证券、期货交易行为,故只构成内幕交易罪的共犯,而不构成泄露内幕信息罪。[1]

本罪第二档量刑标准过低。《内幕交易司法解释》第七条将"情节特别严重"规定为:证券交易成交额在二百五十万元以上的;期货交易占用保证金数额在一百五十万元以上的;获利或者避免损失数额在七十五万元以上的;具有其他特别严重情节的。但是,2022 年新修订的《立案追诉标准(二)》第三十条已将立案追诉标准提升至:获利或者避免损失数额在五十万元以上;证券交易成交额在二百万元以上;期货交易占用保证金数额在一百万元以上。立案追诉标准与"情节特别严重"标准之间的数额级差过于接近,不仅存在机械适用司法解释的问题,而且难以实现均衡量刑。[2] 因此,需要根据司法实践规范量刑标准。

(三) 内幕交易、泄露内幕信息罪的入罪标准

内幕交易、泄露内幕信息犯罪是典型的数额犯,成交额、违法所得数额等不仅是起刑点或作为入罪门槛的"情节严重"的量化标准,更是适用第二档法定刑"情节特别严重"的认定依据。[3]《内幕交易司法解释》第六条对"情节严重"的核心量化标准进行了明确规定:"(一)证券交易成交额在五十万元以上的;(二)期货交易占用保证金数额在三十万元以上的;(三)获利或者避免损失数额在十五万元以上的;(四)三次以上的;(五)具有其他严重情节的。"

《立案追诉标准(二)》第三十条对内幕交易、泄露内幕信息罪的立案追诉标准作出新的调整:"证券、期货交易内幕信息的知情人员、单位或者非法获取证券、期货交易内幕信息的人员、单位,在涉及证券的发

---

[1] 陈佩莉:《内幕交易、泄露内幕信息罪客观行为的判定》,载《人民检察》2022 年第 22 期,第 32 页。

[2] 谢杰:《准确把握内幕交易、泄露内幕信息罪"情节特别严重"情形》,载《检察日报》2023 年 7 月 29 日,第 3 版。

[3] 谢杰:《准确把握内幕交易、泄露内幕信息罪"情节特别严重"情形》,载《检察日报》2023 年 7 月 29 日,第 3 版。

行，证券、期货交易或者其他对证券、期货交易价格有重大影响的信息尚未公开前，买入或者卖出该证券，或者从事与该内幕信息有关的期货交易，或者泄露该信息，或者明示、暗示他人从事上述交易活动，涉嫌下列情形之一的，应予立案追诉：（一）获利或者避免损失数额在五十万元以上的；（二）证券交易成交额在二百万元以上的；（三）期货交易占用保证金数额在一百万元以上的；（四）二年内三次以上实施内幕交易、泄露内幕信息行为的；（五）明示、暗示三人以上从事与内幕信息相关的证券、期货交易活动的；（六）具有其他严重情节的。内幕交易获利或者避免损失数额在二十五万元以上，或者证券交易成交额在一百万元以上，或者期货交易占用保证金数额在五十万元以上，同时涉嫌下列情形之一的，应予立案追诉：（一）证券法规定的证券交易内幕信息的知情人实施或者与他人共同实施内幕交易行为的；（二）以出售或者变相出售内幕信息等方式，明示、暗示他人从事与该内幕信息相关的交易活动的；（三）因证券、期货犯罪行为受过刑事追究的；（四）二年内因证券、期货违法行为受过行政处罚的；（五）造成其他严重后果的。"

和《内幕交易司法解释》相比，《立案追诉标准（二）》提高了追诉金额，更有利于被告人。在如今的司法实践中，《立案追诉标准（二）》第三十条规定的立案追诉标准已经取代《内幕交易司法解释》第六条的"情节严重"的起点刑入刑标准，成为内幕交易、泄露内幕信息罪的入罪标准。

（四）内幕信息的概念及认定标准

1. 内幕信息的概念

内幕信息是内幕交易、泄露内幕信息罪最基础的构成要件要素。我国以"概念说明+详细列举"的模式，通过立法明文规定了内幕信息的概念。《证券法》第五十二条第一款高度概括了内幕信息的概念、本质："证券交易活动中，涉及发行人的经营、财务或者对该发行人证券的市场价格有重大影响的尚未公开的信息，为内幕信息。"第五十二条第二款规定："本法第八十条第二款、第八十一条第二款所列重大事件属于内幕信息"。《证券法》第八十条第二款、八十一条第二款列举了内幕信息的具体类型。而《期货交易管理条例》第八十一条第十一项则规定："内幕信息，是指可能对期货交易价格产生重大影响的尚未公开的信息，包括：国务院期货监督管理机构以及其他相关部门制定的对期货交易价格可能发生重大影响的政策，期货交易所作出的可能对期货交易价格发生重大影响的决定、期货交易所会员、客户的资金和交易动向以及国务院期货监督管理机构认定的对期货交易价格有显著影响的其他重要信息。"

从上述法律条文中可以看出，我国对内幕信息的规定仍然沿用了设置兜底条款的立法模式。纵观我国证券领域的修法历程，不难发现每次《证券法》修订时，内幕信息的具体类型都会有所修改。这是因为随着证券、期货市场的不断发展，内幕信息也在不断展现出新的表现形态，因此要依据实际情况修订法律。但是立法具有滞后性，法律无法穷尽列举内幕信息的所有类型。因此，设立兜底条款可以有效地应对证券、期货市场的新形势、新变化。

2. 内幕信息的认定标准

法院在依法认定内幕交易、泄露内幕信息罪时，首先要对行为人利用信息的性质进行界定，这是判断行为人是否为内幕信息知情人或非法获取内幕信息的人的前提，也是认定交易行为性质的核心要素。在司法实践中，认定内幕信息的标准主要有两个：一是未公开性，即该信息尚未公开、尚未被证券期货市场的公众投资者所知悉；二是重大性，即该信息对证券的市场价格有重大影响。而在理论界，有学者认为相关性是认定内幕信息的标准之一，相关性是指该信息与证券发行及证券交易活动相关联；[1] 还有学者主张确定性也是认定内幕信息的标准之一，即该信息是客观真实的。[2] 本书认为，未公开性、重大性、确定性是认定内幕信息的标准；而相关性不是内幕信息的特征，不应当作为认定内幕信息的标准。

（1）未公开性

内幕信息的未公开性是认定某一信息是否属于内幕信息的一个必要的标准。内幕信息的未公开性是指该信息尚未公开，尚没有被证券期货市场上广大投资者所知悉，在公开前处于仅限法定知悉人员获知的秘密状态。[3] 根据《刑法》的规定，内幕信息知情人员和非法获取内幕信息的人员只有在内幕信息公开前，利用相应内幕信息从事证券期货交易才构成本罪。内幕信息一旦经过合法程序被披露，则该信息丧失秘密性，不再属于内幕信息。行为人利用该信息从事的证券、期货交易行为也不再具有违法性。

---

[1] 马长生、张慧芳：《论内幕交易、泄露内幕信息罪》，载赵秉志主编：《新千年刑法热点问题研究与适用》，中国检察出版社2001年版，第825-826页。
[2] 张小宁：《证券内幕交易罪研究》，中国人民公安大学出版社2011年版，第162页。
[3] 闻志强：《"内幕信息"的认定标准和司法适用分析》，载《西南交通大学学报（社会科学版）》，2015年第16卷第1期，第126页。

(2) 重大性

认定某一信息是否属于内幕信息的核心点就在于其重要程度或实际影响力，在于其公开后对证券、期货交易市场中的证券期货交易价格的影响程度。证券市场信息纷繁复杂，不具备重大性的信息无法使得内幕人员利用该信息谋取不正当利益。对于内幕信息重大性的认定标准，我国证券法理论界一直存在"价格敏感标准"与"理性投资人标准"两种观点。"价格敏感标准"下，相关信息要具有重大性则必须对证券价格有显著影响；"理性投资人标准"下，重大性的判断以相关信息是否很可能对理性投资者的决策产生重要影响为标准。我国立法采用"价格敏感标准"来判断某信息是否具有重要性。若该信息能够对证券价格产生重大影响，能够深刻影响证券价格，即可认定该信息具有重大性，不以重大影响实际发生为必要条件。一般认为，一旦发行公司依法披露某相关信息，在一段时间内，与该公司证券有关的价格指数发生明显的偏离，并且该证券价格出现上涨或下跌情况，即可认为该信息具有"重大影响"。[①]

(3) 确定性

内幕信息的确定性是区分罪与非罪、此罪与彼罪的重要标准。内幕信息除了要看该信息对于证券价格的影响，还需判断该信息实现的可能性，即信息是否具有确定性。《内幕交易司法解释》第五条第三款规定："影响内幕信息形成的动议、筹划、决策或者执行人员，其动议、筹划、决策或者执行初始时间，应当认定为内幕信息的形成之时。"虽然我国并无明文法律规定内幕信息的确定性，但依据《内幕交易司法解释》第五条第三款的规定，在认定内幕信息形成之时的判断中就隐含了对该消息是否具有确定性的判断。对于内幕信息准确性的判断，主要要考虑两个方面：一是相关信息所包含的事件是真实发生的或有合理证据证明其在将来可能发生；二是相关信息必须是具体的，能够被普通投资者在作出投资决策时考虑。

相关性并非内幕信息的特征。具体而言，涉案交易行为是否与某信息有关联，属于对交易行为是否利用了某信息的判断，而与该信息本身是否属于内幕信息，并非同一问题。换言之，对涉案信息是否为内幕信息的判断，先于对交易行为与内幕信息是否相关的判断，事实上完全存在涉案信息属于内幕信息、但交易行为与该内幕信息无关的情形，因此，相关性不

[①] 林小锐：《证券型内幕交易、泄露内幕信息罪构成要件研究》，广东财经大学2021年博士学位论文，第9页。

能成为内幕信息的自身的特征。①

(五) 内幕信息敏感期的认定

《内幕交易司法解释》第五条第一款规定：本解释所称"内幕信息敏感期"是指内幕信息自形成至公开的期间。即自内幕信息形成对证券价格产生影响到内幕信息公开不再对该证券价格产生影响的期间为内幕信息的敏感期。行为人只有在该期间内从事与该信息有关的证券交易活动才构成犯罪。这意味着行为人在内幕信息形成之前，或者在内幕信息公开之后从事与该证券有关交易活动，不构成犯罪。因此，准确界定内幕信息的敏感期，具有十分重要的意义，不仅关系到行为人是否构成内幕交易、泄露内幕信息罪，而且还关系到违法数额的确定。

1. 内幕信息的形成之时的认定

实践中，内幕信息的形成之时的认定，对于处罚的精确化具有重要意义，因为内幕信息形成之时的认定会影响内幕信息敏感期的确定，并直接关系到证券交易行为是否异常及违法所得的认定。

《内幕交易司法解释》第五条第三款规定：影响内幕信息形成的动议、筹划、决策或者执行人员，其动议、筹划、决策或者执行初始时间，应当认定为内幕信息的形成之时。

在司法实践活动中，对于内幕信息的形成之时的认定并不具有统一性。纵观近年来内幕交易犯罪案例，对于内幕信息的形成之时的认定具有鲜明的个案性。分析《内幕交易司法解释》第五条可以发现，我国法律对于内幕信息的形成之时的认定规则其实是存在两种不同的标准的。第一种认定标准认为"重大事件""计划""方案""政策""决定"等形成时，内幕信息也相应形成。第二种认定标准则认为，内幕信息的形成之时为动议、筹划、决策或执行初始时间。那么我国为何要采用两种不同的标准来认定同一种内幕信息呢？

究其原因，内幕信息的形成往往是一个从方案提出走向方案敲定，最后落地实施的过程，这是一个不确定性被逐渐消除的过程。"重大事件""计划""方案"等是内幕信息形成最为明显的标志，因此"重大事件"发生时或"计划""方案"等形成时，内幕信息必然已经存在。但是这些计划、方案形成的时间不一定是内幕信息形成的最初时点。在此之前，往

---

① 肖中华：《内幕交易、泄露内幕信息罪之规范解释》，载《法制研究》2016年第4期，第116页。

往还会存在包括单方筹划寻找标的、初步了解与接触、双方表达初步意向、展开尽职调查、双方进行谈判、起草内部协议、进行内部决策审批、双方正式签署协议等多个环节。如刘某某、陈某某内幕交易、泄露内幕信息案中，刘某某曾是牵头重组 A 公司并借壳上市的主要参与人员。在洽谈过程中，刘某某指使其妻陈某某买入 A 公司股票 60 余万股，折合 430 万元，最终获利 700 多万元。刘某某是在重组计划、方案正式形成之前指使其妻从事相关证券交易的，若将重组计划、方案形成之日作为内幕信息的形成之时，则其行为不能被认定为内幕交易、泄露内幕信息的行为，此时就应当将动议、筹划的初始时间作为内幕信息的形成之时。因此，如果能证明前期阶段能够对内幕信息的形成产生重大影响，那么就应该将内幕信息的形成之时往前移，将动议、筹划的初始时间作为内幕信息的形成之时。反之，则应将"重大事件""计划""方案"等的形成时间作为内幕信息的形成之时。综上，内幕信息的形成时点并不是固定的，《内幕交易解释》第五条规定的内幕信息形成时点认定规则在司法实践中仅具有原则性的指导意义，具体的认定仍需司法机关结合实际情况进行综合判断。

2. 内幕信息的公开时间的认定

对于内幕信息的公开时间判断标准，根据公开方式的不同，理论上存在形式公开和实质公开两种标准。

（1）形式公开

形式公开是指发行公司严格依照法律法规规定的程序对内幕信息进行披露，如在全国性新闻媒介上公布或召开新闻发布会。陈兴良教授认为，信息的公开不应以市场消化了该信息为标准，而应以报刊或其他新闻媒介将信息刊登或传播出去为标准。这意味内幕信息公开的时间是某个确切的时间点，即在某一时间内幕信息即被视为已经公开。既不需要考虑信息是否为投资者所吸收，也不需要考虑信息传播的过程与结果。参照《内幕交易司法解释》第五条第四款的规定"内幕信息的公开，是指内幕信息在国务院证券、期货监督管理机构指定的报刊、网站等媒体披露"，我国立法采用的也是形式公开的标准。另外值得注意的是，其中"报刊"是指"七报一刊"：《上海证券报》《中国证券报》《证券时报》《金融时报》《经济日报》《中国改革报》《中国日报》和《证券市场周刊》，指定的网站包括巨潮网（深圳证券交易所指定网站）和上海证券交易所网站，在非指定报刊、媒体披露内幕信息的，不能认定为内幕信息的公开。

（2）实质公开

实质公开着眼于内幕信息是否为证券投资者所消化，相较于形式公开，实质公开强调证券市场对内幕信息的消化过程，内幕信息在未被证券市场投资者充分消化之前仍属于内幕信息。信息公开应以市场消化了该信息为标准。只有在市场对信息公开作出反应后或经过合理时间证明市场已经消化这些信息后，才应允许实际掌握内幕信息的人从事证券交易。① 认同"实质的公开性标准"的学者认为，从信息公布到信息被投资者知悉接受，再到利用该信息进行投资活动，客观上需要一定的时间缓冲。信息公开并不一定意味着信息被接受，如果信息虽然形式上被公开了，但没有被证券投资人所消化，那么，内幕信息的持有人利用内幕信息进行交易，还是具有信息上的优势，还是可以利用内幕信息在市场上获取超额的收益。②

对于我国内幕信息公开时间判断标准的选择，学界一直存在争议。本书认为，我国应坚持形式公开的认定标准，理由如下：第一，有利于促进证券、期货市场的规范化。目前，我国证券市场的信用状况令人担忧，上市公司、券商和其他市场主体为窃取不当利益，处心积虑地打擦边球，钻法律空子，甚至不惜铤而走险的情况屡见不鲜。实质公开标准弹性大，给不当运作留下了很大的操作空间。而形式公开标准简洁明了、操作性强，不当运作的空间较小。第二，在投资过程中，时刻关注公司的公告和市场新闻，了解公司的最新情况和市场趋势，作出相应的投资决策，这是一名投资者应尽的义务。消化市场信息是证券、期货市场上投资者的核心竞争力之一，如果信息不能成为投资者的竞争力，则证券市场就可能成为单纯以资本为话语权的市场，这样的市场同样是不公平的。③第三，我国目前司法实践还不具备采用实质公开标准的条件。形式公开标准简洁明确，成本低，歧义小，便于司法机关掌握和适用。而对于实质公开标准，与资本市场发达的国家相比，我国目前证券监管制度及审判水平还不足以处理采用实质公开标准而带来的复杂情况。这是因为，内幕交易、泄露内幕信息罪与证券知识紧密相关，具有极强的专业性。若要采取实质公开标准，则必然要求审判人员熟练掌握相关证券知识。如果审判人员不熟悉证券交易相关业务流程，就很难准确把握内幕信息被证券市场投资者充分消化、吸收的时间。在判断内幕信息实质公开的时间时，审判人员必须对证券市场投资者从接受内幕信息到消化该信息所用时间进行综合

---

① 雷丽清：《中美内幕交易罪比较研究》，中国检察出版社2014年版，第85页。
② 张祥宇：《证券内幕信息公开性标准探析》，载《公安学刊（浙江警察学院学报）》2016年第2期，第63页。
③ 闻志强：《"内幕信息"的认定标准和司法适用分析》，载《西南交通大学学报（社会科学版）》2015年第1期，第126页。

分析和考量。① 这个过程较为抽象复杂，以我国目前的审判水平尚不足以应对此种局面。

（六）相关交易行为明显异常的认定

《内幕交易司法解释》规定的"相关交易行为"，包括三类交易行为：第一类是指内幕信息的知情人员从事的与该内幕信息有关的证券、期货交易；第二类是指被明示、暗示的人员从事的与内幕信息有关的证券期货交易；第三类是指非法获取内幕信息的人员从事的与内幕信息有关的证券、期货交易。

实践中，对"相关交易行为明显异常"的认定主要从交易时间吻合程度、交易背景程度、利益关联程度三个方面进行综合把握。一是时间吻合程度。即从行为时间与内幕信息形成、变化、公开的时间吻合程度把握。所要比对的时间主要有以下三类：行为人开户、销户、激活资金账户或者指定交易（托管）、撤销指定交易（转托管）的时间；资金变化时间；买入或者卖出相关证券、期货的时间。二是交易背离程度。即从交易行为与正常交易的背离程度把握。正常交易主要体现在以下两点：基于平时交易习惯而采取的交易行为；基于证券、期货公开信息反映的基本面而理应采取的交易行为。三是利益关联程度。即从账户交易资金进出与该内幕信息的知情人员或者非法获取人员有无关联或者利害关系把握。

所谓综合把握，是指不能单纯从上述某一个方面认定交易是否明显异常，而必须综合三个方面进行全面分析、论证。②

（七）内幕交易违法所得的认定与计算

《内幕交易司法解释》第十条规定：刑法第一百八十条第一款规定的"违法所得"，是指通过内幕交易行为所获利益或者避免的损失。刘宪权教授认为，内幕交易违法所得的实质是内幕信息经济价值的犯罪化兑现。③

对于违法所得如何计算，首先要明确什么期间内的获利或避损可以列入违法所得。《中国证券监督管理委员会证券市场内幕交易行为认定指引

---

① 林小锐：《证券型内幕交易、泄露内幕信息罪构成要件研究》，广东财经大学2021年博士学位论文，第13页。
② 苗有水、刘晓虎：《〈关于办理内幕交易、泄露内幕信息刑事案件具体应用法律若干问题的解释〉的理解和适用》，载《人民司法》2012年第15期，第21页。
③ 刘宪权：《内幕交易违法所得司法判断规则研究》，载《中国法学》2015年第6期，第246页。

（试行）》（已失效）第二十二条规定了违法所得的计算基准日期：违法所得的计算，应以内幕交易行为终止日、内幕信息公开日、行政调查终结日或其他适当时点为基准日期。接下来的第二十三条给出了计算违法所得数额的参考公式：

违法所得（获得的收益）＝基准日持有证券市值＋累计卖出金额＋累计派现金额－累计买入金额－配股金额－交易费用；

违法所得（规避的损失）＝累计卖出金额－卖出证券在基准日的虚拟市值－交易费用。

虽然该规范性文件已失效，但鉴于现行的法律法规、司法解释均未对如何计算违法所得作出明确的规定，该规定仍具有一定的参考意义。

实践中，我国司法机关在认定内幕交易违法所得时主要采用以下两种计算方式：

一是计算实际所得，以行为人在获悉内幕信息后买入股票与信息发布后抛售股票的差额，减去相应的交易费用后的结果作为违法所得金额，即：违法所得＝卖出金额－买入金额－交易费用。该计算方式在我国司法实践中被广泛应用，操作简单，具有较强的操作性和便捷性。

二是计算拟制账面收益，在行为人持有的股票并未兑现为现金利益时，使用某一时点或某一时段的市场价格来核定其因内幕信息的影响而产生账面增值的幅度，即根据涉案股票某一时点或时段的市场价格，来核定因内幕信息而产生的账面增值幅度。此种计算方式通常应用于行为人买入股票后持续持股，抛售股票的情形。

《内幕交易司法解释》未对获利或避损数额的认定确立一个总的原则，实践中比较倾向的观点是，对已抛售的股票按照实际所得计算，对未抛售的股票按照账面所得计算，但对为逃避处罚而卖亏的股票，应当按照账面所得计算。对于涉案股票暂不宜抛售的，在认定获利或避损数额时，应当按照查封股票账户时的账面所得计算，但在具体追缴财产或退赔财产时，可按最终实际所得认定获利或避损数额。

内幕信息分为利好型和利空型。利好，是指能刺激股价上涨的信息披露，如股票上市公司经营业绩好转、银行利率降低、银行信贷资金放宽等，以及其他政治、经济、军事、外交等方面对股价上涨有利的信息。利空，指能够促使股价下跌的信息，如股票上市公司经营业绩恶化、银行紧缩、银行利率调高、通货膨胀等，以及其他政治、经济、军事、外交等方面促使股价下跌的不利消息。而根据内幕信息类型的不同，又可以将内幕交易分为以下五种类型：

一是行为人利用利好的内幕信息,在复牌后全部卖出股票。此种情形,违法所得按照抛售后的实际获利计算,此情形下的违法所得计算比较简单,即犯罪嫌疑人违法所得的数额为扣除买入金额、配股金额、交易费用及其他合理、必要的相关成本的实际所得。

二是行为人利用利好的内幕信息,在复牌后卖出部分股票。在此情况下,卖出部分应通过计算实际所得来确认违法所得。而未卖出部分的违法所得,则应采用计算拟制账面收益的方式来确认。

三是行为人利用利好的内幕信息,在复牌后未卖出,仍持有全部股票。在此情况下,由于行为人还未将作为内幕交易对象的所有股票变换为货币利益,因此无法通过实际获利计算违法所得,只能通过选择基准日和基准价格拟制行为人的违法所得。

四是行为人利用利空型内幕信息卖出持有的股票避损。行为人通过抢先卖出以避损,以证券交易为例,可通过卖出价格与内幕信息公开后复牌日收盘价(如连续跌停板,以跌停板打开后首个交易日的收盘价)乘以平仓股票数之间的差额计算违法所得。

五是行为人利用利空型内幕信息做空股票获利,即行为人利用融券杠杆,在内幕消息公布前借券抛售,内幕信息公开后再低价买入归还券商。此种情况下,赚取的差价应该认定为内幕交易违法所得。

(八) 典型案例

案例一

案件事实:2012年12月至2013年7月,被告人周某某利用其担任上海证券交易所上市公司监管一部总监助理的职务便利,使用自己的工作账号和密码进入上海证券交易所上市公司信息披露电子化系统,浏览并获取上市公司提交审核的有关业绩增长、分红、重大合同等利好信息后,用办公室外网电脑,登录其实际控制的证券账户并买入相关股票15只,买入总金额共计852万余元,卖出总金额871万余元,非法获利17万余元。

判决结果:判处周某某有期徒刑,并处罚金。

案例二

案件事实:2014年间,王某受郭某指派,参与A公司上市前期工作,并联系中信证券咨询上市方案。2015年间,对重庆某公司等四家上市公司进行重点考察,拟通过与上市公司资产重组借壳上市。王某参加了相关会议。2015年10月26日,A公司召开上市准备会,研究借壳重庆某公司上市相关事宜。会后,郭某安排王某了解重庆某公司的资产情况。2015

年12月30日,经与A公司商定,重庆某公司公告停牌筹划重大事项。2016年2月25日,重庆某公司发布与A公司重大资产重组事项相关的"重大资产购买暨关联交易草案",经证监会认定,该公告事项属于证券法规定的内幕信息,敏感期为2015年10月26日至2016年2月25日,王某系内幕信息知情人。

A公司筹划上市期间,王某、李某于2015年5月13日离婚,但二人仍以夫妻名义共同生活。在内幕信息敏感期内,李某两次买入重庆某公司股票,累计成交金额412万元,并分别于重庆某公司股票停牌前、发布资产重组公告复牌后卖出全部股票,累计亏损9万余元。

判决结果:一审判决认定王某、李某均犯内幕交易罪,各判处有期徒刑,并处罚金。二审驳回上诉,维持原判。

五、利用未公开信息交易罪[①]

(一) 利用未公开信息交易罪的概念

利用未公开信息交易罪,是指证券交易所、期货交易所、证券公司、期货经纪公司、基金管理公司、商业银行、保险公司等金融机构的从业人员及有关监管部门或者行业协会的工作人员,利用因职务便利获取的内幕信息以外的其他未公开的信息,违反规定,从事与该信息相关的证券、期货交易活动,或者明示、暗示他人从事相关交易活动,情节严重的行为。

(二) 利用未公开信息交易罪的特征

本罪的犯罪主体具有特殊性。利用未公开信息罪的主体为特殊主体。《刑法》第一百八十条第四款通过列举的方式明确了利用未公开信息交易罪的两类特殊犯罪主体。第一类是金融机构的从业人员,主要涵盖了证券交易所、期货交易所、证券公司、期货经纪公司、基金管理公司、商业银行、保险公司等金融机构的从业人员;第二是有关监管部门或行业协会的

---

① 《刑法》第一百八十条第四款规定,证券交易所、期货交易所、证券公司、期货经纪公司、基金管理公司、商业银行、保险公司等金融机构的从业人员以及有关监管部门或者行业协会的工作人员,利用因职务便利获取的内幕信息以外的其他未公开的信息,违反规定,从事与该信息相关的证券、期货交易活动,或者明示、暗示他人从事相关交易活动,情节严重的,依照第一款的规定处罚。

工作人员，主要是中国人民银行、中国证监会、国家金融监督管理总局（原银保监会）等承担监管职责的机构的工作人员及证券业协会等具有自律性管理职能的协会的工作人员。本罪的主体为自然人，单位不能构成本罪。

一般主体可以构成利用未公开信息交易罪的教唆犯和帮助犯，符合法律规定且未违反权利义务一致性原则，前提是与特殊主体之间存在事前通谋。①

本罪在主观方面上只能是故意的，即明知是未公开信息，而积极利用此信息进行相关交易，或者明示、暗示他人进行相关交易，要求当事人有利用未公开信息进行交易的故意。过失不构成本罪，如行为人不慎将未公开信息泄露，导致信息获取者进行证券交易获取非法利益，则不能以暗示他人进行证券交易来追究其刑事责任。另外，行为人主观上一般还具有获取非法利润或减少损失的犯罪目的。

本罪侵犯的客体包括投资者的合法权益和金融市场秩序。本罪是一种信息优势型犯罪，在证券期货交易中，行为人利用职务便利获取除内幕信息以外的未公开信息，并利用该信息优势为自己或他人获取非法利益，俗称"老鼠仓"。公平、公正、公开是证券期货市场最根本的交易原则，是证券期货市场有序稳固发展的最根本保障。"老鼠仓"行为就违背了这一原则，行为人违背诚信原则和忠实义务，利用信息优势窃取非法利益，破坏了公平的竞争机制，扰乱了金融市场秩序。在法益侵害性上，很难直观地体现"老鼠仓"行为是如何侵犯投资者的合法权益的。对此，日本有学者主张本罪是无被害人犯罪，也即本罪只侵犯了金融秩序但未侵犯到投资者的利益。② 但是，投资者的权益与证券期货市场秩序密不可分，整个金融市场的秩序遭到破坏意味着必然将牺牲一部分投资者的利益。"老鼠仓"行为实质上侵犯的是投资者的平等交易权，"老鼠"利用信息不对称的优势获取非法利益，侵害广大投资者的资金持有份额利益，导致投资者丧失平等条件下的交易可能及预期可得利益，最终导致投资者遭受损失。而"老鼠仓"行为的频发会让投资者对市场失去信任和信心，信任危机的出现会导致投资者减少或提前收回投资，波及整个金融市场。综合来看，本

---

① 刘宪权、林雨佳：《利用未公开信息交易共同犯罪的认定》，载《政治与法律》2019年第4期，第69-71页。

② 李运平、王金贵：《全球化背景下的金融犯罪问题国际学术研讨会综述》，载《人民检察》2007年第19期，第39页。

罪的法益侵害性在于侵犯了大众投资者的合法权益，扰乱了金融市场秩序。

趋同交易是本罪客观方面的典型表现。趋同交易，即"从事与该信息相关的证券、期货交易活动"，一般指的是犯罪主体使用私人账户进行与他管理的基金相同方向的买入卖出行为，这是利用未公开信息交易罪的重要特征。① 趋同交易可分为单边趋同和双边趋同。其中单边趋同指的是仅仅买入趋同或卖出趋同；而双边趋同指的是买入或卖出均趋同。

"老鼠仓"在国外被称为"抢先交易"，但我国对趋同交易的认定不局限于先于趋同买入或卖出股票，而是包括先于、同期、稍晚于趋同买入或卖出股票。在司法实践中，行为人涉案账户与基金、股票的趋同交易，尤其是高度的趋同交易是法院认定利用未公开信息交易罪的重要依据。而认定趋同交易的关键在于趋同率的计算。对于趋同率，证券监管部门通常会采用"前五后二"的计算方法，即在金融机构交易日的前5个工作日至后2个工作日内，行为人关联账号交易的趋同率（交易品种、交易数额）。除此以外，还要全面审查趋同交易前后关联账户的资金量、资金来源、仓位大小、获利情况，以及行为人的交易风格、风险偏好等因素，对趋同交易行为进行综合认定。值得注意的是，趋同交易并非绝对基于未公开信息，即使行为人交易决定还受个人专业判断、分析研究等因素的影响，只要没有完全排除未公开信息的影响，就仍能认定为趋同交易。

本罪存在两种基本行为模式，一种是交易行为，即行为人自行从事与未公开信息相关的证券、期货交易活动；另一种是建议行为，即行为人将未公开信息明示、暗示他人去从事相关交易活动。明示是通过将未公开信息告知他人的方式来明确建议他人买卖与该信息相关的证券或期货的行为；暗示则是不将未公开信息告知他人，只是含蓄地建议他人买卖与该信息相关的证券或期货的行为。② 对于第一种交易行为模式，只需证明行为人有趋同交易行为即可入罪；而第二种建议行为模式需要证明明示或暗示行为能够使投资者形成特定的证券、期货交易品种指向与操作方向，证明难度较大，各地司法机关的认定标准也不统一。对此，《最高人民法院、最高人民检察院关于办理利用未公开信息交易刑事案件适用法律若干问题

---

① 韩振兴、薛玉梦：《趋同交易行为的司法认定——以利用未公开信息交易罪为视角的逻辑展开》，载《山东法官培训学院学报》2020年第4期，第148页。
② 古加锦：《利用未公开信息交易罪司法适用的疑难问题研究》，载《政治与法律》2015年第2期，第47页。

的解释》（以下简称《利用未公开信息交易司法解释》）第四条从六个方面明确了"明示、暗示他人从事相关交易活动"的综合认定标准：行为人具有获取未公开信息的职务便利；行为人获取未公开信息的初始时间与他人从事相关交易活动的初始时间具有关联性；行为人与他人之间具有亲友关系、利益关联、交易终端关联等关联关系；他人从事相关交易的证券、期货品种、交易时间与未公开信息所涉证券、期货品种、交易时间等方面基本一致；他人从事的相关交易活动明显不具有符合交易习惯、专业判断等正当理由；行为人对明示、暗示他人从事相关交易活动没有合理解释。

本罪的认定标准由"数额"向"数额+情节"转化。本罪于2009年正式纳入《刑法》规制范畴，在2019年《利用未公开信息交易司法解释》颁布前，本罪以违法所得数额作为主要的入罪标准，对于"情节"的规定仅有"多次利用内幕信息以外的其他未公开信息进行交易活动的"[①]的情形。而《利用未公开信息交易司法解释》第五条、第六条规定了"情节严重"的认定标准。其中第五条规定了三种应当认定为"情节严重"的情形，以违法所得数额作为入罪的主要标准，同时结合实践，将"违法所得数额在一百万元以上的""二年内三次以上利用未公开信息交易的""明示、暗示三人以上从事相关交易活动的"作为"情节严重"的情形。

为更有效打击本罪，《利用未公开信息交易司法解释》第六条又规定了"数额+情节"的入罪标准作为补充，明确了四种应当认定为"情节严重"的"数额+情节"的情形，即利用未公开信息交易，违法所得数额在五十万元以上，或者证券交易成交额在五百万元以上，或者期货交易占用保证金数额在一百万元以上，具有下列情形之一的，应当认定为"情节严重"：以出售或者变相出售未公开信息等方式，明示、暗示他人从事相关交易活动的；因证券、期货犯罪行为受过刑事追究的；二年内因证券、期货违法行为受过行政处罚的；造成恶劣社会影响或者其他严重后果的。需要注意的是，第五条规定了"情节严重"的一般认定标准，第六条规定了"数额+情节"的认定标准，对于符合第六条规定的数额标准，但不具备第六条规定的四种情形之一，又不符合第五条规定的认定标准的，不能认定为"情节严重"。[②]

[①]《最高人民检察院、公安部关于公安机关管辖的刑事案件立案追诉标准的规定（二）》第三十六条第四款。

[②] 姜永义、陈学勇、王尚明：《〈关于办理利用未公开信息交易刑事案件适用法律若干问题的解释〉的理解与适用》，载《人民法院报》2020年4月30日，第6版。

本罪不以实际盈利或避免损失为成立条件。利用未公开信息进行交易往往能为行为人带来巨额利润或避免重大损失，但是，必须明确的是，本罪的构成并不以行为人实际盈利或避免损失为要件。只要行为人实施了利用未公开信息交易的行为，且达到了法律规定的入罪标准，就应该以利用未公开信息交易罪追究其刑事责任，而不论其是否实际盈利或避免损失。

（三）利用未公开信息交易罪的入罪标准

《立案追诉标准（二）》第三十一条规定的本罪的立案追诉标准为："证券交易所、期货交易所、证券公司、期货公司、基金管理公司、商业银行、保险公司等金融机构的从业人员以及有关监管部门或者行业协会的工作人员，利用因职务便利获取的内幕信息以外的其他未公开的信息，违反规定，从事与该信息相关的证券、期货交易活动，或者明示、暗示他人从事相关交易活动，涉嫌下列情形之一的，应予立案追诉：（一）获利或者避免损失数额在一百万元以上的；（二）二年内三次以上利用未公开信息交易的；（三）明示、暗示三人以上从事相关交易活动的；（四）具有其他严重情节的。

利用未公开信息交易，获利或者避免损失数额在五十万元以上，或者证券交易成交额在五百万元以上，或者期货交易占用保证金数额在一百万元以上，同时涉嫌下列情形之一的，应予立案追诉：（一）以出售或者变相出售未公开信息等方式，明示、暗示他人从事相关交易活动的；（二）因证券、期货犯罪行为受过刑事追究的；（三）二年内因证券、期货违法行为受过行政处罚的；（四）造成其他严重后果的。"

该规定内容与2019年最高院、最高检发布的《利用未公开信息交易司法解释》第五条、第六条的规定相同。

（四）利用未公开信息交易罪关于"情节特别严重"的认定标准

《刑法》第一百八十条第四款规定"情节严重的，依照第一款的规定处罚"，实践中对本罪是否包括《刑法》第一百八十条第一款中"情节特别严重"的情形，存在较大分歧。一种观点认为，第四款中只规定了情节严重的情形，而未规定情节特别严重的情形，因此，这里的"情节严重的，依照第一款的规定处罚"只能是依照第一款中情节严重的量刑档次予以处罚。另一种观点认为，第四款中的情节严重只是入罪条款，即达到了情节严重以上的情形，依据第一款的规定处罚。至于具体处罚，应结合案情看符合第一款中的情节严重还是情节特别严重的情形，分情况依法判决。

2015年，最高人民法院审理了被告人马某利用未公开信息交易案，终审判决中明确《刑法》第一百八十条第四款援引法定刑的情形，应当是对第一款全部法定刑的引用，即利用未公开信息交易罪应有"情节严重""情节特别严重"两种情形和两个量刑档次。《利用未公开信息交易司法解释》第七条第一款对此予以明确。

《利用未公开信息交易司法解释》第七条第二款，考虑本罪的实际和相关案例，确定了"情节特别严重"的数额标准。相应地，第七条第三款规定了应当认定为"情节特别严重"的"数额+情节"的情形。违法所得数额在五百万元以上，或者证券交易成交额在五千万元以上，或者期货交易占用保证金数额在一千万元以上，具有下列情形之一的，应当认定为"情节特别严重"：以出售或者变相出售未公开信息等方式，明示、暗示他人从事相关交易活动的；因证券、期货犯罪行为受过刑事追究的；二年内因证券、期货违法行为受过行政处罚的；造成恶劣社会影响或者其他严重后果的。

（五）未公开信息的认定

利用未公开信息交易罪中所利用的信息主要是指证券、期货等金融机构使用客户资金购买证券、期货的投资交易信息，一般属于单位内部的商业秘密，法律并未要求此类信息应当公开，不属于内幕信息的范围，而属于"内幕信息以外的其他未公开的信息"。[1]

《利用未公开信息交易司法解释》第一条就对未公开信息作了界定，将未公开信息界定为三类。第一类是"证券、期货的投资决策、交易执行信息"，如基金投资公司即将建仓、出仓的信息等，这是"未公开信息"的常见类型，过去查处的"老鼠仓"案件所涉信息基本上属于此类信息。第二类是"证券持仓数量及变化、资金数量及变化、交易动向信息"，通常是指证券交易所、证券结算中心等金融机构工作人员利用职务便利能够获取，并且应当予以保密的重要信息，如本单位受托管理的资金的运营情况，客户的交易信息等。因这类信息不属于《证券法》规定的内幕信息，但又对证券交易活动具有影响，故作为"未公开信息"。值得提醒的是，

---

[1] 姜永义、陈学勇、王尚明：《〈关于办理利用未公开信息交易刑事案件适用法律若干问题的解释〉的理解与适用》，载《人民法院报》2020年4月30日，第6版。

《期货交易管理条例》明确规定此类信息属于"内幕信息",不属于"未公开信息",在期货领域,利用此类信息进行非法交易的,应当以内幕交易、泄露内幕信息罪论处。第三项是其他可能影响证券、期货交易活动的信息。①

随着我国证券、期货市场的蓬勃发展,新的交易模式及概念术语不断涌现。虽然我国证券、期货领域的相关政策以及相关法律、法规正在不断改革、完善之中,但立法具有滞后性,很可能出现难以认定某些案件中所涉信息是否属于"未公开信息"的情况。对于这类情况,《利用未公开信息交易司法解释》第二条作出了提示性规定:内幕信息以外的其他未公开的信息难以认定的,司法机关可以在有关行政主(监)管部门的认定意见的基础上,根据案件事实和法律规定作出认定。

(六) 利用未公开信息交易罪共同犯罪的认定

本罪为真正身份犯,根据共犯理论,共同犯罪中的正犯只能是具有本罪所规定的特殊身份的人员。② 上文提及过,本罪的实行行为共有两种行为模式:一是交易行为,即具有特殊身份的主体利用职务便利获取的未公开信息直接从事证券、期货交易;二是建议行为,即具有特殊身份的主体利用未公开信息明示、暗示一般主体去从事证券、期货交易。第一种行为模式中的主体成立直接正犯,第二种行为模式中的主体实是教唆犯,但立法将其拟定为直接正犯。因此,本罪共同犯罪的组合形式只存在特殊身份人员之间成立的共犯和特殊身份人员与一般身份人员成立的共犯两种形式。对于前者,由于各行为人均具有特殊身份,均利用职务便利,分别实施了交易行为,属于共同正犯,因而在实践中较为容易认定。而对于后者,由于各行为人具体行为分工不同,且存在有无特殊身份的区别,因而在认定是否构成共同犯罪时存在着一些问题。

首先,对于一般主体是否可以构成利用未公开信息交易罪的共犯的认定。我国刑法理论界有学者认为,一般主体不能构成有特殊主体要求之罪的共犯。其理由是具有不同身份的主体有不同的权利和义务,既然特殊主体所享有的权利一般主体不能享有,那么特殊主体需要承担的义务,一般

---

① 姜永义、陈学勇、王尚明:《〈关于办理利用未公开信息交易刑事案件适用法律若干问题的解释〉的理解与适用》,载《人民法院报》2020年4月30日,第6版。
② 叶良芳:《利用未公开信息交易罪疑难问题的司法认定》,载《人民检察》2022年第24期,第43页。

主体也不应当承担。① 因此针对利用未公开信息交易罪，一般主体因不具有特殊身份而不能构成本罪。

但本书却持不同的观点。一方面，已有的《刑法》条文和司法解释事实上已经认同了一般主体可以构成有特殊主体要求之罪的共犯。以保险诈骗罪为例，依据《刑法》第一百九十八条第一款规定，保险诈骗罪的主体只能是投保人、被保险人或者受益人。但紧接着的《刑法》第一百九十八条第四款明确规定"保险事故的鉴定人、证明人、财产评估人故意提供虚假的证明文件，为他人诈骗提供条件的，以保险诈骗的共犯论处"，即保险事故的鉴定人、证明人、财产评估人这些不具备特殊身份的一般主体，也可构成保险诈骗罪的共犯。另一方面，认定一般主体构成有特殊主体要求之罪的共犯并未违背权利义务一致性原则。虽然在单个人犯罪的案件中，一般主体不享有特殊的权利，也就无须履行相应的义务，但是共同犯罪不同于单个人犯罪，共同犯罪使数个行为人的犯罪行为形成了一个整体行为。在这个整体行为中，一般主体所享受的权利范围得以扩大至特殊主体所享受的权利范围。② 共同犯罪作为一个整体行为，一般主体完全可以通过实施实行行为以外的教唆、帮助等行为从而构成有特殊主体要求之罪的教唆犯、帮助犯。可以认为，在这种情况下，一般主体所实施的教唆、帮助等行为与特殊主体所实施的特定实行行为共同构成了共同犯罪中的一个整体行为。③ 从上述两个方面综合评判，一般主体可以构成利用未公开信息交易罪的共犯。

需要注意的是，一般主体只能构成本罪的帮助犯或教唆犯。在利用未公开信息交易罪的案件中，利用未公开信息交易的实行行为本质上是具有职务便利的人让未公开信息为自己或他人所利用，从而使自己或他人获益。换言之，能够实施利用未公开信息交易罪实行行为的人只可能是具有职务便利、能够直接获取未公开信息的特殊主体。因此，即便一般主体可以利用特殊主体提供的未公开信息从事相关交易活动，也不能认为其可以实施利用未公开信息交易罪的实行行为。不过，一般主体却完全可以实施帮助行为或教唆行为，即一般主体只能构成利用未公开信息交易罪的帮助

---

① 杨兴培、何萍：《非特殊身份人员能否构成贪污罪的共犯》，载《法学》2001年第12期，第38页。

② 刘宪权：《共同金融犯罪若干理论问题的研究》，载《华东政法大学学报》2007年第3期，第65-66页。

③ 刘宪权、林雨佳：《利用未公开信息交易共同犯罪的认定》，载《政治与法律》2019年第4期，第65-66页。

犯或教唆犯。[1]

其次，本罪共同犯罪要求特殊主体和一般主体实施共同的犯罪行为，包括分担实行行为、协助实行行为。"明示、暗示他人从事相关交易活动"的行为本质在于"从事交易活动"，并且依据《刑法》的规定，单纯泄露未公开信息的行为不构成本罪。所以如果被明示、暗示的一般主体最终并没有从事与未公开信息内容相关的证券、期货交易，则建议者不能构成利用未公开信息交易罪，相应的，被建议的一般主体也就不能构成利用未公开信息交易罪的共犯。因此，如果被明示、暗示的对象没有从事与未公开信息内容相关的证券、期货交易，双方行为人都不应当构成利用未公开信息交易罪。

再次，本罪共同犯罪的构成应以事前通谋为前提。所谓事前通谋，在主观上表现为行为人具有共同犯罪的故意，客观上表现为行为人在实施犯罪前进行了策划或商议。在一般主体构成本罪教唆犯的情况下，当然存在事前的沟通与谋划。而对于帮助犯而言，则必须存在帮助行为和帮助故意，即一般主体需要基于帮助的故意，从而协助特殊主体实施利用未公开信息交易这一实行行为。如果一般主体要构成建议行为的帮助犯，那么一般主体与特殊主体在建议行为发生之前就应当存在合意。否则，一般主体仅仅是听从特殊主体的建议从事交易，对于特殊主体实施犯罪行为并无助力，也就不能构成本罪的共犯。换言之，一般主体落实建议只是使犯罪行为的危害结果产生的必要过程。因此，一般主体仅仅按照特殊主体的建议去从事交易，并不是对建议行为的帮助，只是对建议行为的落实，是接受建议的一个结果，因此难以将一般主体的行为认定为帮助犯。[2] 在实践中的常见表现是，一般主体未参与犯罪谋划而仅仅在不知情的情况下提供相关账户供特殊主体使用的，不以定罪论处。

典型的存在事前通谋的情形主要有两种：

第一，一般主体是特殊主体的亲属，并存在多次交易行为。需要注意，特殊主体利用其实际控制的亲属账户进行交易，而亲属不知情的情形，不能认定为一般主体的交易行为。

第二，一般主体主动向特殊主体打听消息，并利用未公开信息进行交

---

[1] 刘宪权、林雨佳：《利用未公开信息交易共同犯罪的认定》，载《政治与法律》2019 年第 4 期，第 66-67 页。

[2] 刘宪权、林雨佳：《利用未公开信息交易共同犯罪的认定》，载《政治与法律》2019 年第 4 期，第 69 页。

易。司法实践中经常出现的情形是一般主体主动向具有职务便利的特殊主体打听消息，希望能利用特殊主体的"内部信息"来进行交易获利。

（七）利用未公开信息交易罪犯罪数额的认定

本罪的犯罪数额是定罪量刑的依据，依法应当累计计算，但犯罪数额累计计算的前提条件是，单次利用未公开信息交易行为必须是依法应予行政处理或刑事处理而未经处理的。对于不构成犯罪但超过行政处罚时效期限，或者构成犯罪但超过追诉期限的，相关数额不应累计计算。这里的"犯罪数额"，包括违法所得数额、证券交易成交额、期货交易占用保证金数额。实践中，证券交易成交额、期货交易占用保证金数额相对比较容易认定，复杂的是对于违法所得数额的认定问题。

对于违法所得的认定，《利用未公开信息交易司法解释》第九条规定，"违法所得"是指行为人利用未公开信息从事与该信息相关的证券、期货交易活动所获利益或者避免的损失。行为人明示、暗示他人利用未公开信息从事相关交易活动，被明示、暗示人员从事相关交易活动所获利益或者避免的损失，应当认定为"违法所得"。

对于违法所得数额的认定，应当根据趋同交易的不同类型予以分别判定。趋同交易，主要有双向趋同交易和单向趋同交易两种类型。双向趋同交易，行为人一般通过低买高卖获取了不法利益；单向趋同交易，行为人通常得以避免了损失。双向趋同交易，是利用未公开信息交易的典型形态，其中，趋同买入证券是非法利益的预设，趋同卖出证券则是非法利益的套现。因此，在计算违法所得数额时，将趋同卖出的金额减去趋同买入的金额并扣除佣金及印花税等交易费用后的数额即为行为人的违法所得数额。单向趋同交易是利用未公开信息交易的特别形态，其趋同表现是单一的。在单向趋同买入交易的情形下，涉案证券既可能在"前五后二"期间之外被卖出，也可能截至案发时尚未卖出。此时，在计算违法所得数额时，应当将公募基金机构的证券卖出时间作为趋同卖出基准日，并以该日行为人所持证券的市值减去买入金额再扣除交易成本后的数额为违法所得数额。在单向趋同卖出交易的情形下，涉案证券在"前五后二"期间即已经买入。[①] 此时，在计算非法获利金额时，应当将涉案证券实际买入日作为趋同买入基准日，并以趋同卖出金额减去实际买入金额再扣除交易成本

[①] 叶良芳：《利用未公开信息交易罪疑难问题的司法认定》，载《人民检察》2022年第24期，第44页。

后的数额认定为违法所得数额。

另外，需要额外说明的是，在计算趋同交易金额时，为防止重复评价，一般应将单向交易趋同及双向趋同去重后进行区分，单向趋同的只计算趋同交易部分，双向趋同的按买入交易额与卖出交易额双边计算。

（八）利用未公开信息交易罪与内幕交易、泄露内幕信息罪的区别

两罪的主要区别有以下三点：一是信息范围不同。根据《证券法》的规定，内幕交易、泄露内幕信息罪的内幕信息，是指在证券交易活动中，涉及公司的经营、财务或者对该公司证券的市场价格有重大影响的尚未公开的信息。而本罪的未公开信息，是指内幕信息以外的其他可能对证券、期货的市场价格有重大影响的尚未公开的信息，一般属于单位商业秘密。二是侵害的法益不同。内幕交易、泄露内幕信息罪更多是侵犯不特定的社会公众投资者的合法权益；本罪多是损害作为资产管理机构客户的有关投资者的合法权益。三是主体范围不同。内幕交易、泄露内幕信息罪的主体是证券、期货交易内幕信息的知情人员或者非法获取该内幕信息的人员；本罪的主体是证券交易所、期货交易所、证券公司、期货经纪公司、基金管理公司、商业银行、保险公司等金融机构的从业人员，以及有关监管部门或者行业协会的工作人员，但不包括非法获取该消息的其他人员。[①] 另外，本罪是自然人犯罪，而内幕交易、泄露内幕信息罪的主体既可以是自然人，也可以是单位。

（九）典型案例

案例一

案件事实：2011年3月至2013年5月期间，被告人马某担任某基金管理有限公司旗下的精选股票证券投资经理，全权负责投资基金投资股票市场，掌握了精选股票证券投资基金交易的标的股票、交易时间和交易数量等未公开信息。

马某在任职期间利用其掌握的上述未公开信息，从事与该信息相关的证券交易活动，操作自己控制的三个股票账户，通过临时购买的不记名神州行电话卡下单，先于（1~5个交易日）、同期或稍晚于（1~2个交易

[①] 胡云腾等主编：《刑法罪名精释：对最高人民法院、最高人民检察院关于罪名司法解释的理解和适用（上）》，人民法院出版社2022年版，第389-390页。

日）其管理的基金账户买卖相同股票76只，累计成交金额10.5亿余元，非法获利18 833 374.74元。

判决结果：判处马某有期徒刑，并处罚金，违法所得依法予以追缴，上缴国库。

案例二

案件事实：2010年12月至2011年3月，姜某某设立A公司及私募基金，并通过私募基金从事证券交易。2009年4月至2015年1月，柳某管理B公司发行的精选股票型基金，负责该基金的运营和投资决策。

2009年4月至2013年2月，姜某某频繁与柳某交流股票投资信息。柳某明知姜某某经营股票投资业务，仍将利用职务便利获取的基金交易股票的未公开信息泄露给姜某某，或使用其管理基金的资金买卖姜某某推荐的股票；姜某某利用上述未公开信息，使用所控制的证券账户进行趋同交易。上述时间段内，姜某某控制的三个个人证券账户及私募基金证券账户与B公司发行的基金账户趋同买入且趋同卖出股票76只，趋同买入金额7.99亿元，趋同卖出金额6.08亿元，获利4 619万元。

判决结果：判处姜某某、柳某有期徒刑，并处罚金。

六、背信损害上市公司利益罪[①]

（一）背信损害上市公司利益罪的概念

背信损害上市公司利益罪指的是，上市公司的董事、监事、高级管理人员违背对公司的忠实义务，利用职务上的便利，操纵上市公司进行不正

---

① 《刑法》第一百六十九条之一：上市公司的董事、监事、高级管理人员违背对公司的忠实义务，利用职务便利，操纵上市公司从事下列行为之一，致使上市公司利益遭受重大损失的，处三年以下有期徒刑或者拘役，并处或者单处罚金；致使上市公司利益遭受特别重大损失的，处三年以上七年以下有期徒刑，并处罚金：（一）无偿向其他单位或者个人提供资金、商品、服务或者其他资产的；（二）以明显不公平的条件，提供或者接受资金、商品、服务或者其他资产的；（三）向明显不具有清偿能力的单位或者个人提供资金、商品、服务或者其他资产的；（四）为明显不具有清偿能力的单位或者个人提供担保，或者无正当理由为其他单位或者个人提供担保的；（五）无正当理由放弃债权、承担债务的；（六）采用其他方式损害上市公司利益的。

上市公司的控股股东或者实际控制人，指使上市公司董事、监事、高级管理人员实施前款行为的，依照前款的规定处罚。

犯前款罪的上市公司的控股股东或者实际控制人是单位的，对单位判处罚金，并对其直接负责的主管人员和其他直接责任人员，依照第一款的规定处罚。

当、不公平的关联交易等，致使上市公司利益遭受重大损失的行为。

（二）背信损害上市公司利益罪的特征

本罪的犯罪主体为特殊主体，只有具备上市公司董事、监事、高级管理人员、控股股东或实际控制人身份的自然人和单位才能构成本罪的犯罪主体。本罪特殊主体之间的一个共同特点，是其对上市公司具有控制权或能够对上市公司的经营、决策行为产生重大影响力。本罪所称的上市公司是指其股票在证券交易所上市交易的股份有限公司。高级管理人员是指公司的经理、副经理、财务负责人，以及上市公司董事会秘书和公司章程规定的其他人员。控股股东是指出资额占有限责任公司资本总额百分之五十以上或者其持有的股份占股份有限公司股本总额百分之五十以上股东；出资额或者持有股份的比例不足百分之五十，但依出资额或者持有股份所享有的表决权足以对股东会或股东大会的决议产生重大影响的股东。实际控制人是指虽然不是公司的股东，但是能够通过投资关系、投资协议或者其他安排，实际支配公司行为的自然人或法人。

本罪的主观方面表现为故意，即行为人明知自己实施的行为会导致上市公司利益受到重大损失，仍然故意利用职务便利实施致使上市公司利益受到重大损失的行为。过失导致上市公司利益受到重大损失不构成本罪。

本罪侵犯的客体是上市公司及其股东的合法权益和上市公司的管理秩序。

本罪的客观方面表现为上市公司的董事、监事、高级管理人员违背对公司的忠诚义务，利用职务上的便利，操纵上市公司实施损害上市公司利益的行为，或者上市公司的控股股东、实际控制人指使上市公司的董事、监事、高级管理人员实施损害上市公司利益的行为。

（三）背信损害上市公司利益罪的行为认定及追诉标准

根据《刑法》第一百六十九条之一的规定，行为人实施下列行为之一，达到《立案追诉标准（二）》第十三条规定的追诉条件的，构成背信损害上市公司利益罪，具体如下："（一）无偿向其他单位或者个人提供资金、商品、服务或者其他资产，致使上市公司直接经济损失数额在一百五十万元以上的；（二）以明显不公平的条件，提供或者接受资金、商品、服务或者其他资产，致使上市公司直接经济损失数额在一百五十万元以上的；（三）向明显不具有清偿能力的单位或者个人提供资金、商品、服务或者其他资产，致使上市公司直接经济损失数额在一百五十万元以上的；（四）向明显不具有清偿能力的单位或者个人提供担保，或者无正当理由为其他单位或者个人提供担保，致使上市公司直接经济损失数额在一百五十万元以上的；（五）无正当理由放弃债权、承担债务，致使上市公司直接经济损失数额在一百五十万元以上的；（六）致使公司、企业发行的股票或者公司、企业债权、存托凭证或者国务院依法认定的其他证券被终止上市交易的；（七）其他致使上市公司利益遭受重大损失的情形。"

（四）背信损害上市公司利益罪的界限区分

认定背信损害上市公司利益罪，需要准确划清罪与非罪的界限。判断行为人是否构成背信损害上市公司利益罪，主要从以下几个方面进行区分。

1. 行为人的行为是否"致使上市公司利益遭受重大损失"

只有行为人实施的行为导致上市公司利益直接遭受重大损失，才能以犯罪论处。如果行为人实施的行为在客观上没有造成上市公司产生"重大损失"的后果，即使其行为符合《刑法》第一百六十九条之一规定的情形，也不能以犯罪论处。例如，行为人在知晓有关单位明显不具有清偿能力的情况下，利用职务便利，操纵上市公司进行担保，后来有关单位因经营好转，如期偿还了债务，并未使上市公司遭受损失，此时就不能追究行为人的刑事责任。

2. 行为人是否"违背对上市公司的忠实义务"

《公司法》第一百七十九条、第一百八十条规定，董事、监事、高级管理人员应当遵守法律、行政法规和公司章程，对公司负有忠实义务和勤勉义务。董事、监事、高级管理人员在履行职权时必须忠于并维护公司利益，在主观上不得有损害公司利益的故意，客观上不得实施损害公司利益的行为。《刑法》第一百六十九条之一也将"违背对上市公司的忠实义务"作为认定背信损害上市公司利益罪的前提条件。如果上市公司的董事、监事、高级管理人员基于对市场的错误判断，给上市公司利益造成了损害，也不能追究行为人的刑事责任。

3. 两种人不宜以犯罪论处

一是上市公司中没有实际参与某项损害公司利益的交易决策的董事、监事、高级管理人员，或者在决策中发表明确反对意见的人员，不能按犯罪论处。二是单纯附和有关决策意见的股东、董事等人员，除能够证明与行为人存在共同犯罪故意外，也不宜以犯罪论处。

(五)"采用其他方式损害上市公司利益"的行为认定

"采用其他方式损害上市公司利益"的行为作为背信损害上市公司利益罪的兜底性条款,应当确保其适用的科学性、合理性,应当采用体系性的推演方式,将其框定在规范所能涵摄的范围之内。简言之,可以在《刑法》第一百六十九条之一第一款第一项至第五项规定的五种实行行为中整体抽象出一般性的"基点"来指导兜底性条款的适用,① 达成一种整体与局部的解释性循环。② 通过对列举的五种实行行为的归纳,可以推导出背信损害上市公司利益罪规制的是对上市公司财产的处分行为。换言之,不是所有损害上市公司利益的行为都会被追究背信损害上市公司利益罪的刑事责任,该兜底条款所兜底之行为须体现出其实行行为的本质——经营权中的处分权,③ 即通过不正当的关联交易"掏空"上市公司的行为。

需要注意的是,虽然《刑法》第一百六十九条之一第一款第一项至第五项以列举的方式明示了五种背信损害上市公司利益罪的实行行为,且五种实行行为均具有处分上市公司财产的特质,可以作为判断"采用其他方式损害上市公司利益"的行为基点。但是,并非所有损害上市公司的行为都会导致上市公司产生重大财产损失的后果,例如,《立案追诉标准(二)》第十三条第六项的规定,即不以上市公司遭受的财产损失作为入罪标准,只要行为人的行为致使公司、企业发行的股票或者公司、企业债权、存托凭证或者国务院依法认定的其他证券被终止上市交易,即符合入罪标准,构成背信损害上市公司利益罪。

(六)背信损害上市公司利益行为与关联交易行为的关系

上市公司的关联交易指的是上市公司、控股子公司及控制的其他主体与上市公司关联人之间发生的转移资源或者义务的交易,包括:购买原材料、燃料、动力;销售产品、商品;提供或者接受劳务;委托或者受托销售;存贷款业务;与关联人共同投资;通过约定可能造成资源或者义务转移的事项等。从公司的运行来看,正常的关联交易具有一定的合理性和积极意义,可以起到降低交易成本和风险、加强企业之间合作等作用,因此

---

① 徐永伟:《背信损害上市公司利益罪:教义检视与宏观推演》,载《福建警察学院学报》2018年第1期,第69页。
② 李红勃:《简明法理学》,北京大学出版社2016年版,第116页。
③ 郑飞、贾楠:《背信损害上市公司利益罪若干问题研究》,载《理论界》2009第8期,第84页。

我国法律、法规、规章和政策等并不禁止正当的关联交易。

然而，利用不正当的关联交易损害上市公司利益是背信损害上市公司利益行为的表现形式之一。如何准确区分正当的关联交易与不正当的关联交易，对把握关联交易行为罪与非罪的界限至关重要。由于具有关联关系的公司、企业与上市公司都是具有法人资格的市场主体，因此，判断一项关联交易是否正当，关键要判断交易行为是否符合等价有偿的市场竞争原则，是否符合正常的或公认的市场交易条件，以及在交易的决定过程中，上市公司的董事、监事、高级管理人员、控股股东和实际控制人是否利用了职务便利。因此，判断关联交易行为的罪与非罪问题，需要结合案件的具体情况具体分析。

（七）背信损害上市公司利益罪的主体不应包含监事

对于监事是否属于背信损害上市公司利益罪的主体，理论上尚存在争议，实践中亦尚未出现监事作为背信损害上市公司利益罪的犯罪主体的案例。由于主体的确定事关罪与非罪的判断，对监事的主体地位仍需作审慎的研究。监事的职权模式有两种：一种是同时具有监督权和重大事项决策权；另一种是只具有监督职权，不享有决策权。在第二种模式下，监事的职权主要集中在对经营管理的监督和调查，不参与公司业务决策与具体管理。我国《公司法》对于监事的职权设定更倾向于第二种模式，据此，有学者提出，忠实义务只有在执行公司业务经营管理权时才有承担的必要，因而该义务主要对董事、高级管理人员设置，监事则非该义务的承担者。现行监事职权模式下，监事的忠诚义务与公司的经营管理、资本运作并不发生关系。背信损害上市公司利益罪的规制范围不能涵摄监事的忠诚义务，违反该义务不会直接导致上市公司财产损失。违背监事的忠诚义务与上市公司利益损失之间不存在直接的因果关系。因此，监事不属于本罪的主体，不应当被纳入本罪的犯罪主体之内。

（八）背信损害上市公司利益罪与挪用资金罪的关系

背信损害上市公司利益罪与挪用资金罪属于特殊与一般的关系。根据全国人大常委会法工委关于挪用资金罪有关问题的答复，挪用资金罪中"归个人使用"的含义与挪用公款罪相同，参照全国人大常委会关于《刑法》第三百八十四条第一款的解释中"归个人使用"的相关规定，可以解释为"将公款供本人、亲友或者其他自然人使用""以个人名义将公款供其他单位使用""个人决定以单位名义将公款供其他单位使用，谋取个人利益"。例如，在秦某背信损害上市公司利益案中，秦某利用担任法定代表人、董事长的职务便利，以个人名义或通过该公司财务总监等高级管理人员安排的方式，借支公司备用金2 785万元，用于关联企业的日常经营及资金周转，符合以个人名义将公司资金供其他单位使用；在王某背信损害上市公司利益案中，王某指使财务人员将通过虚假合同支付的"育种款"无偿提供给关联公司几个人使用，符合将公司资金供本人使用；在鲜某背信损害上市公司利益案中，鲜某通过伪造签名以工程款和往来款的名义将公司资金通过项目账户划至自己控制的账户，用于个人理财、买卖股票等，符合将公司资金供本人使用。同时，秦某、王某某、鲜某的行为也符合背信损害上市公司利益罪的第一款规定。应当认为，背信损害上市公司利益罪与挪用资金罪属于特别法与一般法的法条竞合关系，行为人的行为在符合挪用资金罪构成要件的前提下，同时具备背信损害上市公司利益罪的构成要件，应当按照特别法优于一般法的规定，认定行为人构成背信损害上市公司利益罪，不再以挪用资金罪定罪处罚。

（九）典型案例

案例一

案件事实：2015年至2016年，高某利用担任北京某股份公司实际负责人、董事长的职务便利，以北京某股份公司的名义与殷某签订北京市房屋买卖合同及补充协议，截至2016年8月支付购房款1.653亿元。2016年9月，高某以北京某股份公司的名义从殷某处转回购房款2 030万元，在收到殷某的是否继续履约通知书后未履行付款义务，致使北京某股份公司损失房屋定金3 500万元。

判决结果：认定高某不构成背信损害上市公司利益罪。

案例二

案件事实：2013年7月至2015年2月，鲜某利用担任上市公司及其子公司法定代表人及实际控制人的职务便利，为粉饰公司业绩，采用伪造子公司开发的项目分包商林某某签名、制作虚假的资金支付申请与审批表等方式，以支付工程款和往来款名义，将子公司资金划转至该公司实际控制的林某某个人账户、项目部账户，再通过上述账户划转至鲜某实际控制的多个公司、个人账户内，转出资金循环累计1.2亿余元。其中被鲜某用于理财、买卖股票的资金，至案发尚未归还，且部分资金已被转结至开发成本账户。

判决结果：判处鲜某有期徒刑，并处罚金。

七、操纵证券、期货市场罪[1]

(一) 操纵证券、期货市场罪的概念

操纵证券、期货市场罪,是指故意操纵证券、期货市场,影响证券、期货交易价格或者证券、期货交易量,情节严重的行为。其本质是行为人滥用市场优势地位,人为控制或影响证券市场行情,破坏证券、期货市场公开、公平、公正的竞争环境。

(二) 操纵证券、期货市场罪的特征

本罪的犯罪主体为一般主体,即任何参与市场交易的自然人和单位均可构成本罪的主体。有学者提出,在某些特定的操纵证券、期货市场行为中,只有特殊主体才能构成操纵证券、期货市场罪,如"抢帽子"交易行为。2010年的《立案追诉标准(二)》第三十九条规定,"抢帽子"交易的主体为证券公司、证券投资咨询机构、专业中介机构或者从业人员,但2022年修订的《立案追诉标准(二)》已经取消了本罪操纵行为主体的限制性规定。司法实践中,通常只有证券、期货投资者才有可能构成本罪,且只有拥有优势地位(资金、持仓、持股、信息优势)的个人或单位才有能力实施本罪。但也不排除没有上述优势地位的人纠集其他投资者,共同实施操纵证券、期货市场的犯罪行为。

本罪的主观方面表现为故意。无论是理论界还是实务界,对于操纵行为的主观认定都没有形成一致的说法。我国《刑法》对操纵证券、期货市

---

[1] 《刑法》第一百八十二条:有下列情形之一,操纵证券、期货市场,影响证券、期货交易价格或者证券、期货交易量,情节严重的,处五年以下有期徒刑或者拘役,并处或者单处罚金;情节特别严重的,处五年以上十年以下有期徒刑,并处罚金:(一)单独或者合谋,集中资金优势、持股或者持仓优势或者利用信息优势联合或者连续买卖的;(二)与他人串通,以事先约定的时间、价格和方式相互进行证券、期货交易的;(三)在自己实际控制的帐户之间进行证券交易,或者以自己为交易对象,自买自卖期货合约的;(四)不以成交为目的,频繁或者大量申报买入、卖出证券、期货合约并撤销申报的;(五)利用虚假或者不确定的重大信息,诱导投资者进行证券、期货交易的;(六)对证券、证券发行人、期货交易标的公开作出评价、预测或者投资建议,同时进行反向证券交易或者相关期货交易的;(七)以其他方法操纵证券、期货市场的。

单位犯前款罪的,对单位判处罚金,并对其直接负责的主管人员和其他直接责任人员,依照前款的规定处罚。

场罪的规定中原来有"获取不正当利益或者转嫁风险"的构成要素,《刑法修正案（六）》将这一要素删除。有观点认为，操纵证券、期货市场罪不再需要具有犯罪目的。需要注意的是，《刑法》中的犯罪动机是指促使或推动行为人实施犯罪的内心起因；犯罪目的是指行为人通过实施犯罪行为所希望达到的结果。《刑法修正案（六）》删除"获取不正当利益或者转嫁风险"这一要素并不意味着不需要有犯罪目的，仅仅是明确在认定犯罪时，不再考察犯罪动机。但"获取不正当利益或者转嫁风险"不是构成本罪的必备要件，行为人客观上是否实现犯罪目的不影响本罪的成立。

本罪侵犯的客体是国家对证券、期货交易的管理制度和投资者的合法权益。我国刑法理论界和实务界倾向于将"秩序法益"作为操纵证券、期货市场罪的侵害法益，即本罪所保护的是证券、期货市场的管理秩序。然而，根据法益损害原则，将单纯违反秩序的行为犯罪化不符合立法的正当性要求。证券交易市场的管理秩序是证券市场各要素正常运行的保障，能够保证证券市场正常的价格形成机制及市场的流动性，提高市场资源配置的效率。因此，在认定是否构成犯罪时，应当将"行为是否造成了证券价格失真，是否影响了市场的高流动性，是否损害了证券市场的效率"作为考量因素。

本罪的客观方面表现为操纵证券、期货市场，影响证券、期货交易价格或者证券、期货交易量的行为。《刑法》第一百八十二条第一款规定了六种操纵证券、期货市场的行为方式，分别是"连续交易操纵行为""约定交易操纵行为""自我交易操纵行为""虚假申报操纵行为""蛊惑交易操纵行为""'抢帽子'交易操纵行为"。《最高人民法院、最高人民检察院关于办理操纵证券、期货市场刑事案件适用法律若干问题的解释》（以下简称《操纵证券、期货市场罪司法解释》）补充规定了三种操纵行为方式，分别是"重大事项操纵行为""信息控制操纵行为""跨期货、现货市场操纵行为"。此外，《刑法》一百八十二条第一款和《操纵证券、期货市场罪司法解释》第一条以双重兜底条款规定了"以其他方法操纵证券、期货市场的"行为。

根据《刑法》规定，认定操纵证券、期货市场的行为构成犯罪，除了需要符合以上构成要件，还需达到"情节严重"的程度。

（三）操纵证券、期货市场罪的行为认定

1. 交易型操纵行为

交易型操纵行为，也称为价量操纵行为，指的是行为人利用资金、持

股、持仓及信息等优势，直接对特定对象的证券、期货产品进行交易，影响证券、期货的交易价格或交易量，进而引发其他市场投资者跟风交易的行为。主要包括"连续交易操纵行为""约定交易操纵行为""自我交易操纵行为""虚假申报操纵行为""跨现货、期货市场操纵行为"等。

交易型操纵行为的特征表现为：行为人具有资金优势、持股优势、持仓优势及信息优势；行为人滥用其所具有的优势地位直接参与证券、期货产品买卖；行为人通过对特定证券、期货产品的买卖，导致相应证券、期货产品的价格、交易量因行为人的操纵或影响而出现异常。

（1）连续交易操纵行为

连续交易操纵行为指的是单独或者合谋，集中资金优势、持股或者持仓优势或者利用信息优势联合或者连续买卖，操纵证券、期货交易价格或者交易量，包括联合买卖和连续买卖。联合买卖是指两个以上行为人约定在特定时段内共同买入或卖出特定证券；连续买卖是指行为人在特定时间段内连续买卖特定证券。该种操纵行为的特征是：在一定的时期内，行为人通过其控制的证券账户频繁买入卖出，集中大量以高于前一刻市场卖价的价格申报买入并高比例成交，以此行为拉抬股价，待股价上涨后迅速反向卖出，制造市场中标的证券交易活跃的假象，诱使投资者作出错误判断，从中获取非法利益。

（2）约定交易操纵行为

约定交易操纵指的是行为人与他人串通，以事先约定的时间、价格和方式相互进行证券、期货交易，影响证券、期货交易价格或交易量。该种操纵行为的特征是：行为人事先约定交易内容，一方委托卖出、一方委托买入，相互配合实现非法盈利。该种操纵行为不要求行为人之间买进卖出的证券、期货数量完全一致，只要成交时间相近、交易价格相似、数量相当即可。

（3）自我交易操纵行为

自我交易操纵行为，也称为洗售交易操纵或对倒，指的是行为人在自己实际控制的账户之间进行证券、期货交易，影响证券、期货交易价格或交易量。包括两种形式：一种是行为人利用自己的同一账户买入后卖出或卖出后买入特定证券、期货；另一种是行为人利用自己控制的多个账户，在部分账户上买入或卖出特定证券、期货，在部分账户上反向卖出或买入特定证券、期货。

根据《操纵证券、期货市场罪司法解释》的规定，"自己实际控制的账户"包括：行为人以自己名义开户并使用的实名账户；行为人向账户转入或者从账户转出资金,并承担实际损益的他人账户;行为人通过第一、二项以外的方式管理、支配或者使用的他人账户;行为人通过投资关系、协议等方式对账户内资产行使交易决策权的他人账户;其他有证据证明行为人具有交易决策权的账户。

(4) 虚假申报操纵行为

虚假申报操纵行为,也称为幌骗交易操纵行为,指的是行为人不以成交为目的,频繁申报后撤单或大额申报后撤单,误导其他投资者作出投资决策,影响证券、期货交易价格或证券交易量,并进行与申报相反的交易或谋取相关利益。虚假申报操纵是短线交易中常见的操纵手段。

(5) 跨现货、期货市场操纵行为

跨现货、期货市场操纵行为指的是行为人通过囤积现货,影响特定期货市场行情,并进行相关期货交易,获取非法利益。该种操纵行为是通过控制现货市场的供需,制造虚假的供求关系,干预期货市场的价格,然后通过将期货账户平仓套现获取利益。

2. 信息型操纵行为

信息型操纵行为指的是行为人利用资金、持股、持仓及信息等优势,通过向市场投资者传递虚假的消息、有利益冲突的消息或控制上市公司信息披露的时点、节奏、内容等,误导市场投资者参与特定证券、期货产品的交易,导致交易价格、交易量异常。主要包括"蛊惑交易操纵行为""'抢帽子'交易操纵行为""重大事项操纵行为""信息控制操纵行为"等。

信息型操纵行为的特征表现为:行为人具有资金、持股、持仓及信息等优势,该优势表现在信息或影响力方面;行为人利用其所具有的优势地位对信息发布的时点、节奏、内容等进行控制;行为人通过对市场投资者进行错误引导,借投资者之手,造成特定证券、期货产品的交易价格、交易量异常,进行关联交易。

(1) 蛊惑交易操纵行为

蛊惑交易操纵行为指的是行为人在进行证券、期货交易时,利用虚假或不确定的重大信息,诱导投资者进行证券、期货交易,从而影响证券、期货交易价格或交易量。该种操纵行为的实质是行为人利用虚假或不确定的重大信息诱导投资者作出错误的投资决策,制造市场波动,以获取不法利益。

(2) "抢帽子"交易操纵行为

"抢帽子"交易操纵行为也称"黑嘴"荐股交易操纵行为,其特征表现为：行为人通过对证券及其发行人、上市公司、期货交易标的公开作出评价、预测或者投资建议，误导投资者作出投资决策，影响证券、期货交易价格或证券期货交易量，同时进行与其评价、预测、投资建议方向相反的证券交易或者相关期货交易，其行为模式为"行为人交易（未公开披露其持股情况）→评价或推荐→影响市场→行为人反向交易"。

（3）重大事项操纵行为

重大事项操纵行为指的是行为人通过策划、实施资产收购或重组、投资新业务、股权转让、上市公司收购等虚假的重大事项，误导投资者作出投资决策，影响证券、期货交易价格或交易量，进行相关交易或谋取相关利益。

（4）信息控制操纵行为

信息控制操纵行为指的是行为人通过控制发行人、上市公司信息的生成，或者控制信息披露的内容、时点、节奏，误导投资者作出投资决策，影响证券、期货交易价格或交易量，进行相关交易或谋取相关利益。

3. 其他类型的操纵行为

（1）滥用速度优势型操纵行为

滥用速度优势操纵行为指的是行为人滥用通过科学技术手段获得的速度优势，实施操纵证券、期货市场的行为。

随着信息网络科技不断发展，大数据的应用、算法的迭代升级及人工智能的快速发展使得信息交往的速度呈指数级增快，信息交流的过程更加精准，能为智能程序的开发者和使用者寻找实现目标的"最优解"，程序具有人类无法比拟的优势。[①] 当该种技术被用于资本市场操纵行为，必然会破坏资本市场公开、公平、公正的竞争环境。例如，滥用程序化交易设备获得速度优势实施证券、期货市场操纵行为。

在 A 公司操纵期货市场案中，A 公司利用自行研发的报单交易系统非法接入中国金融期货交易所（以下简称"中金所"）的交易系统，远程操纵、管理账户组进行交易。A 公司开发的高频程序化交易软件不仅能够自动批量下单、快速下单、自买自卖，还能够利用保证金杠杆比例等规则，以较少的资金投入反复开仓、平仓，操纵期货市场。中金所期货交易的正常速度为每 500 毫秒反馈一次交易数据，市场行情发生变化后，实时数据的更新处理最快需要 100 毫秒，而 A 公司使用的程序化软件仅迟延

---

① 刘艳红：《网络时代社会治理的消极刑法观之提倡》，载《清华法学》2022 年第 2 期，第 176 页。

30毫秒，具有其他交易者无法比拟的速度优势。A公司能够先于其他市场交易者，采取自买自卖、撤销申报等方式，在交易日内连续、反复、大量交易期货合约，从而盈利。①

(2) 伪"市值管理"型操纵行为

市值管理②是指上市公司基于公司市值信号，综合运用多种科学、合规的价值经营方式和手段，以达到公司价值创造最大化、价值实现最优化的一种战略管理行为。

伪市值管理指的是上市公司利用不合规的经营方式和手段进行公司价值管理的行为。其本质是将公司价值经营异化为股票价格管理，通过操纵股价、内幕交易、虚假陈述等违法违规行为实现非法牟利，损害中小投资者利益，表现为上市公司大股东与相关机构及个人相互勾结进行伪市值管理。依法依规的市值管理与伪市值管理的主要区别有：是否存在控制信息披露的节奏或选择性信息披露、虚假信息披露等情形；是否存在内幕交易或操纵股价谋取非法利益；是否损害上市公司或者中小投资者利益。

虽然《刑法》及相关司法解释未将"伪市值管理"行为明确列为刑事打击的范围，但因其行为可能涉及利用虚假或不确定的重大信息诱导投资者决策，以及通过控制上市公司信息的生成及披露的内容、时点、节奏误导投资者决策等情形，从而触犯《操纵证券、期货市场罪司法解释》第一条的相关规定，进而构成刑事犯罪。实践中已有对"伪市值管理"操纵证券市场行为定罪处罚的先例。例如，在某上市公司非公开发行（定增）募集资金项目中，大股东与资方签订了差额补足协议，如约定定增锁定期到期后股价下跌至定增发行价以下由其个人补足损失。定增项目发行后，该公司股票持续下跌，大股东为避免损失，与操盘方达成所谓的市值管理协议，由其控制披露上市公司的利好消息，操盘方利用大股东提供的保证金进行配资，之后在二级市场配合交易上市公司股票，共同拉抬股价。大股东采用夸大投资项目、虚设限制性股权激励计划、拆分消息发布或迟延发布、隐瞒收购等重大关联交易、提前泄露内幕信息等手段披露上市公司信息，操盘方按照信息披露时点，使用配资资金和控制的账户大量买卖上市公司股票，诱导或误导投资者作出投资决策，影响证券交易价格及交易量，使得股价偏离同期指数。

---

① 张榆：《伊世顿操纵期货市场案一审宣判 获利3.9亿元》，载财新网2017年6月23日，https://finance.caixin.com/2017-06-23/101104894.html。

② 关于市值管理的概念众说纷纭，本书采用中国上市公司市值管理研究中心提出的概念界定。

(3) 大股东减持型"内外配合"操纵行为

股份转让是上市公司股东的权利。大股东在减持股份时应当诚实守信，严格按照法律法规自律规则并遵守承诺，不得滥用控制地位和信息优势侵害中小股东和投资者利益。实践中，上市公司大股东、实际控制人等为了谋求股权转让利润的最大化，与其他人员配合，通过控制发行人、上市公司信息的生成，或者控制信息披露的内容、时点、节奏，误导投资者作出投资决策，影响证券交易价格或证券交易量，进行相关交易或谋相关利益。

"内外配合"操纵行为是近年来较为频发的一种操纵市场违法犯罪形式。主要表现形式为：上市公司大股东、实际控制人以股份质押融资、增发或减持为目的，与券商、大宗交易商或私募机构等合谋，由外部人员利用资金优势、持仓优势通过连续买卖等方式在二级市场拉抬股价，由上市公司在内部高级管理人员的运作下，为上市公司进行美化包装，如虚增公司业绩、注入当前市场中的热点题材和新概念、人为打造新颖有前景的投资项目，发布"高转送"等利好消息影响股价，并按照时机需要控制信息披露的节奏，双方内外配合，达到操纵股价获利的目的。① "内外配合"操纵行为的主要特征表现为上市公司内外人员合谋、多种操纵手法并用。

黄某某等人操纵证券市场罪一案中，何某某、麦某某系上市公司广东某股份公司的实际控制人、股东，为出售其持有的股权，与王某某等人共谋通过溢价收购、控制利好公告的发布等方式拉抬股价，谋取非法利益。在实施操纵证券市场犯罪过程中，何某某、麦某某利用其实际控制人、控股股东的身份，配合黄某某等人控制上市公司先后发布了收购某有限公司、参股某公司等公告。上述信息的生成或披露的内容、时点、节奏等，均是由黄某等人主导，何某某、麦某某积极配合。公告的项目大部分存在实体或程序问题，何某某、麦某某通过上市公司发布上述利好消息，完全是为了误导投资者作出投资决策，影响证券交易价格和交易量，并进行相关交易，谋取利益。

《刑法》及相关司法解释对操纵证券、期货市场罪的行为认定用双重兜底条款，但除了已经明确认定构成刑事犯罪的操纵行为，只要存在滥用优势地位，非法操纵证券、期货市场的行为，均有入罪的可能性。

---

① 方琳琳、冯艳楠：《"里应外合"式操纵证券市场犯罪实务研究》，《山东法官培训学院学报》2019 年第 6 期，第 102 页。

(四) 操纵证券、期货市场罪的入罪标准

我国《刑法》、司法解释规定了操纵证券、期货市场罪的行为模式，针对不同的行为模式分别规定了相应的立案追诉标准，具体见表4.2。

表4.2 操纵证券、期货市场罪的立案追诉标准

行为模式	追诉标准
连续交易操纵行为	证券交易：持有或者实际控制证券的流通股份数量达到同期该证券的实际流通股份总量百分之十以上，连续十个交易日的累计成交量达到同期该证券总成交量百分之二十以上。 期货交易：实际控制的账户合并持仓连续十个交易日的最高值超过期货交易所限仓标准的二倍，累计成交量达到同期该期货合约总成交量的百分之二十以上，且期货交易占用保证金数额在五百万元以上。
约定交易操纵/自我交易操纵行为	证券交易：连续十个交易日累计成交量达到同期该证券总成交量百分之二十以上。 期货交易：实际控制的账户连续十个交易日累计成交量达到同期该期货合约总成交量百分之二十以上，且期货交易占用保证金数额在五百万元以上。
蛊惑交易操纵行为	证券交易：行为人进行利用虚假或者不确定的重大信息，诱导投资者进行证券交易，行为人进行相关证券交易的成交额在一千万元以上。 期货交易：利用虚假或者不确定的重大信息，诱导投资者进行期货交易，行为人进行相关期货交易，实际控制的账户连续十个交易日累计成交量达到同期该期货合约总成交量百分之二十以上，且期货交易占用保证金数额在五百万元以上。
"抢帽子"交易操纵行为	证券交易：对证券、证券发行人公开作出评价、预测或者投资建议，同时进行反向证券交易，证券交易成交额在一千万元以上。 期货交易：对期货交易标的公开作出评价、预测或者建议，同时进行相关期货交易，实际控制的账户连续十个交易日的累计成交量达到同期该期货合约总成交量的百分之二十以上，且期货交易占用保证金数额在五百万元以上。
重大事项操纵行为	通过策划、实施资产收购或者重组、投资新业务、股权转让、上市公司收购等虚假重大事项，误导投资者作出投资决策，进行相关交易或者谋取相关利益，证券交易成交额在一千万元以上。
信息控制操纵行为	通过控制发行人、上市公司信息的生成或者控制信息披露的内容、时点、节奏，误导投资者作出投资决策，进行相关交易或者谋取相关利益，证券成交额在一千万元以上。

续表

行为模式	追诉标准
虚假申报操纵行为	不以成交为目的频繁或者大量申报买入、卖出证券、期货合约并撤销申报,当日累计申报量达到同期该证券、期货合约总申报量百分之五十以上,且证券撤回申报额在一千万元以上、撤回申报的期货合约占用保证金数额在五百万元以上。
跨现货、期货市场操纵行为	通过囤积现货,影响特定期货品种市场行情,并进行相关期货交易,实际控制的账户合并成仓连续十个交易日的最高值超过期货交易所限仓标准的二倍,累计成交量达到同期该期货合约总成交量百分之二十以上,且期货交易占用保证金数额在五百万元以上。
其他情形	实施操纵证券、期货市场行为,获利或者避免损失数额在一百万元以上。

根据《立案追诉标准(二)》的规定,"操纵证券、期货市场,影响证券、期货交易价格或者证券、期货交易量,获利或者避免损失数额在五十万元以上,同时涉嫌下列情形之一的,应予立案追诉:(一)发行人、上市公司及其董事、监事、高级管理人员、控股股东或者实际控制人实施操纵证券、期货市场行为的;(二)收购人、重大资产重组的交易对方及其董事、监事、高级管理人员、控股股东或者实际控制人实施操纵证券、期货市场行为的;(三)行为人明知操纵证券、期货市场的行为被有关部门调查,仍继续实施的;(四)因操纵证券、期货市场行为受过刑事追究的;(五)二年内因操纵证券、期货市场行为受过行政处罚的;(六)在市场出现重大异常波动等特定时段操纵证券、期货市场的;(七)造成其他严重后果的。"

(五) 违法所得数额的计算

根据《操纵证券、期货市场罪司法解释》的规定,操纵证券、期货市场犯罪的违法所得,指的是通过操纵证券、期货市场所获利益或者避免的损失。虽然操纵证券、期货市场犯罪不以获得具体数额的违法所得作为构罪要件,但是违法所得是判定操纵证券、期货行为是否构成犯罪、是否达到刑事立案标准及定罪处罚的重要依据,是衡量行为人违法犯罪行为对证券市场危害程度的重要标尺。违法所得的计算通常以操纵行为的发起为起点,以操纵行为终止、操纵影响消除、行政调查终结或其他适当时点为终点。①

然而，违法所得数额（即所获利益或避免的损失）的计算方法尚未形成统一的规则，各地法院在认定违法所得数额时也存在计算方法不一致。结合相关司法判例，常用的违法所得计算方法主要有以下几种。

1. 累计成交差额法

累计成交差额法的计算公式为：违法所得额＝累计卖出成交额－累计买入成交额。例如，吴某某操纵证券市场案中，吴某某采取对证券公开作出评价、预测或者投资建议的方式操纵证券市场，交易14只股票，累计买入10 269 061股，买入总成交额人民币63 989 494.41元，卖出10 269 061股，卖出总成交额人民币68 591 726.96元，共获利人民币4 602 232.55元。

需要注意的是，累计成交差额法常适用于利用"黑嘴"荐股操纵犯罪，即抢帽子交易操纵行为。

2. 账面盈利法②

账面盈利法，指的是操纵行为结束时，账户内仍有余股并且将余股价值考虑在违法所得范围内的一类计算方式。根据司法判例，账面盈利计算方式有以下几种。

第一种，违法所得额＝余股市值＋累计卖出金额＋累计派现金额－累计买入金额－配股金额－交易费用。

第二种，违法所得额＝对应卖出金额＋对应余股市值＋对应派息金额－期间买入金额－对应配股金额－交易税费（印花税、佣金等）。

第三种，违法所得额＝终点日持有证券的市值＋累计卖出金额＋累计派现金额－累计买入金额－配股金额－交易费用。

第四种，移动平均法，即通过对时间序列按一定的项数（间隔长度）逐期移动平均，从而修匀时间序列的周期变动和不规则变动，显示出现象的发展趋势，然后根据趋势变动进行外推预测的一种方法。常用的移动平均法有一次移动平均法和二次移动平均法。一次移动平均法又包括简单移动平均法和加权移动平均法。③如唐某某操纵证券市场案中，法院认为，累计买入"老三股"的金额为678.36亿元，累计卖出"老三股"的金额

---

① 方琳琳、冯艳楠：《"里应外合"式操纵证券市场犯罪实务研究》，载《山东法官培训学院学报》2019年第6期，第106页。
② 雷天文、董磊：《操纵证券市场犯罪案件违法所得计算方法初探》，载微信公众号"京衡律师"，2022年6月2日。
③ 朱建平主编：《经济预测与决策》，厦门大学出版社2012年版，第70页。

为 621.83 亿元，余股市值为 113.4 亿元，余股成本为 162.30 亿元，累计直接账面盈利为 98.61 亿元，累计获利市值为 48.99 亿元，该案审计报告按"移动平均法"远离计算原理，计算得出余股成本为 162.30 亿元，盈利为 98.61 亿元。

3. 卖出股对应成交差额法

卖出股对应成交差额法的计算方式为：违法所得额＝实际卖出成交额-对应买入成本-交易费用（手续费+印花税）。

4. 其他计算方法

违法所得额＝卖出交易的证券数量×（实际卖出成交价格-涉案时段前最后一笔成交价格）-交易税费。该计算方法主要用于短线操纵行为。

(六) 典型案例

案例一

案件事实：2015 年 7 月至 9 月，被告人王某控制其本人及借用他人的 160 个证券账户，集中资金优势，连续买卖上海证券交易所 Y 股票，累计买入 5 076 万余股，买入金额人民币 62.6 亿余元，操纵该股票的交易价格及交易量。经审计，33 个交易日内，王某持有流通股份数达该股实际流通股份总量的 66%，连续买卖股份数累计超过该股同期总成交量的 30%。刘某某明知王某的操纵行为，仍帮其联系配资方筹集资金。

判决结果：判处王某、刘某有期徒刑，并处罚金。

案例二

案件事实：2015 年 11 月至 2018 年 10 月，马某某以市值管理、维持股价为名，伙同他人将公司资金通过关联公司账户多重流转之后，挪至马某某等人实际控制的个人账户、股东账户及信托计划和资管计划账户，集中资金优势及信息优势，连续买卖、自买自卖公司股票，影响公司股票交易价格和交易量。2015 年 11 月至 2018 年 10 月，上述账户组持有公司股票流通股份数达到该股票实际流通股份总量的 30% 以上；其中，2016 年 9 月至 2016 年 11 月，共有 20 次连续 20 个交易日的累计成交量达到同期该证券总成交量的 30% 以上，共有 7 次连续 10 个交易日的累计成交量达到同期该证券总成交量 50% 以上。

判决结果：判处马某某有期徒刑，并处罚金。